전북 고창 지역의 언어와 생활

전북 고창 지역의 언어와 생활

초판 인쇄 2017년 12월 10일
초판 발행 2017년 12월 20일

지 은 이 소강춘

펴 낸 이 이대현
펴 낸 곳 도서출판 역락

주   소 서울시 서초구 동광로46길 6-6(반포4동 577-25) 문창빌딩 2층
등   록 1999년 4월 19일 제303-2002-000014호
전   화 02-3409-2058, 2060
팩   스 02-3409-2059
이 메 일 youkrack@hanmail.net

ISBN 979-11-5686-702-9
      979-11-5686-694-7 (세트)

이 도서의 국립중앙도서관 출판예정도서목록(CIP)은 서지정보유통지원시스템 홈페이지(http://seoji.nl.go.kr)와
국가자료공동목록시스템(http://www.nl.go.kr/kolisnet)에서 이용하실 수 있습니다.(CIP제어번호: CIP2017033242)

전북 고창 지역의 언어와 생활

소 강 춘

역락

  이 책은 전라북도 고창군 무장면 송계리 방고개에 거주하는 이병권 할아버지(조사 당시 78세)와 전순자 할머니(조사 당시 69세)의 구술 발화를 녹취하여 전사한 것이다.

  이 구술 담화는 국립국어원에서 매년 실시하는 지역어 조사 사업의 하나로 수행된 것인데, 전북 고창 지역의 조사는 2008년에 실시되었고, 그 조사 결과 보고서도 같은 해에 출간된 바 있다. 이 책에 실린 구술 담화 역시 조사 보고서에 포함된 내용이다. 그러나 조사 보고서의 양이 많지 않아 여러 사람이 이용하는 데 어려움이 있었고, 보고서의 내용 또한 잘못된 부분이 많아서 이를 고쳐야 할 필요가 있었다. 이런 이유로 구술 발화만을 따로 떼어 단행본을 펴내게 되었는데, 이 과정에서 잘못된 전사와 표준어 대역 등을 수정하고, 주석과 색인을 덧붙이는 작업이 새로 이루어졌다.

  구술 담화는 그 지역 토박이들의 자연스러운 발화를 그대로 전사한 것이므로, 전사된 구술 담화는 담화 연구의 자료로서 요긴하게 이용될 수 있다. 이런 구술 담화의 전사는 이미 뿌리깊은나무사의 '민중자서전'이나 정신문화연구원의 '구비문학대계'에서도 시도된 바 있다. 또한 국립국어원의 '서울토박이말자료집'(Ⅰ)과 (Ⅳ) 역시 서울 토박이들의 구술 담화를 싣고 있다. 그러나 뿌리깊은나무사의 '민중자서전'이나 정신문화연구원의 '구비문학대계'는 전사의 정확성이 의심될 뿐 아니라 부분적으로 편집이 행해지기도 하였다. 또 '서울토박이말자료집'은 비교적 정확히 전사된 자료이지만 담화의 길이가 짧은 것이 흠이다.

이 책은 이러한 문제점을 보완하기 위해서 시도된 것이다. 이병권 할아버지와 전순자 할머니가 각각 약 2시간 동안 말한 구술 내용을 고스란히 담고 있다. 여기에는 마을의 개황, 의생활, 식생활, 주거생활은 물론 삶의 기쁨과 슬픔이 고스란히 담겨있다.

제보자이신 이병권 할아버지는 방고개에서 3대를 살아왔으며 선대 역시 인근 마을에서 살아왔다. 제보자는 무장국민학교를 거쳐 고창중학교에 진학하였으나 여러 사정으로 학교를 중퇴하였다. 그 후 집에서 농사를 짓다가 동란 무렵 군에 입대하였고 경찰대에 합류하여 활동한 바 있다. 그 후 고향에 돌아와 지금까지 농사를 짓고 살았다. 제보자는 경제적 여건이 넉넉하지는 않지만 본래 총기가 있고 부지런하여 인근 주민들로부터 동네 어른으로 대접을 받으며 살아왔고, 최근 몇 년 전부터는 무장 지역의 노인회에 임원으로 활동해 왔다. 따라서 고창중학교 중퇴 학력과 경찰대에서의 활동 그리고 무장 노인회의 활동 등 때문에 배운 사람 그리고 동네 어른으로서의 자긍심 때문에 토속방언 화자이면서 동시에 정확한 언어 사용을 위해 노력하는 편이었다.

제보자는 조사자의 취지를 충분히 이해하고 조사에 매우 능동적이었다. 그러나 조사가 진행되는 과정에서 제보자의 태도가 표준어 지향적이 되곤 해서 녹음을 중단하고 토박이 화자들의 말투와 방언형을 주문하였고 그때마다 충분히 협조적이었다. 특히 제보자는 건강 상태가 매우 양호하여 아침부터 저녁 늦게까지 조사를 하는 경우에도 자리에 눕거나 자세를 흐트러뜨리지 않을 정도였다.

보조제보자 전순자 할머니는 이병권 할아버지와 부부지간이다. 전형적인 토속방언 화자인데 친정이 전남과 경계를 이루는 지역이어서 그런지 전라남도 억양을 가진 분이었다. 조사가 진행되는 과정에서 종종 이야기에 간섭을 하려고 하다가도 조사가 오랫동안 진행되는 데서 오는 피로감을 이기지 못하고 옆방에서 쉬는 경우가 많았다.

보조제보자 김복림 할머니는 전순자 할머니 내외분들과 같은 교회에 다니는 성도분이시다. 충남 강경에서 태어나 다섯 살 때 부모님을 따라 이곳으로 이주해 왔고, 어렸을 때 초등학교에 다닐 때도 사람을 붙여 다니게 할 정도로 귀하게 자랐다. 그러나 살림이 어려워진 후 나이가 많은 남편에 후처로 들어가 살았으며 이후 생활도 어려웠다. 남편은 오래 전 고인이 되었으며 남편과의 사이에 아들 셋을 두었는데 큰아들은 전주, 둘째는 외국에 나가 살고 있으며 셋째는 고시공부를 하다가 실패한 후 연락이 두절되고 있는 상태다.

평소 입담이 좋아 제보자 부부가 방언 조사에 적임자라고 생각하고 조사자에게 소개를 해 주었다. 첫날은 조사자 혼자 찾아가 조사를 했고, 다음날은 제보자 부인과 함께 찾아가 함께 얘기를 나누었다. 건강은 다소 좋지 않았으나 총기도 좋고 입담도 좋아서 살아온 얘기를 아주 생생하게 기억하고 실감나게 얘기해 주셨다. 특히 동네 사람들의 삶을 사건이 생기게 된 경위와 과정 등을 생생하게 전해 주었고, 자연발화 중에 방언 어휘를 아주 자연스럽고 생생하게 구사하고 있다.

이 구술 담화는 전라북도의 서남부 지역의 언어와 전라남도 서북부 지역의 언어를 생생하게 반영하고 있다. 두 분이 평생을 함께 하시면서 삶의 현장에서 사용되었던 어휘와 음운 및 문법 현상을 자연스러운 담화 속에 담아내고 있는 이 자료는 이 지역의 언어적 특징뿐만 아니라 이 지역어의 삶의 모습을 파악하는 데도 많은 도움이 될 것이라고 생각한다. 우리 연구진은 표준어 번역과 주석 그리고 색인을 통하여 이런 어휘들에 대한 상세한 정보를 제공하려고 노력하였다.

이 구술 담화 자료집을 내면서 함께 조사했고, 어휘와 문법 부분의 작업에 수고를 했던 전주대학교 주경미 교수님과 구술발화 조사를 위해 직접 집에서 기거하면서 많은 부분을 조사해주신 김규남 선생님께 감사를 드린다. 그러나 누구보다 이 구술 담화의 단행본 간행에 이바지한 분은 이병권 할아버지와 전순자 할머님이다. 평생 알콩달콩 사이좋게 살아오신 두 분의 삶의 여정이 자녀들과 행복한 가문을 형성하시고 계심을 보면서 사랑과 자비의 덕은 대를 이어 내려간다는 속담을 떠올리게 되었다.

▪ 조사 및 전사

(1) 조사 과정

국립국어원에서는 2004년부터 전국의 지역어 조사 사업을 시행하고 있다. 이 사업은 도(道)를 단위로 하여, 한 도에서 한 지점씩 연차적인 조사를 진행할 예정으로 있다. 첫 해에는 질문지를 만들고 시험해 보기 위하여 예비조사를 실시하였고, 본격적인 조사는 이듬해인 2005년부터 시작되었다. 첫해 전라북도 사업은 완주군 구이면에서 예비조사를 실시했고, 본격적인 조사는 남원군을 대상으로 한 조사이다. 이어 무주군, 군산시, 고창군으로 조사가 진행되었다.

이번에 선정한 조사지점은 '고창군 무장면 송계리'이다. 무장은 조선시대 무장현이 있던 곳으로 서쪽으로는 바다에 접해 있고 남쪽으로는 전라남도 영광, 동쪽으로는 전라북도 정읍, 북쪽으로는 전라북도 부안에 접해 있는 지역이다. 이곳은 본래 전라남도이었으나 전북의 북동쪽에 위치한 금산을 충남에 넘겨주고 전남으로부터 전라북도로 이양된 지역이다.

송계리 방고개는 무장면과 해리면의 중간 지점에 있어서 장을 볼 때는 해리장을 보는 경우가 있었으나 경제, 교육 및 사회 활동의 중심지는 무장에서 주로 이루어졌다. 송계리 방고개는 마을 뒤로 산이 가로막혀 있는 송계리의 가장 안쪽에 있는 마을이다. 마을의 규모 역시 매우 작아서 네 집이 한 마을을 형성하고 있다.

방고개 앞으로는 크고 작은 구릉지대의 밭들과 구릉지대에 인접한 들이 형성되어 농사를 짓고 살 만한 정도의 배산임수의 전형적인 농촌마을이다. 학교나 장에 가기 위해서 무장까지 걸어 다녔다고 하는데 80년대 초반까지도 무장, 해리 간 국도까지 걸어간 후에야 버스를 탈 수 있었다고 한다.

7월 7일 9시 경에 고창문화원에서 무장 지역 노인 몇 분의 이름과 전화번호 주소 등을 소개 받은 후에 곧장 무장으로 갔다. 문화원 소개로 노인당에서 현재의 제보자 이병권 할아버지를 만날 수 있었다. 한 눈에 보기에도 건강하고 정직하며 성실해 보이는 분이어서 그 분께 조사 취지를 말씀 드렸는데 그 분 역시 흔쾌히 조사를 허락해 주셨다.

그 분을 모시고 집으로 가서 그 날 오후에 제보자가 살아온 내력을 들었다. 제보자의 내력을 들으면서 중학교 중퇴에 군인과 경찰로 활동한 경력이 마음이 걸렸으나 이만한 제보자를 찾기가 쉽지 않은 일이어서 조사의 취지를 충분히 설명하고 그 분께 조사를 의뢰하기로 하였다. 본격적인 조사 그 이튿날부터 시작되었다.

조사자는 주로 제보자가 스스로 그 화제에 대해 기억을 되살려서 자연스럽게 이야기를 진행할 수 있도록 유도하였다. 이는 조사자가 말할 가치가 있다고 생각되는 질문이 있어야만 협조하겠다는 처음 마음이 유지되는 경우를 종종 보아온 결과이다. 따라서 조사자는 제보자가 스스로 말할 가치가 있다고 생각할 수 있도록 과거 조상들의 삶에 질문의 초점을 두었다.

처음 조사를 하는 동안 조사자는 제보자에게 아예 제보자의 집에서 기거하며 아침부터 저녁 늦게까지 조사를 해도 되는지 여쭈어 보았고 제보자 역시 흔쾌하게 허락하였다. 그래서 두 번째 조사 시기 동안에는 제보자의 아랫방에 기거하면서 아침, 점심, 저녁을 모두 할아버지와 함께 하면서 조사를 하였다. 첫날을 제외하고 날마다 할아버지 내외분을 모시고 저녁 식사를 하러 인근 지역으로 외출을 하였으며, 할아버지께서 무장면에 나가실 일이 있을 때는 차로 모시고 다니기도 하였다. 가족처럼 편히 지냈다.

이 조사는 2008년 8월 7일에서 12월 4일까지 진행되었다. 구술 담화를 편하게 조사하기 위해서 김규남 선생이 제보자의 집에서 세 번이나 7월 7일에서 10일, 21일에서 25일, 11월 8일에서 9일까지 기거하면서 조사를 진행했다. 따뜻하게 맞아주시고, 숙식을 제공해주신 전순자 할머님께 다시 한번 감사를 드린다.

(2) 전사

제보자의 구술 자료는 SONY DAT D-100 디지털 녹음기로 녹음하였고, 녹음된 자료는 GOLDWAVE 프로그램을 이용하여 음성파일로 변환하였다. 이 음성파일을 컴퓨터로 재생하여 들으면서 TRANSCRIBER 1.4.2로 전사하였다.

전사는 소리 나는 대로 전사하는 것을 원칙으로 하였다. 구술 발화는 문장 단위를 기본으로 전사할 것을 원칙으로 하였으나, 구술 발화의 특징상 문장이 종결되지 않고 계속될 경우는 연결어미가 온 경우에도 전사 단위를 구분한 경우도 있고, 휴지가 긴 경우에 전사 단위를 구분한 경우도 있다. 그럴 경우에는... 표를 사용했다. 고창 지역어에서는 /ㅔ/와 /ㅐ/ 가 구별되고, 이중모음 /ㅖ/와 /ㅒ/의 구별도 마찬가지이다. 비모음은 비모음 기호(~)를 사용하여 나타내었다.

본문의 글자체와 전사에 사용된 부호는 다음과 같다.

고딕체	조사자
명조체	제보자
―	제1 제보자
=	제2 제보자
:	장음 표시. 길이가 상당히 길 경우 ::처럼 장음 표시를 겹쳐 사용하였다.
*	청취가 불가능한 부분에서 해당 음절수만큼 사용하였다.
~	비음을 표시하기 위해 사용하였다.

(3) 주석

주석은 각 장마다 미주를 달았다. 독자로서는 각주가 이용하기에 편리하나, 책의 편집상 불가피하게 미주로 만족할 수밖에 없었다. 주석은 가능한 한 친절하게 붙여 놓았다. 주로 어휘의 의미는 사전적 풀이가 있는 경우는 사전적 풀이를 이용했지만 풀이가 없는 경우는 제보자의 설명을 통해 그 뜻을 풀이했다. 그밖에 형태에 대한 음운론적 해석은 필요할 경우 음운변동 과정을 제시하여 이해를 쉽게 했다. 문법 형태의 경우 그 기능에 대한 설명을 간략하게 붙여 놓았다. 독자의 편의를 위해서 동일한 내용의 주석이 반복되는 것을 허용하였다.

(4) 표준어 대역

전사된 방언 표현에 대해서는 표준어 대역을 붙였다. 원래의 조사 보고서에는 문장 단위로 표준어 번역을 붙였기에, 여기서는 조사보고서의 체제에 따라 표준어 대역을 붙였다. 이 점이 독자들에게 내용의 이해에 어려움을 줄 수 있을 거라는 우려가 있다.

전사된 방언 문장을 표준어로 옮길 때는 직역하는 것을 원칙으로 하였다. 문장 중간에 '인자', '여', '요', '거'와 같은 군말 또는 담화표지가 있을 경우에도 이를 표준어 대역에 그대로 살려 놓으려고 노력하였다. 적당한 표준어 대응 표현이 없는 경우, 방언 표현을 그대로 표준어 대역에 사용하면서 주석을 달았다.

<사진 1> 고창–무장–마을

<사진 2> 고창–무장–제보자의 집

차례

■책을 내면서
■조사 및 전사

01 마을의 환경과 배경

1.1 제보자 1의 마을 들여다보기

그리고 인제, 마:으레 대해서 좀 여쭤보겠씀니다. 이 마으리.

이 마으레는 예: 어떤 성씨드리 주로 사세요?

— 지금 현:재는 마:을 압까지 인자 네:가구 읻따가 하나 허무라젇쓰니까, 세:가군디.

응.

— 정:씨허고[1] 나라 정짜 정씨, 정:씨가 형제분 여기 살고.

응.

— 근디 이 초:느로 헐꺼시 아니라, 부락: 부라그로 헤야 되까?

그러치, 부라그로 헤주세야 더 조치.

— 암: 그러지, 그러면 스러지.

얘.

— 에, 둘째 청:김 청:주 김씨 김씨, 박씨.

— 여:러시제 이:씨, 정:씨.

— 주:로, 이제 그 정도며는.

— 그정도면 되겐써?

얘:.

— 최'씨.

응.

— 그정도면 되건찌?

그러면 에전부터 엔날부터 이러케 각썽이 드러와서 사르센능가요? 아니면 주로 어떤 성씨가 마낟뜽가요? 엔:나레.

— 청:기미[2] 마넫씀쩨, 김씨 청:김.

어:, 청기::미 마낟쓰면, 그 양반드리 무슨 좀 위:세를 부리거나 그러진 그

그리고 이제, 마을에 대해서 좀 여쭈어보겠습니다. 이 마을이.

이 마을에는 예 어떤 성씨들이 주로 사세요?

− 지금 현재는 마을 앞까지 이제 네 가구 있다가 하나 허물어졌으니까, 세 가구인데.

응.

− 정씨하고 나라 정자 정씨, 정씨가 형제분 여기 살고.

응.

− 그런데 이 촌으로 할 것이 아니라, 부락 부락으로 해야 될까?

그렇지, 부락으로 해주셔야 더 좋지.

− 암 그렇지, 그러면 수월하지.

예.

− 예, 둘째 청김 청주 김씨, 박씨.

− 여럿이지 이씨, 정씨.

− 주로, 이제 그 정도면.

− 그 정도면 되겠어?

예.

− 최씨.

응.

− 그 정도면 되겠지?

그러면 예전부터 옛날부터 이렇게 각 성이 들어와서 사셨는가요? 아니면 주로 어떤 성씨가 많았던가요? 옛날에.

− 청 김이 많았었지, 김씨 청 김.

어, 청 김이 많았으면, 그 양반들이 무슨 조금 위세를 부리거나 그러지는

러기도 헬썬나요?

　― 암:, 청:기미 위세를 부릳쩨,

아: 엔:나레는?

　― 크게 머 지바니 다: 그러던 아넫찌만, 그리도 순짜가 만:코, 수짜 만코 위세를 부렏따고 헤도 과어니 아니제.

응: 그러면, 그 청:기미 맨:처으메 그 마으레 드러와 가지고 마으리 만드러 젿따고 볼쑤인나요, 아니면 그 이저네 또 다른 성씨가 읻썬나요?

　― 아, 청:기미 마련헫다고헤도 과어니 아니제.

응:.

그 위에 혹씨, 청:기미 처음 드러온 청김 중에서 처:음 드러온 하라버지가 어떤 분이신지는 거기까지는 모르시지요?

그건 인자 청 청:김 그 족뽀나 바:야 알쑤읻써요.

대개 보면 족뽀 가지고 추정을 하고, 그다메 인제 그 선대 묘:, 처:으메 그 처:으메 이 금방에서3) 썯뜬 그 묘, 그거 가지고 인제 그 입 이팡적, 처으메 드러오신 어르시늘 우리가 알쑤 읻겓드라고.

　― 다 그러제.

예 예, 그러면 그 청:기메 가서 제가 다시 함번 무러 여쭤보도록 하께요, 나중에 기회가 다면.

그리고 인제 여기가 마을 이르미 송게:라고 말씀하셷쬬?

　― 응 송:게.

　― 송게, 송게라는 마으리...

　― 리::명이고, 송게 리 명이고, 첻째 여기는 제일 큰 거시기가 화사니라고 볼쑤 읻쩨 화산.

　― 내:가 산 마른4) 방:현이고, 송게리 화사니 제일 호수가5) 제일 마네 썯꼬. 청:기미 거가서 그냥 마:니 사랃썯꼬.

이 금방에 사:니, 중요한 사니 아까 오시면서 말씀하셷떤, 송게산... 송:림

그러기도 했었나요?

ㅡ 암, 청 김이 위세를 부렸지,

아 옛날에는?

ㅡ 크게 뭐 집안이 다 그렇지는 않았지만, 그래도 숫자가 많고, 숫자가 많고 위세를 부렸다고 해도 과언이 아니지.

응 그러면, 그 청 김이 맨 처음에 그 마을에 들어와 가지고 마을이 만들어 졌다고 볼 수 있나요, 아니면 그 이전에 또 다른 성씨가 있었나요?

ㅡ 아, 청 김이 마련했다고 해도 과언이 아니지.

응.

그 위에 혹시, 청 김이 처음 들어온 청 김 중에서 처음 들어온 할아버지가 어떤 분이신지는 거기까지는 모르시지요?

그건 이제 청 청 김 그 족보나 보아야 알 수 있어요.

대개 보면 족보 가지고 추정을 하고, 그 다음에 이제 그 선대 묘, 처음에 그 처음에 이 금방에서 썼던 그 묘, 그것 가지고 이제 그 이 입향적, 처음에 들어 오신 어르신을 우리가 알 수 있겠더라고.

ㅡ 다 그렇지.

예 예, 그러면 그 청 김에 가서 제가 다시 한번 물어 여쭈어보도록 할께요, 나중에 기회가 다면.

그리고 이제 여기가 마을 이름이 송계라고 말씀하셨죠?

ㅡ 응 송계.

ㅡ 송계, 송계라는 마을이...

ㅡ 리명이고, 송계 리 명이고, 첫째 여기는 제일 큰 거시기가 화산이라 고 볼 수 있지 화산.

ㅡ 내가 사는 마을은 방현이고, 송계리 화산이 제일 호수가 제일 많았 었고, 청 김이 거기에 가서 그냥 많이 살았었고.

이 근방에 산이, 중요한 산이 아까 오시면서 말씀하셨던, 송계산... 송림산 송림산.

그리고 또 어떤 사니 잍쪘? 송림산 하고. 너구리?

— 아, 거그럴.

아까 오시면서 너구리산,

— 너구리싸니라 그렌썯쩨?

— 또 딴...

너구리산: 이 또 다른 이름도 또 잍써요?

너구리사는 왜 너구리사니래요?

그 생각나시면 인제 말쏨해주세요.

예 송림산, 너구리산 이거시 이제 주로 인는 큰 사닌가요?

— 그러타갈쑤6) 일쩨.

음.

요런 아페 인는 거슨 산 이르므로 이르미 잍써요 업써요?

— 이건 평:풍메7).

아: :.

— 퐁:풍메, 퐁:풍메.

또?

— 지금 여기서, 여기서 저 촌 명을 방:고개라 헨냐하며는...

응.

— 여기서 약 이뱅메타 한 오뱅메타 되냐, 산: 하나 너머가는디 고개가 일써.

— 고개가 인는디, 거기럴 방:고개 재:라어거든.

얘.

— 방:고갠째, 방:고갠째, 거가8) 방:고갠째라구 그렁거야, 촘명을 따라 방:고갠째, 방:고갠째.

— 그리서 고갠째, 모:방짜 고개 현짜 그리서 방:혀니라 그마리여.

산 송림산.

그리고 또 어떤 산이 있지요? 송림산 하고, 너구리?

— 아, 거기를.

아까 오시면서 너구리산,

— 너구리산이라 그랬었지?

— 또 다른…

너구리산이 또 다른 이름도 또 있어요?

너구리산은 왜 너구리산이래요?

그 생각나시면 이제 말씀해주세요.

예 송림산, 너구리산 이것이 이제 주로 있는 큰 산인가요?

— 그렇다고 할 수 있지.

음.

이런 앞에 있는 것은 산 이름으로 이름이 있어요 없어요?

— 이건 병풍메.

아.

— 병풍메, 병풍메.

또?

— 지금 여기서, 여기서 저 촌 명을 방고개라 했냐며는…

응.

— 여기서 약 이백미터 한 오백미터 되냐, 산 하나 넘어가는 데 고개가 있어.

— 고개가 있는데, 거기를 방고개재라 하거든.

예.

— 방고개재, 방고개재, 거기가 방고개재라고 그런 거야, 촌명을 따라 방고개재, 방고개재.

— 그래서 고개재, 모방자 고개현자 그래서 방현이라9) 그 말이야.

- 방:현 방:고갠째람 마리여, 여가[10) 방:고개고 여가 방:고갠째.

거기를 방고개째라고 부르는 이유가 혹씨 또 인능가요?

- 이유는, 방고개째라고 허는 허능거슨...

응.

- 너머가는 재고...

그 재는 인자 알겉꼬.

- 여가, 방고:개기 때미네 방고갠째라구 흰쩨[11).

- 그리고, 그미테 바로 이 우그가[12) 전진바우가 일써, 전진바우.

- 그걸 전진바우라고 그런디.

얘.

- 바우가[13) 마니 일썬써, 누어인는 바우가.

- 그리서 아마 전진바우라고 그린능가비여[14).

응.

- 전진바우라고 그리제.

- 그리서 저:짜그 처 우게를 전진바우라고 불러, 전진바우라고.

예.

전지니란 말 무슨 뜨시에요?

- 그니간, 여, 바우가 누어 마:니 누어흰따에서 전진바우라고.

응.

- 엉, 그 바우 마:니 업써진 디를...

에.

널:꼬 팜파:난 바우.

- 바우가 일쩨.

바우가? 응.

그리고 또 이 금방에는 강이나 저수지 가틍게 인나요?

- 어 저수지가 저 화산재라고 저수지가 일쩨.

- 방현 방고개재란 말이야, 여기가 방고개고 여기가 방고개재.

거기를 방고개재라고 부르는 이유가 혹시 또 있는가요?

- 이유는, 방고개재라고 하는 하는 것은...

응.

- 너머가는 재고...

그 재는 이제 알겠고.

- 여기가, 방고개기 때문에 방고개재라고 했지.

- 그리고, 그 밑에 바로 이 위에가 전진바위가 있어, 전진바위.

- 그것을 전진바위라고 그런데.

예.

- 바위가 많이 있었어, 누어있는 바위가.

- 그래서 아마 전진바위라고 그랬는가보아.

응.

- 전진바위라고 그렇지.

- 그래서 저쪽의 저 위에를 전진바위라고 불러, 전진바위라고.

예.

전진이란 말 부슨 뜻이에요?

- 그러니까, 이, 바위가 누워 많이 누어있다고 해서 전진바위라고.

응.

- 엉, 그 바위 많이 없어진 데를...

예.

넓고 평평한 바위.

- 바위가 있지.

바위가? 응.

그리고 또 이 근방에는 강이나 저수지 같은 것이 있나요?

- 응, 저수지가 저 화산제라고 저수지가 있지.

음:.

- 강언 읍꼬15) 저수지, 화산재.

그거시 만드러진지는 얼마나 됃써요?

- 그거시 일쩡시대때 마간쓰니까.

일쩡시대 팔씨 그러며는 해방이 예:…

- 육씹삼년 되얃써? 육씹 항:갑16) 육씹일러니, 해방이 육씹이년 되얃써, 육씸녀네 되얃써?

사십 사십오녀네 해방됃쓰니까요, 지금 이천팔녀니그든.

핻쑤로 치면 사십싸년 오십사년, 어: 사십오년, 공팔련.

- 아:이 아니.

육심삼년 됀네요?

- 응 그릳쩨, 항가비 너머씽개

육심삼년 됃써.

- 육십삼녀니여.

- 그양 그거시 한 육씹 한 오륙년17) 되야쓸꺼시여.

- 해방되기 저:네 이건 일번18) 일쩯때 그 마근 저수지니까.

응.

그러면 그 화산제 물 가지고 이 들려게 다 농사질쑤 읻써겐네요?

- 응. 그믿짝 거까지.

- 다:는 아네도19), 그 인자 몽니땁20) 읻찌.

무슨 다비요?

- 거 인자 저수지에 딸린 땅을 몽니따비라고 허거든, 긍개 그건 하등에.

응.

- 몽니따비라고 그레, 거가 딸린.

- 거기 인자 저수지에 딸린 그 물만 쓰는 인자 거기에 해당되는 인자 노니읻써.

음.

─ 강은 없고 저수지, 화산제.

그것이 만들어진 지는 얼마나 되었어요?

─ 그것이 일정시대 때 막았으니까.

일정시대 벌써 그러면 행방이 예...

─ 육십삼년 되었어? 육십 환갑 육십일년이, 해방이 육십이년 되었어, 육십일년에 되었어?

사십 사십오년에 해방되었으니까요, 지금 이천팔년이거든.

햇수로 치면 사십사년 오십사년, 어 사십오년, 공팔년.

─ 아 아니.

육십삼년 되었네요?

─ 응 그랬지, 환갑이 넘었으니까

육십삼년 됐어.

─ 육십삼년이야.

─ 그냥 그것이 한 육십 한 오륙년 되었을 것이야.

─ 해방되기 전에 이것은 일본 일제 때 그 막은 저수지니까.

응.

그러면 그 화산제 물 가지고 이 들녘에 다 농사지을 수 있었겠네요?

─ 응 그 밑쪽 거기까지.

─ 다는 아니어도, 그 이제 몽리답 있지.

무슨 답이요?

─ 그 이제 저수지에 딸린 땅을 몽리답이라고 하거든, 그러니까 그것은 하등에.

응.

─ 몽리답이라고 그래, 거기에 딸린.

─ 거기 이제 저수지에 딸린 그 물만 쓰는 이제 거기에 해당되는 이제 논이 있어.

─ 무리 머 아:무거 가지가능거시 아니라, 그거뽀고 몽니따비라고 그레 몽니땁.

그 몽니라는 마리 무슨 뜨시에요?

─ 궁개[21] 거기에 소컨[22] 땅얼[23] 몽니따비라라고 그러거든,

응 저수지에 속한

─ 저수지에 소컨.

응.

그러면 몽니따비 아닌 거슨 다 천수다빙가요?

─ 아 천수따비 아니라 그 무를 아 몯쓰지.

몯쓰는 물.

─ 암.

그러면 그 다른:: 다른데서 무를 대가지고 쓰는

─ 그러제.

응.

─ 천수답또[24] 읻꼬, 낸:무럴 쓰도[25] 읻꼬.

응.

이:

─ 그리고,

병풍::뫼라고 하는

─ 평풍매

평풍매, 평풍매라고 하는 거슨 이 어떠케헤서 이르미 그런 평풍매라는 이르미 붙게 댇나요?

─ 그건, 그건 평풍매라는 거선 아마 내가 듣껀데 에:: 평풍가치 생게따헤서 평풍매라고 그런디.

─ 저 아페가 지금 여그 저 지:리[26] 나버릳끼 때무네 그대로가 변됭이[27] 만치이?

– 물이 뭐 아무것 가져가는 것이 나니라, 그것보고 몽리답이라고 그래 몽리답.

　그 몽리라는 말이 무슨 뜻이에요?

　– 그러니까 거기에 속한 땅을 몽리답이라고 그러거든,

　응, 저수지에 속한

　– 저수지에 속한.

　응.

　그러면 몽리답이 아닌 것은 다 천수답인가요?

　– 아 천수답이 아니라 그 물을 아 못 쓰지.

　못 쓰는 물.

　– 암.

　그러면 그 다른, 다른 데서 물을 대가지고 쓰는

　– 그렇지.

　응.

　– 천수답도 있고, 냇물을 쓰는 수도 있고.

　응.

　이

　– 그리고,

　병풍 뫼라고 하는

　– 평풍매

　평풍매, 평풍매라고 하는 것은 이 어떻게 해서 이름이 그런 평풍매라는 이름이 붙게 되었나요?

　– 그건, 그건 평풍매라는 것은 아마 내가 듣건대 예 병풍같이 생겼다고 해서 평풍매라고 그런데.

　– 저 앞에가 지금 여기 저 길이 나버렸기 때문에 그대로가 변동이 많지?

그러치요.

— 그길 여기 샏:끼레 그 미트로가 우리 차는네[28] 샏:낄로 요:리서 상하럴 갇썯끄덩[29].

— 그 다 나묻까시여[30] 나묻깓.

응.

— 소나무 쏘게 가지고, 이 지금 인자 휜::너고 길낟씽개[31] 그러제.

응.

— 아페도 이 뒤여도 다 나무까시옅써, 살리미옅써.

— 우리 온 여 길까지 히서[32] 다 살리미옅써.

— 이 아페로 인자 기 소로가 읻썯꼬, 상아 가는 데도 인자 소로가 저:리 읻썯쩨.

응.

— 세쩨[33] 저런 기리 읍써끄덩.

그러치요.

— 우 우리 나 학꾜 대닐때, 아 이거 길 난지가 지끔, 이 도:로 난지가 한:: 지금 한 육년 칠런채 난능가.

아 그거박께 안돼요?

— 아:: 지금 인자 포장되는 지가?

— 여기서 상:아까지 소재지으 통로지마는...

응.

— 나 그저네 저 일쩡시대때.

— 응, 그리고 여기 저 구닌더리 일번 구닌더리[34] 여가 여가 읻썯써요, 구닌더리 읻썯써.

— 이 집 뒤에도 마붇뜨깐[35] 읻썯꼬,

그래요.

— 읻썯꼬.

그렇지요.

― 그 길 여기 샛길에 그 밑으로가 우리 차 놓은 데 샛길로 이리해서 상하를 갔었거든.

― 그 다 가시나무산이야 가시나무산.

응.

― 소나무 속에 가가지고, 이 지금 이제 훤하고 길이 났으니까 그렇지.

응.

― 앞에도 이 뒤에도 다 나무산이었어, 삼림이었어.

― 우리 온 이 길까지 해서 다 삼림이었어.

― 이 앞으로 이제 그 소로가 있었고, 상하 가는 데도 이제 소로가 저리 있었지.

응.

― 숫제 저런 길이 없었거든.

그렇지요.

― 우 우리 나 학교 다닐 때, 아 이것 길 난 지가 지금, 이 도로 난지가 한 지금 한 육년 칠년째 났는가.

아 그것밖에 안돼요?

― 아, 지금 이제 포장된 지가?

― 여기서 상하까지 소재지의 통로지만…

응.

― 나 그전에 저 일정시대 때.

― 응, 그리고 여기 저 군인들이 일본 군인들이 여기가 여기에가 있었어요, 군인들이 있었어.

― 이 집 뒤에도 마구간 있었고,

그래요.

― 있었고.

― 일번 구닌더리 이개 사다니 한 일개 사다니 여 여 사단 봄부가 일썬써, 일개.

그레요, 그레 그러먼 그:: 일본 군대 때무네 마을 싸람드리 피해를 보거나 그런 이리 일썬능가요?

― 피해는 읍쩨.

아:: 그래요.

그러먼,

― 피해는 읍썬써.

어: 그러먼 이제 서로 불리돼 인능건갑네요?

군대는 따로 일꼬, 주민드른 생화를 하시고...

― 아:, 주민드른 생화를 허고, 저 우구로36) 막싸를 짇꼬37), 나무까지 저기 저 송림산 그 민트로 아 절쩐38) 이용에서 구닌더리, 그 미테로 펌퍼넌데다가 인자 그 구닌 막싸를 짇:꼬, 거기서 인자 생활 허고, 인자 수비럴 헬꼬

― 바로 이 집뒤에다 그 구닌 그저 호마39) 기병 기병덜, 호마 그때 구닌 덜또 차가 아니고 말구루마로40) 실쿠41) 댕기구 모두 수송이 되야 일썬끄등.

그러쵸.

― 모든 저, 어 군속부수가틍42) 거 그냥 싱냥얼 가따 마레 실코 구루마로 실코 댕기고 움반핻써, 근디 저 마:부까니 일썬써요, 마부까니.

― 근디.

― 이 주민드레 피해넌 읍썬쩨, 피해는 읍썬써.

― 그때먼 내가 학꾜럴 느께 다니고 그리가지고.

― 거 화장시런 소매볼라먼 여기야, 화장실 여 가서 바도 되고.

― 응, 여 화장실도 일꼬.

그다메 에: 그 전진바우가치 사네도 이러케 그 이르미 인는 그런 바우가튼 걷뜨리 인는가요?

― 어, 딴 바, 딴 이름 인는 바우는 읍꼬.

－ 일본 군인들이 이개 사단이 한 일개 사단이 여 여 사단 본부가 있었어, 일개.

그래요, 그래 그러면 그 일본 군대 때문에 마을 사람들이 피해를 보거나 그런 일이 있었는가요?

－ 피해는 없지.

아, 그래요.

그러면,

－ 피해는 없었어.

어, 그러면 이제 서로 분리되어 있었는가 보네요?

군대는 따로 있고, 주민들은 생활을 하시고…

－ 아, 주민들은 생활을 하고, 저 위로 막사를 짓고, 나무까지 저기 저 송림산 그 밑으로 아 절진 이용해서 군인들이, 그 밑으로 평평한 곳에다 이제 그 군인 막사를 짓고, 거기서 이제 생활 하고, 이제 수비를 했고.

－ 바로 이 집 뒤에다 그 군인 그저 호마 기병 기병들, 호마 그때 군인들도 차가 아니고 말 수레로 싣고 다니고 모두 수송이 되어 있었거든.

그렇지요.

－ 모든 저, 어 군수품 같은 것 그냥 식량을 가져다 말에 싣고 수레로 싣고 다니고 운반했어, 그런데 저 마구간이 있었어요, 마구간이.

－ 그런데.

－ 이 주민들에 피해는 없었지, 피해는 없었어.

－ 그때면 내가 학교를 늦게 다니고 그래가지고.

－ 그 화장실은 소변보려면 여기야, 화장실 여기 가서 보아도 되고.

－ 응, 여 화장실도 있고.

그 다음에 에, 그 전진바위같이 산에도 이렇게 그 이름이 있는 바위 같은 것들이 있는가요?

－ 어, 다른 바, 다른 이름 있는 바위는 없고.

나무가튼 걷뜰, 큰:: 나무라등가 머 이렁걷?

혹씨 그런데 엔′나레는 지그믄 지그믄 인자 개화된 때라 어 머 귀시니 나올
리도 업꼬, 그런데 엔나레 어두운 시저레는 그런 애기들 마낟찌요?

　— 아:: 인쩨.

예::.

　— 그 큰나무가 지금도 이는디 인쩨, 쩌그 저…

　— 화산까 화산까 팽′나무라고 약 한… 지금… 뱅년도 더 되야쓸꺼시여.

　— 큰:: 나무가 인써 지금.

응.

　— 지금 그 지금도 거그[43] 인써.

응.

　— 그리구 읍써징거선 헐피료 업꼬, 지금 현재까지 인씨야 되는디.

얘.

이 마으레서 엔날부터 그 내려오는 그:: 그 명당을 잘써가지고 머 발보글
핻따는둥:: 아니믄 잘몯써가지고 무슨 동티가[44] 낟따는둥 머 그런

　— 그런 거시[45]

이야기들또 인썯나요, 엔나레?

　— 아, 인찌만, 여기 여기에넌 그런 이리 읍꼬.

어.

　— 명당얼 잘몯써가지고 지바니 어쩔따능거, 명당이 잘써가지고 급짜
키[46] 인자 큰 이이글 마자면[47] 재사늘 모앋따든지 인자 큰사라미 낟따든
지 이런 거슨 읍꼬.

얘.

그래도 명당 이애기들 좀 인찌요?

　— 암! 터러[48], 이 명당 애기가 인…

혹씨 그런 애기 가운데 기엉나는거 혹씨 인써요?

나무 같은 것들, 큰 나무라든가 뭐 이런 것?

혹시 그런데 옛날에는 지금은 지금은 이제 개화된 따라 어 뭐 귀신이 나올
리도 없고, 그런데 옛날에 어두운 시절에는 그런 이야기들 많았지요?

- 아, 있지.

어.

- 그 큰 나무가 지금도 있는데 있지, 저기 저...

- 환산에가 화산에가 팽나무라고 약 한... 지금... 백년도 더 되었을 것이야.

- 큰 나무가 있어 지금.

응.

- 지금 그 지금도 거기 있어.

응.

- 그리고 없어진 것은 할 필요 없고, 지금 현재까지 있어야 되는데.

예.

이 마을에서 옛날부터 그 내려오는 그 그 명당을 잘 써가지고 뭐 발복을 했
다는둥, 아니면 잘 못 써가지고 무슨 동티가 났다는둥 뭐 그런

- 그런 것이

이야기들도 있었나요, 옛날에?

- 아, 있지만, 여기 여기에는 그런 일이 없고.

어.

- 명당을 잘 못 써가지고 집안이 어쩠다는 것, 명당을 잘 써가지고 급
자기 이제 큰 이익을 말하자면 재산을 모았다든지 이제 큰 사람이 낫다든
지 이런 것은 없고.

예.

그래도 명당 이야기들 좀 있지요?

- 암! 더러, 이 명당 이야기가 있...

혹시 그런 이야기 가운데 기억나는 것 혹시 있어요?

- 예기서 머...

이 또 생강나시면 또 말쓰메 주시고...

이 마으레서는 엔나레 주로 어떤 일드를 하시면서 생화를 하셌써요?

- 첟채는49) 이 농사짇코50)...

응.

주로 어떤 농사...

- 벼농사.

예.

예:전부터 그랜나요?

- 아, 에:전부터 베농사지.

반농사로는?

- 반농사는 에 목콰51).

- 엔나레 그 농초네 모카들 마니 잍쓸쩨.

예:.

- 모카덜 시뭉개52).

- 모카 심꼬.

- 내:가 헝거선...

- 반농사에 머 조:라고 수수, 흔차면53) 고구마.

- 그 흥녀네 수화기 제일 마능거시그덩54), 고구마 수화기 망코55),

예.

- 조 수수기 낭:꼬56).

- 콩파선57) 보통 허니까58).

음.

- 특뼈리 조가틍건 마니 헤가지고, 조:로 살고, 인자 고구마 캐가지고 고구마럴 마니 살고59).

엔나레 서:수기라고도 허능걷또 잍썯쬬?

─ 여기서 뭐...

이 또 생각나시면 또 말씀해 주시고...

이 마을에서는 옛날에 주로 어떤 일들을 하시면서 생활을 하셨어요?

─ 첫째는 이 농사짓고...

응.

주로 어떤 농사...

─ 벼농사.

예.

예전부터 그랬나요?

─ 아, 예전부터 벼농사지.

밭농사로는?

─ 밭농사는 에 목화.

─ 옛날에 그 농촌에 목화들 많이 있었지.

예.

─ 목화들 심으니까.

─ 목화 심고.

─ 내가 한 것은...

─ 밭농사에 뭐 조라고 수수, 한참은 고구마.

─ 그 흉년에 수확이 제일 많은 것이거든, 고구마 수확이 많고,

예.

─ 조 수수가 남고.

─ 콩 팥은 보통 하니까.

응.

─ 특별히 조 같은 것 많이 해가지고, 조로 살고, 이제 고구마 캐가지고 고구마를 많이 살고.

옛날에 서숙이라고도 하는 것도 있었지요?

- 아, 스:스기⁶⁰⁾ 조:제.

아, 서수기 조에요?

- 응.

여기서는 서수기라는 마를 마니 쓰세요, 조라고 마니 하세요?

- 서:수기라고 스숙.

여기서는?

- 아, 서수기라고.

지금도 서수기라는 마를 마니 쓰시능가요, 조라고 하는 마를 더러 쓰시능가
요, 요즈메?

- 쪼끔 변경되야서 한:: 보통 여자들 스:수기라고 마니 허제이.

지금도?

- 지금도 예 예.

- 긍개⁶¹⁾ 그글⁶²⁾ 지금 사용 안체 웁씽개⁶³⁾, 사용얼 안체 지금.

응.

- 경작 앙코 이끼 때미네, 겡작⁶⁴⁾ 허면 그런 마럴 쓰는디...

예.

- 모:카도, 모카럴 미영이라고 그러제, 미영⁶⁵⁾.

그럳치.

- 미영이라고 흰쩨⁶⁶⁾, 미영.

- 지그문 모카라구레, 미영얼 마닏써.

엔나레 베 베낟

- 베낟코.

- 미:영배 무:영밴디⁶⁷⁾ 미:영배 미:영배지 미영배 난네.

- 미:영배⁶⁸⁾ 낟코⁶⁹⁾, 모시배 낟코.

- 주로 미:영배지⁷⁰⁾.

- 그때넌 미:영배 나가지고 살리멀 헫쓰니까.

─ 아, 서숙이 조지.

아, 서숙이 조예요?

 ─ 응.

여기서는 서숙이라는 말을 많이 쓰세요, 조라고 많이 하세요?

 ─ 서숙이라고 서숙.

여기서는?

 ─ 아, 서숙이라고.

지금도 서숙이라는 말을 많이 쓰시는가요, 조라는 말을 더러 쓰시는가요,
요즘에?

 ─ 조금 변경되어서 한 보통 여자들 서숙이라고 많이 하지.

지금도?

 ─ 지금도 예 예.

 ─ 그러니까 그것을 지금 사용 않지 없으니까, 사용을 안 하지 지금.

응.

 ─ 경작 않고 있기 때문에, 경작하면 그런 말을 쓰는데...

예.

 ─ 목화도, 목화를 무명이라고 그러지, 무명.

그렇지.

 ─ 무명이라고 했지, 무명.

 ─ 지금은 목화라고 그래, 무명을 많이 썼어.

옛날에 베 베 낟

 ─ 베 낳고.

 ─ 무명베 무명베인데 무명베 무명베지 무명베 낳았네.

 ─ 무명베 낳고, 모시베 낳고.

 ─ 주로 무명베지.

 ─ 그때는 무명베 낳아가지고 살림을 했으니까.

- 그거 가지고 생애럴 끄려나간써71).

바까테서는 논농사 하고...

- 여자드런 그 주로 그 미:영배.

그 이러케 벼농사를 질려면 어떤 때는 인제 물론 혼자서 할 일도 읻꼬, 가치 이러케 이를 해야 되는 경우도 마낟찌요?

그럴 때, 그 가치 이를 하기 위해서 어떤 그:: 지그므로 치며는 머 게:라등가 그런 모임가틍거시 엔나레 어떤거시

- 그건

읻썯써요?

- 그건, 에기년72) 그거시 읍, 중가네 하다 공동자거비랑거시 읻쩨.

- 게:랑73) 거슨 읍꼬.

응.

- 인자 그 그 그거슨 여기는 그런 모:이미 읍썯써.

- 여기서 인자 그때 당시 김:제가튼 들:력 가튼 데는 인자 그 조지기 다 읻써가지고 그러케 힌는디74), 여기는 조지기 읍'꼬.

- 그냥 임부 사서, 어 사서 인자 머 노버더가지고 이릳썯는디75).

- 나중에 약깐 그저 공동자거비라고, 가치 히얄76) 공동자거비란 마리 읻썯는디, 여기는 그렁거또 벨시게77) 읍:꼬.

- 인자 임부 사서,품파리 헌 사람한테 임부 사서 갇따가 개이니 싹꾼 사서 허는, 그런거시 읍썯써, 게랑거슨 읍썯써.

푸마시도 안허섣써요?

- 푸마시넌 헫쩨, 푸마시허고, 푸마시.

그 푸:마시를 할려면 그 푸마시를 하는 사람들끼리 서로좀 이러케 왕내가 읻꼬 치너고

- 아 그러제.

그레야 헐꺼

― 그것 가지고 생계를 꾸려나갔어.

바깥에서는 논농사 하고…

― 여자들은 그 주로 그 무명베.

그 이렇게 벼농사를 지으려면 어떤 때는 이제 물론 혼자서 할 일도 있고, 같이 이렇게 일을 해야 되는 경우도 많았지요?

그럴 때, 그 같이 일을 하기 위해서 어떤 그 지금으로 치면 뭐 계라든가 그런 모임 같은 것이 옛날에 어떤 것이

― 그건

있었어요?

― 그것은, 여기는 그것이 없, 중간에 하다 공동작업이란 것이 있지.

― 계란 것은 없고.

응.

― 이제 그 그 그것은 여기는 그런 모임이 없었어.

― 여기서 이제 그때 당시 김제 같은 들녘 같은 데는 이제 그 조직이 다 있어가지고 그렇게 했는데, 여기는 조직이 없고.

― 그냥 인부 사서, 응 사서 이제 뭐 놉 얻어가지고 일 했었는데.

― 나중에 약간 그저 공동작업이라고, 같이 해야 할 공동작업이란 말이 있었는데, 여기는 그런 것도 별스럽게 없고.

― 이제 인부 사서, 품팔이 하는 사람에게 인부 사서 갖다가 개인이 삯꾼 사서 하는, 그런 것이 없었어, 계라는 것은 없었어.

품앗이도 안하셨어요?

― 품앗이는 했지, 품앗이 하고, 품앗이.

그 품앗이를 하려면 그 품앗이를 하는 사람들끼리 서로 좀 이렇게 왕래가 있고 친하고

― 아 그렇지.

그래야 할 껏

- 아 푸마시랑건

아니에요?

- 겨:으 자탄[78] 사람끼리 푸마시럴 허지.

- 그러니까.

그러면 그 사람들끼리 농사질때 머 도와주는 게는 업써도 가령 제사가, 상을 치룬다거나, 아니면 머 자식뜰 홀레를 치룰려면 또 이러케 좀 서로 부조를 좀 마:니 헤준다거나...

- 그러며넌...

그런 모임가틍건 업썰써?

- 예, 게:랑 거시 마이 인썰쩨.

응.

- 지금도 마~이 드뜬 아넝개.

- 그에 회:갑께랑거시 잍꼬.

응.

- 위칭께랑거시[79] 잍꼬.

응.

- 위칭께랑거슨 부모가 당얼 상얼 당헬으때, 부모상얼 당헤서 나갈때 위친, 위언 위치니 잍꼬.

- 회갑 지그믄 인자 이 갑께랑거시 인는디, 그때는 갑께랑거시 웁꼬.

응.

- 회갑께랑거시 읻썰써.

으.

- 동:네 인자 어 이르멀 명칭얼 부체서 인자 동:네 총 동:네께가 읻썰꼬 이[80])?

응.

- 그때 인자 아여 송경 화산께랑떤지, 이런 동, 인자 단체든 게가 읻썰꼬

－ 아 품앗이란 것은
아니에요?

－ 거의 같은 사람끼리 품앗이를 하지.

－ 그러니까.

그러면 그 사람들끼리 농사지을 때 뭐 도와주는 계는 없어도 가령 제사가, 상을 치른다거나, 아니면 뭐 자식들 혼례를 치르려면 또 이렇게 좀 서로 부조를 좀 많이 해준다거나…

－ 그러며는…

그런 모임 같은 것은 없으셨어?

－ 예, 계란 것이 많이 있었지.

응.

－ 지금도 많이 들지는 안하니까.

－ 그 회갑계란 것이 있고.

응.

－ 위친계라는 것이 있고.

응.

－ 위친계라는 것은 부모가 당할 상을 당했을 때, 부모상을 당해서 나갈 때 위친, 위한 위친이 있고.

－ 회갑 지금은 이제 이 갑계란 것이 있는데, 그때는 갑계란 것이 없고.

응.

－ 회갑계란 것이 있었어.

응.

－ 동네 이제 어 이름을 명칭을 붙여서 이제 동네 총 동네계가 있었고 이?

응.

－ 그때 이제 아 여 송경 화산계라든지, 이런 동, 이제 단체든 계가 있었고

예.

― 인자 그 회갑께, 도와주는 거시 회갑, 자기 인자 퇴럴[81] 만나가지고, 쉬께 마러자먼 요세 우리가 인자 그 어 갑께랑 아 마창가지로 그때넌 갑께랑거시 아니고 인자 회갑께라든지...

예:.

― 마러자먼 위친께라든지...

예.

그때 회갑께::를 할 때는 부몬니물 회가불 위항건가요, 아니먼 보니네 회가불 위항건가요?

― 부모 회갑.

― 부모 회가비래서.

― 부무게럴[82].

그 회갑께 말고, 혹씨 그 상당헬쓸 때 가치 도와주능걷또 회갑께에서 다 가치 하 하시능가요?

― 회갑께도 읻찌만 그 위칭께가 또 읻쩨.

위칭께::.

― 위칭께가 또...

아 그건 인제 도라가셛쓸때

― 위친께라고

상을 가치, 그럼 여기서도...

― 회갑께는 부모가 회가비 되앋쓸때, 에순한살 회가비 닫씰때[83] 인자 그 베푸능 거시고.

― 위칭께라고 허며는 상 당할 상얼 당헫쓸때 인자 그 도와주는 거시 위칭께.

그레 그때 게 회갑께나 위칭께를 할 때 이러케 도늘 좀 정기저그로 모으션능가요?

예.

— 이제 그 회갑계, 도와주는 것이 회갑, 자기 이제 회갑을 만나가지고, 쉽게 말하자면 요즘 우리가 이제 그 어 갑계란 아 마찮가지로 그때는 갑계란 것이 아니고 이제 회갑계라든지...

예.

— 말하자면 위친계라든지...

예.

그때 회갑계를 할 때는 부모님을 회갑을 위한 것인가요, 아니면 본인의 회갑을 위한 것인가요?

— 부모 회갑.

— 부모 회갑이라고 해서.

— 부모 계를.

그 회갑계 말고, 혹시 그 상당했을 때 같이 도와주는 것도 회갑계에서 다 같이 하시는 가요?

— 회갑계도 있지만 그 위친계가 또 있지.

위친계

— 위친계라 또...

아 그건 이제 돌아가셨을 때

— 위친계라고

상을 같이, 그럼 여기서도...

— 회갑계는 부모가 회갑이 되었을 때, 예순한살 회갑이 되었을 때 이제 그 베푸는 것이고.

— 위친계라고 하며는 상 당할 상을 당했을 때 이제 그 도와주는 것이 위친계.

그래 그때 계 회갑계나 위친계를 할 때 이렇게 돈을 좀 정기적으로 모으셨는가요?

돈가틍걸 모안능가요, 아니면 이를 당헬쓸때 그냥 도와주는 걸로 끈나능
가요?

　— 아 정년 게:호거고[84] 읻쩨.

아:.

　— 처:메 무들때 응 그때 도느로 허능거시 아니라 벼, 어 벼로써

아.

　— 멤말썩[85] 헌다든지.

응.

　— 수그멀 히가지고 그 게 보증그물 만든다 그마리여.

응.

　— 만드러가지고, 먼 상얼 당헬쓸대 인자 그 수:럴 함마리라든지[86] 수:
리라든지, 그때는 야커니까.

그때

　— 그때넌 지그 지그먼 인자 도:널 인자 개:이니 인자 부주라고 허지마넌
예.

　— 그때넌 도:느로 헌 부주랑거시[87] 읍써, 엔:나렌.

응.

　— 중가네 인자 도:느로 허는디, 그때넌 인자 그 쉽께 마러자먼 술: 첻채 술.

음.

　— 화:모랑거시[88] 읻썯써.

화모기 머에요?

　— 하:목께가 또 읻써, 하목께.

응.

　— 하목께랑거선 무시냐며는.

　— 겨'으레 상얼 당헬씰때 나:무럴 마리여.

얘.

돈 같은 것을 모았는가요, 아니면 일을 당했을 때 그냥 도와주는 것으로 끝나는가요?

— 아 정녕 계획하고 있지.

아.

— 처음에 묻을 때 일인당 그때 돈으로 하는 것이 아니라 벼, 어 벼로써.

아.

— 몇 말씩 한다든지.

응.

— 수금을 해가지고 그 계 보증금을 만든다 그 말이야.

응.

— 만들어가지고, 뭔 상을 당했을 때 이제 그 술을 한 말이라든지 술이라든지, 그때는 약하니까.

그때

— 그때는 지금 지금은 이제 돈을 이제 개인이 이제 부조라고 하지만

예.

— 그때는 돈으로 한 부조라는 것이 없어, 옛날에는.

응.

— 중간에 인자 돈으로 하는데, 그때는 이제 그 쉽게 말하지만 술 첫째 술.

음.

— 화목계란 것이 있었어.

화목이 뭐에요?

— 화목계가 또 있어, 화목계.

응.

— 화목계란 것은 무엇이냐 하면.

— 겨울에 상을 당했을 때 나무를 말이야.

예.

- 장자걸, 한짐썩 히가지고 가.

- 그럼 저녕:내 지금 야 어 야::가널 허그든, 인자 인자 바메 인자 사밀 출쌍이다든지, 사일 출쌍이 되며넌, 다 와가지고서 인제 어디 그때넌 지그면 그리도 여기여기 방이 여러시여, 드러갈 디가 읻찌마넌, 손니미 어디 드러갈 띠가 읍써.

얘.

- 정, 그렁개 일따 헐 쩌겐[89] 그란치만[90] 인자 동네 싸람덜 와가지고 바께서 부럴 노코, 바:멀 세운다 그 처랴럴 헌다 그마리여.

- 글때는 춘:디 어트게 허게 부럴 놔얄껄 아니여, 그서 화:목께랑거시[91] 읻써, 화:목께.

- 불화짜 나무목짜.

응.

- 나:무럴 히다가 가지고가 다.

- 가지고 가서 부럴 노코, 저녕내 거시서 인자 처랴럴 히여.

- 어, 술도 먹꼬, 인자 첟채 에:: 상 당허며넌 술 한동오라든지, 그때넌 인자 아직 효주가[92] 아니고 인자 막껄리니까, 주장에서 막껄리 가따 막껄리 한동오럴 낻다든지 디에 보낸다든지, 이 나:무지허고 그리고 또 머 머시냐.

- 조:기, 지그면 조기라 안 만사[93], 만사라구러제.

- 지금 글짜로넌 이건 조기 만사가 조기그던.

- 그저네 생애[94] 나갈때, 아프다 그 달고 가는 그, 만사가 만치, 써서 마리여이?

- 호천망그기라든지[95] 먼 인자 그 인자 문꾸를 느가지고 인자 쓰 쓰자녀 이?

예예예.

- 만사, 지그면 그 조:기라구제 조:기이, 이 그말로 조기, 만사럴.

- 장작을, 한 짐씩 해가지고 가.

- 그럼 저녁 내내 지금 야 어 야간을 하거든, 이제 이제 밤에 이제 삼일 출상이라든지, 사일 출상이 되면, 다 와가지고서 이제 어디 그때는 지금은 그래도 여기 여기 방이 여럿이야, 들어갈 데가 있지마는, 손님이 어디 들어갈 데가 없어.

예.

- 정, 그러니까 있다 할 적에는 그렇지 않지만 이제 동네 사람들 와가지고 밖에서 불을 놓고, 밤을 새운다 그 철야를 한다 그 말이야.

- 그럴 때는 추운데 어떻게 하게 불을 놓아야 할 것 아니야, 그래서 화목계란 것이 있어, 화목계.

- 불화자 나무목자.

응.

- 나무를 해다가 가지고가 다.

- 가지고 가서 불을 놓고, 저녁 내내 거기서 이제 철야를 해.

- 어, 술도 먹고, 이제 첫째 에 상을 당하면 술 한 동이라든지, 그때는 이제 아직 소주가 아니고 이제 막걸리니까, 주조장에서 막걸리 갖다 막걸리 한 동이를 낸다든지 들여보낸다든지, 이 나뭇짐하고 그리고 또 뭐 무엇이냐.

- 조기, 지금은 조기라 않고 만사, 만사라고 그러지.

- 지금 글자로는 이것은 조기 만사가 조기거든.

- 그전에 상여 나갈 때, 앞에다 그 달고 가는 그, 만사가 많지, 써서 말이야 이?

- 그 호천망극이라든지 뭐 이제 그 이제 문구를 넣어가지고 이제 쓰잖아 이?

예예예.

- 마나, 지금은 그 조기라고 하지 조기 이, 이 그 말로 조기, 만사를.

- 한 한장썩 낸다든지, 이런 만사럴 내고, 수:럴 한 동어썩 내고, 하:모 걸 가저오고 화:목께가 일꼬, 또 하:목께랑거시 별또로 일써.

만사를 낸다는 건요 어르신, 만사를 자기가 써가지고 가능거요, 아니면 배: 만 가따가 주능거요?

- 그건 물런96), 자기가 물런 개이니 낼때넌, 에 자기가 인자 어떤 인 자 어:: 명이난테 가서 인자 받...

바다오고

- 바다서 인자 내고.

- 어 그 그건 그건 인자 별또로 인자 그 참:: 쪼끔 고상허게 허능거시 고, 한 부라게서 어:: 만사 한 장썩 낸다는 거슨 그냥 배만 떠다 주며는 그 상주, 상가에서 써다도 주:고, 써서 인자 하고.

- 인자 여기서 바다가지고 가따줘도 허고 그렁개 인자, 원치기 인자, 거따 인자 거:: 조:운 말로 마리여 이:, 인자 써서 존: 문꾸럴 써서 가다중 거시 원치기라, 인자 그리 써다 줘야혀 그거시.

그 정월:: 딸 대보름 지낼때도 또 이러케 여러가지 일드를 마니 허셛찌요?

- 근디 상 그때넌 생이97) 나며는 동:네서 마리여, 게가 아닐찌라도 주: 걸 한동썩 써 죽, 팥쭈기랑 주걸 다 써와가지고 갇꼬...

- 그때넌 인자 그 도:느로 부주가 아니라, 이 콩나물, 시루다 한 시리 썩98) 안처가지고 콩나무럴 한 시루썩 가지구 가고.

- 그리기도 허고, 인자 그 상 당할쓸때99) 그러고, 그 이떤 또 삼년상 이그덩.

아! 그려.

- 삼년상이기 때미네100), 긍개 처:메 상얼 당헬쓸때넌 언제 콩나무럴 지러가지고101) 가덜 모덩개, 그냥 파쭉까턴102) 첟때 그때넌 상당헬쓸때 팥쭝만 가지 이.

응.

– 한 한 장씩 낸다든지, 이런 만사를 내고, 술을 한 동이씩 내고, 화목을 가져오고 화목계가 있고, 또 화목계란 것이 별도로 있어.

만사를 낸다는 것은요 어르신, 만사를 자기가 써가지고 가는 것이요, 아니면 베만 갖다가 주는 것이요?

– 그건 물론, 자기가 물론 개인이 낼 때는, 예 자기가 이제 어떤 이제 어 명인한테 가서 이제 받...

받아오고.

– 받아서 이제 내고.

– 어 그 그건 그건 이제 별도로 이제 그 참 조금 고상하게 하는 것이고, 한 부락에서 어 만사 한 장씩 낸다는 것은 그냥 베만 떠다 주며는 그 상주, 상가에서 써다 주고, 써서 이제 하고.

– 이제 여기서 받아가지고 갖다 주어도 하고 그러니까 이제, 원칙이 이제, 거기에다 이제 그 좋은 말로 말이야 이, 이제 써서 좋은 문구를 써서 갖다 주는 것이 원칙이라, 이제 그렇게 써다 주어야 해, 그것이.

그 정월달 대보름 지낼 때도 또 이렇게 여러 가지 일들을 많이 하셨지요?

– 그런데 상 그때는 상이 나며는 동네에서 마리야, 계가 아닐지라도 죽을 한 동씩 써 죽, 팥죽이랑 죽을 다 쑤어 와가지고 가지고...

– 그때는 이제 그 돈으로 부조가 아니라, 이 콩나물, 시루에다 한 시루씩 안쳐가지고 콩나물을 한 시루씩 가지고 가고.

– 그러기도 하고, 이제 그 상을 당했을 때 그렇고, 그 있던 또 삼년상이거든.

아! 그래.

– 삼년상이기 때문에, 그러니까 처음에 상을 당했을 때는 언제 콩나물을 길러 가지고 가지를 못하니까, 그냥 팥죽 같은 첫때 그때는 상을 당했을 때 팥죽만 가지 이.

응.

- 파쭉 한동우 써서103) 낸, 그 푸마시라, 푸마시.

응.

- 그거또 다:: 부주에 쓰능거여.

- 누 지비서 그날 팔쭉 한동우 드러와따, 그먼 다:메 그사라밀 또 팔쭈걸104) 쑤다주고.

- 인자 삼년상 인자, 소상때 대상때넌 인자, 미리 날짜가 에정되야 이끼 때미네 미리 콩너물 한시리썩 지러다가 한시리썩 주고, 이러케 지낻써.

- 그때넌 도:니 부주가... 부주랑거시 그거시 부주여, 도:니 아니라.

야! 참! 그 정이 읻써보이네요, 그 말씀 드리니까 응?

도느로 하능거보다 훨씬더,

- 아! 그러제, 도:니랑거슨 자기

마으물 다마서 허능거.

이제 이 마으리 지금 여기가 크게 보며는 화사니고, 작께 보며는 방게고,

- 방현 방현

방게고, 방현 이러케 쓰시는데.

여기가 인제 다른 마을하고 이러케 비교를 헤본다면 이 마을이 쫌 어떤 며네서 쫌 더 조타거나, 어떤 특찡이 읻따거나 이렇게 읻쓸 수 읻쓸까요?

- 어뜨게 되야서, 이걸 일딴 이즐꺼슨 인는디, 척 보면.

- 시고레 인자 농초네 가며는...

네.

- 지그먼 그 읍짜네 엔나레 빈촌 반초니 읻끄든 이?

그러치요.

- 민촌 응 빈초니야105), 민촌 반촌.

응 응 응.

- 뒤에넌 쫌...

- 반초니라고며는 모든 행시나 그 유학짜더리 쫌 마니 읻꼬.

- 팥죽 한 동이 쑤어 내는, 그 품앗이라, 품앗이.

응.

 - 그것도 다 부조에 쓰는 것이야.

 - 누구 집에서 그 날 팥죽 한 동이 들어왔다, 그러면 다음에 그 사람을 또 팥죽을 쒀 주고.

 - 이제 삼년상 이제, 소상 때 대상 때는 이제, 미리 날짜가 예정되어 있기 때문에 미리 콩나물 한 시루씩 길러다가 한 시루씩 주고, 이렇게 지냈어.

 - 그때는 돈이 부조가... 부조라는 것이 그것이 부조여, 돈이 아니라.

야! 참! 그 정이 있어보이네요, 그 말씀 들으니까 응?

돈으로 하는 것보다 훨씬 더,

 - 아! 그렇지, 돈이란 것은 자기

마음을 담아서 하는 것.

이제 이 마을이 지금 여기가 크게 보면 화산이고, 작게 보면 방계고,

 - 방현 방현

방계고, 방현 이렇게 쓰시는데.

여기가 이제 다른 마을하고 이렇게 비교를 해본다면 이 마을이 좀 어떤 면에서 좀 더 좋다거나, 어떤 특징이 있다거나 이런 것이 있을 수 있을까요?

 - 어떻게 돼서, 이것을 일단 잊을 것은 있는데, 척 보면.

 - 시골에 이제 농촌에 가면...

예.

 - 지금은 그 없잖아, 옛날에 민촌 반촌이 있어요 이?

그렇지요.

 - 민촌 응 민촌이야, 민촌 반촌.

응응응.

 - 뒤에는 좀...

 - 반촌이라고 하며는 모든 행실이나 그 유학자들이 조금 많이 있고.

얘 얘.

─ 돈도 익꼬, 좀 살리미 거시거고 그렁개 행시리 쫌 나은 디럴[106] 반초니라구자네[107]?

얘.

─ 반초넌 양:반,

그러치.

─ 민초니랑건 좀::

그러치.

─ 근디. 여기 그 그건 여기가 쫌 반초니라고 볼쑤가 읻썰쩨.

이 동네를?

─ 아니, 송게리란디가.

송게가?

어:: 그러면 송게에서 제일 가까운 민초넌 어디를 민초니라고 하셴써요?

서로 상대가 될마난 민촌?

─ 어:: 그건...

─ 지나간 이리라서... 허허허.

─ 구베레선 또 안 되고.

응:: 어.

그레도 아무튼 민촌:: 그 아무튼 방게가 방게가 에:: 반초니면, 아무튼 어딩가에 민초니 읻썰쑬꺼 아니에요?

─ 물런 읻쩨.

응 응.

─ 지그문 인제 시대가 다 다 바께서 머 그렁거...

─ 으, 그저네 민촌 반초니 읻썰써요.

응.

─ 읻따능거만 아르시먼 되고.

예 예.

　- 돈도 있고, 좀 살림이 거시기하고 그러니까 행실이 좀 나은 데를 반
촌이라고 하잖아?

예.

　- 반촌은 양반,

그렇지.

　- 민촌이라는 것은 좀

그렇지.

　- 그런데. 여기 그 그것은 여기가 좀 반촌이라고 볼 수가 있었지.

이 동네를?

　- 아니, 송계리란 데가.

송계가?

어, 그러면 송계에서 제일 가까운 민촌은 어디를 민촌이라고 하셨어요?

서로 상대가 될 만한 민촌?

　- 어, 그건...

　- 지나간 일이라서... 허허허.

　- 구별해서는 또 안 되고.

응, 어.

그래도 아무튼 민촌, 그 아무튼 방계가 방계가 에 반촌이면, 아무튼 어딘가
에 민촌이 있었을 것이 아니에요?

　- 물론 있지.

응 응.

　- 지금은 이제 시대가 다 다 바뀌어서 뭐 그런것...

　- 응, 그전에 민촌 반촌이 있었어요.

응.

　- 있다는 것만 아시면 되고.

허허허 그레요. 어:: 그럼 여기가 서당이 엔나레 읻썬써요?

― 읻썬찌.

응.

한 부니 가르친 서당인가요, 아니면 여러 고세 서당이 읻썬나요?

― 에, 통락짜 함부니 하 지금...

그때 어떤 부니신지 혹씨 기엉나세요, 성하미랑 함짜?

― 가마니써 함:짜럴 내가 이저버렌네.

― 성:씬디.

응.

어디 어떤 마으레서 오신 부니세요?

― 여기 저, 여:: 해 월래 그 성 씬디[108], 송 해리 송산 성씬디, 여기서 거주헫써.

응.

― 마러자먼 송:아미란디 읻써 송:암.

응.

― 대고가[109] 그 냥반 선동 양바니제[110], 선동 선동 양바니라고.

응.

그러면 선동이 선동이 해리 근처에 인는 마으링가요?

― 선동이...

― 이 대고랑거선 촌명을 따서

그러치.

― 선동이라구며는 아마 해리넌 선동이 읍쩨, 고응 고흥까 선동이 읻따 그마리여.

― 히서 인자 거:기서 고리 장가럴 허센능가는 몰라도 선동양바니라고 그렏써. 내가 그냥바난테서 서당을 다녇쓰니까.

응.

허허허 그래요. 어, 그러면 여기가 서당이 옛날에 있었어요?

- 있었지.

응.

한 분이 가르친 서당인가요, 아니면 여러 곳에 서당이 있었나요?

- 에, *** 한 분이 하시고. 지금...

그때 어떤 분이신지 혹시 기억나세요, 성함이랑 함자?

- 가만히 있어 함자를 내가 잊어버렸네.

- 성 씨인데.

응.

어디 어떤 마을에서 오신 분이세요?

- 여기 저, 여 해 원래 그 성 씨인데, 송 해리 송산 성 씨인데, 여기서 거주했어.

응.

- 말하자면 송암이란 데 있어 송암.

응.

- 택호가 그 양반 선동 양반이지, 선동 선동 양반이라고.

응.

그러면 선동이 선동이 해리 근처에 있는 마을인가요?

- 선동이...

- 이 택호라는 것은 촌명을 따서

그렇지.

- 선동이라고 하며는 아마 해리는 선동이 없지, 고흥 고흥에 가서 선동이 있다 그 말이야.

- 그래서 이제 거기서 그리 장가를 하셨는가는 몰라도 선동 양반이라고 그랬어. 내가 그 양반한테서 서당을 다녔으니까.

응.

- 선동 양반.

그래 이부니 성:씨 성이시고,

- 응, 대고가

해리 해리에 어떤 성씨, 본과니 어디라고요, 성씨가?

- 창:녕 성씨죠

창녕 성씨요?

- 창:녕.

이 여기도 마으레 그 형태가 마으레 그 모양이, 모스비나 이렁거시 엔나라고 지그마고 좀 마니 달라젙따고 볼수 인능가요?

- 마~:이 달라젙쩨.

사라메 수라등가, 기레 모양이라등가.

- 길 모양도 달라지고, 그건 완저니 머 길드리 다::

어.

- 달라젇써.

대략 이러케 어떠케 달라젇썬는지 함번 말씀해줄수 인는 걸 며까지만 좀 말쓰메 주시죠?

- 지금 여:기도, 이 뒤여가[111] 기리 읍썬써.

응 음.

- 쩌 아래가 동네가 읻끄덩, 동네가 갈라면 처: 우로[112] 내레와가지고 요리서 이 아푸로 헤서 욜로[113] 내레왇따 그마리여.

- 지리[114] 완저니 엔나라고는 지리 함번...

그럼 요 압끼리 그 큰마으레서 이운마을로 가는 길모기얻껜네?

- 아 기리엳써.

여기가? 이쪽 뒤는 기리 업썯꼬?

- 읻:: 아, 읻찌 아까 요리는 읍썯쩨.

아 이쪼그로는 업꼬요, 아::! 그러면 이 뒤는 그냥 사니엳꼬?

- 선동 양반.

그래 이 분이 성 씨 성이시고,

- 응, 택호가

해리 해리에 어떤 성 씨, 본관이 어디라고요, 성 씨가?

- 창녕 성 씨지요.

창녕 성 씨요?

- 창녕.

이 여기도 마을에 그 형태가 마을에 그 모양이, 모습이나 이런 것이 옛날하고 지금하고 좀 많이 달라졌다고 볼 수 있는가요?

- 많이 달라졌지.

사람의 수라든가, 길의 모양이라든가.

- 길 모양도 달라지고, 그건 완전히 뭐 길들이 다.

응.

- 달라졌어.

대략 이렇게 어떻게 달라졌었는지 한번 말씀해줄 수 있는 것은 몇 가지만 좀 말씀해 주시죠?

- 지금 여기도, 이 뒤에가 길이 없었어.

응 응.

- 저 아래가 동네가 있거든, 동네에 가려면 저 위로 내려와 가지고 이리해서 이 앞으로 해서 이리로 내려왔다 그 말이야.

- 길이 완전히 옛날하고는 길이 한번...

그럼 이 앞길이 그 큰 마을에서 이웃 마을로 가는 길목이었겠네?

- 응 길이였어.

여기가? 이쪽 뒤는 길이 없었고?

- 있 아, 있지, 아까 이리는 없었지.

아 이쪽으로는 없고요, 아! 그러면 이 뒤는 그냥 산이었고?

- 응, 사니지.

응, 사니고, 요 아푸로 인자 다닐쑤 인는 기리 인네.

그러면 이 기리 쪼끔 괄래를 널:펴가지고 이애기허면, 저 아래똥네서는 지금 쩌:: 아랜녀게서는 올라오자먼 어디서 올라오능거에요?

- 처:가115) 아래제.

이 이쪼기 아랭가?

- 으 아래위가?

응.

- 채:리서116) 올라가제.

아! 해리서어::, 해리서 그러면 무장으로 가는 길모기네 여기가, 그러케 바야돼요?

- 무장으로 가는 길모기 아니라, 무장으 기른 처기저 한기리117) 무장으로 가는 길모기'고. 질모기고.

- 이기118) 단 동네로허서 동네만 다니넌 기린디...

응, 그러면 타지 싸람드른 이 길로 다닐리리 업꼬만,

- 암:: 다닐리리 벨시리 웁쩨.

응.

- 그러나 여기 인자 볼:릴 인는, 특뼈리 인자 그 지반, 여기 금방으 헌다면 올쑤가 잍찌마는, 어 요리 갈 기런 벨라119) 드물제, 타지에서 저그넌.

응 그러면,

- 쩌:: 아페 기리 또 잍씨니까 쩌:리 다니지머.

엔날부터 여기는 조용 조용:한 고시옅껀네?

- 암:: 조용하다고 볼쑤가 읻쩨.

응, 주마기나 여기 주막꺼리나 이렁걷또 업꼬?

- 그:러제, 응.

- 주마기랑건 쩌가요 쩌 하여튼 인자 고:리 가는 기리 읻썰씽개.

－ 응, 산이지.

응, 산이고, 이 앞으로 이제 다닐 수 있는 길이 있네.

그러면 이 길이 조금 관내를 넓혀가지고 이야기하면, 저 아랫동네에서는 지금 저 아랫녘에서는 올라오자면 어디서 올라오는 것이에요?

－ 저기가 아래지.

이 이쪽이 아래인가?

－ 응 아래 위가?

응.

－ 해리에서 올라가지.

아! 해리에서, 해리에서 그러면 무장으로 가는 길목이네 여기가, 그렇게 보아야 돼요?

－ 무장으로 가는 길목이 아니라, 무장의 길은 저기 저 큰길이 무장으로 가는 길목이고. 길목이고.

－ 이것이 다른 동네로 해서 동네만 다니는 길인데...

응, 그러면 타지 사람들은 이 길로 다닐 일이 없구만,

－ 암 다닐 일이 별로 없지.

응.

－ 그러나 여기 이제 볼일 있는, 특별히 이제 이 지방, 여기 근방에 한다면 올 수가 있지마는, 어 이리 갈 길은 별로 드물지, 타지에서 저기는.

응 그러면,

－ 저 앞에 길이 또 있으니까 저리 다니지 뭐.

옛날부터 여기는 조용 조용한 곳이었겠네?

－ 암 조용하다고 볼 수가 있지.

응, 주막이나 여기 주막거리나 이런 것도 없고?

－ 그렇지, 응.

－ 주막이란 것은 저기요 저기 하여튼 이제 그리 가는 길이 있었으니까.

1.2 제보자 2의 일반 사항

서, 성, 성하미, 어터게 되시죠?

— 저요?

예.

— 예. 복뽀짜에 수풍님짜에요.

성씨는?

— 김.

그리고, 여기 주소가 어터께 돼요? 여기 주소가?

— 여기 주소요?

예.

— 전북 고창군 무장면 양공니 미륵싸요.

— 여 미륵싸가 업썬는디 여가 절 생기고 시방[120] 미륵싸가 이써요.

— 옌:날버터[121] 인는 그 미릉님, 도:울 미릉니미 이써요. 여가.

그래요?

— 예, 저라네 저 쪼게가. 그걸로 해서 거가 시방 저리 생겨써요.

— 근디, 그 참 동미릉님도[122] 신기해요.

— 내가 인자 그 얘기도 허께요.

— 고창군 무장면 양공니.

— 저네는 그 미륵싸라고 안 지꼬 여그를[123] 미륵똥이라고 지어써요.
미릉님 이때서 미륵똥이라고. 근디 인자는 미륵싸루 되야써요.

지금 연세는? 아까...

— 육씹치리오. 이모생.

아까 함짜가, 함짜가 어티게 되신다구 그래써요?

— 저요?

성함이 어떻게 되시죠?

― 저요?

예.

― 예. 복 복 자에 수풀 림 자예요.

성씨는?

― 김.

그리고, 여기 주소가 어떻게 되요? 여기 주소가?

― 여기 주소요?

예.

― 전북 고창군 무장면 양곡리 미륵사요.

― 여기 미륵사가 없었는데, 여기에 절 생기고 지금 미륵사가 있어요.

― 옛날부터 있는 그 미륵님, 돌미륵님이 있어요, 여기가.

그래요?

― 예. 절 안에 저 쪽에가. 그것으로 해서 거기에가 지금 절이 생겼어요.

― 그런데, 그 참 돌미륵님도 신기해요.

― 내가 이제 그 이야기도 할게요.

― 고창군 무장면 양곡리.

― 전에는 그 미륵사라고 안 짓고 여기를 미륵동이라고 지었어요. 미륵님 있다고 해서 미륵동이라고. 그런데 이제는 미륵사로 되었어요.

지금 연세는? 아까...

― 육십칠이에요. 임오생.

아까, 함자가, 함자가 어떻게 되신다고 그랬지요?

― 저요?

예, 복뽀짜에다?

― 수풀림짜요.

응 수풀림짜.

성씨는, 성씨는 김?

― 김, 예. 김해 김씨.

김해 김씨?

아까 하시던 말씀 해 주시죠.

― 그냥 거시기해서124) 해도 되까요?

그냥 펴나나게, 그냥, 예, 펴나나게 허시면 되요.

예, 복 복 자에다?

− 수풀 림 자요.

응 수풀 림 자.

성씨는, 성씨는 김?

− 김, 예. 김해 김 씨.

김해 김 씨.

아까 하시던 말씀 해 주시죠.

− 그냥, 거시기해서 해도 될까요?

그냥 편안하게, 그냥, 예, 편안하게 하시면 되요.

1.3 제보자 2의 마을 들여다보기 1

– 이 동네 그 가나넌 사라미 부자된 걸로,

어 예예.

– 그 얘기요, 잉?

예예예.

– 참 한, 여, 우리 미륵싸 마으레가요, 가나넌 부니 이써써요.

– 그 부는, 저 도산, 내산 사르셔,

아 내산?

– 애, 사르셔써요.

– 내산 사르션는디, 가난헝게 아주머니는 이 옹구광배기[125], 옹구반데기[126], 옹지르반데기[127] 거그에다가 저설 바더요.

음.

– 저: 신원써 나오는 저설요.

음.

– 저설 바드머는, 옌나리는, 지그믄 비느루봉지에다가 싸줘찌마는, 저설 바드먼, 생물 가튼걸, 조개 가튼 거 깡 거 그렁거슨 인자 시장에서 사게되머는 옌날 집끄렝이가[128] 이써요.

음.

– 지푸라글 한 가운데 짬매가지고 요로케 꺼꺼서 요로케 허머는 오므데해지거든요[129].

음.

– 그러면 거그다가 그 조개 상 거슬 부서줘요[130], 다머줘요.

– 그러면 잘몯 따드무면[131], 잘몯 따머주머는 술 잡쑤꼬 가꼬는[132] 하라버지든, 워디 다 빠쳐버리고[133] 오고, 술술 빠쳐뻐리고 오고.

- 이 동네 그 가난한 사람이 부자된 걸로.

어 예예.

- 그 얘기요 예?

예예예.

- 참, 한, 여, 우리 미륵사 마을에가요, 가난한 분이 있었어요.

- 그 분은 저 도산, 내산 사셔,

아 내산?

- 애, 예, 사셨어요.

- 내산 사셨는데, 가난하니까 아주머니는 이 옹기소래기, 거기에다가 젓갈을 받아요.

음.

- 저 신원에서 나오는 젓갈을요.

음.

- 젓갈을 받으면은, 옛날에는, 지금은 비닐봉지에 싸주었지마는, 젓갈을 받으면, 생물 같은 거, 조개 같은 거, 깐 것, 그런 것은 이제 시장에서 사게 되며는, 옛날 짚삼태기가 있어요.

음.

- 짚을 한 가운데 묶은 뒤에 이렇게 꺾어서 이렇게 하면은 오목해지거든요.

음.

- 그러면 거기에다가 그 조개 산 것을 부어줘요, 담아줘요.

- 그러면 잘못 담아주면, 잘못 담아주면 술 잡숫고 가지고 오는 할아버지든, 어디 다 빠뜨려버리고 오고, 술술 빠뜨려버리고 오고.

- 그라는 하라버지는 조케 잘 가꼬시는 하라버지도 이꼬.

음.

- 그런 장사를 핻써요.

- 그리 장사를 허고 오머는 하라부지는 아우 술찌비 안저서 그 투전, 하토를 허신당게, 하토가 아니라 투저늘 허신당게요. 이르케 찌드라능 거134) 이써요.

음.

- 이만치135) 널벅136), 이만치 안 넙꼬, 이 이 손노디기보다는137) 쪼꼼 널분디 이르케 지드란헌, 투전이여, 투전.

- 지그문 하투고 근디, 그거뿌고는 엔나레는 투저니라갣써요.

음.

- 그거슬 허셔요.

- 그리고 앙거쓰머는, 부이니, 세상에 나무라도 허고 이, 드레가 곡써기라도138) 가꾸고 허머는 살껄, 저러고 앙걷쓰먼 어너 누가 바벌 메겨주건느냐고, 그러고 헝게.

- 거 친척뻘 한 부니, 여자가 코꾸녀기139) 저러케 벌씸:허먼140) 보기 엄는 거시라고, 저런 여자가 머시 잘쌀건냐고.

- 그럼서는 머시락 허머는 그 말만 고지드꼬 거 투전 허던 아저씨는 지비 가서 내::두룩 간대기141) 이고 장에 가서 장보고 돈 하푸니나 버러 가꼬 오는 그 냥바늘 가서 투드려대요142).

카~하이고 저런!

- 투드러대.

- 그래도 엔나레는 나가지를 모더고 사러써요.

- 그러고 살다가 인자 그 부니 도라가셔써요. 아저씨가요, 잉?

- 도라가싱게, 아덜: 그 지비가 형제고, 따리 사명젱가 형젱가 일써써요.

– 그렇지 않은 할아버지는 좋게 잘 가지고 오시는 할아버지도 있고.

음.

– 그런 장사를 했어요.

– 그래, 장사를 하고 오면은 할아버지는 아 술집에 앉아서 그 투전, 화투를 하신다니까, 화투가 아니라 투전을 하신다니까요. 이렇게 길쭉한 것 있어요.

음.

– 이만큼 넓은, 이만큼 안 넓고, 이 이 손마디보다는 조금 넓은데, 이렇게 기다란, 투전이야, 투전.

– 지금은 화투고 그런데, 그것보고는 옛날에는 투전이라고 했어요.

음.

– 그것을 하셔요.

– 그렇게 앉아 있으면, 부인이, 세상에 나무라도 하고 이, 들에가 곡식이라도 가꾸고 하면 살 걸. 저렇게 앉아있으면 어느 누가 밥을 먹여주겠느냐고, 그러고 하니까.

– 그 친척뻘 되는 한 분이, 여자가 콧구멍이 저렇게 벌름하면 복이 없는 것이라고, 저런 여자가 무엇이 잘 살겠느냐고.

– 그러면서 무엇이라 하면은, 그 말만 곧이듣고 그 투전하던 아저씨는 집에 가서, 내내 소래기 이고 장에 가서 장 보고 돈 한 푼이나 벌어가지고 오는 그 사람을 가서 두드려대요.

하이고, 저런!

– 두드려대.

– 그래도 옛날에는 나가지를 못하고 살았어요.

– 그렇게 살다가 이제 그 분이 돌아가셨어요. 아저씨가요, 잉?

– 돌아가시니까, 아들이 그 집에 형제이고, 딸이 삼 형제인가 형제인가 있었어요.

- 그러는디, 아드른 내나 배를 몯 채워중개 배가, 배부르게 바벌 몸메
깅개[143], 보리바비라도.
- 너무 지비로 인자 깔땀사리를[144] 보낻써요.
- 깔땀사리가 소 풀 비어다주고, 풀 푸를 비어가꼬오먼 소가 엔나레는
그 푸를 먹꼬 컨짜나요, 사러짜나요.
예.
- 그렁개 인자 그 깔땀사리를 보내서 육깨월 똥아는 밤만 어더먹꼬 살
고, 육깨월 똥아느는 나락 항 가마니에서 반절, 방가마니 그 노물 중개,
그놈도 오고 간당가치[145] 가꽈서, 엔나레는 이 기계도 업씽개, 도구통으
다[146] 이러쿠 찌어서, 독 도구통으다 찌어서 그노믈 가꼬 바배서 식꾸끼
리 머글 때.
- 그 마는 행보글 누렫때요.
어:!
- 우리도 이르케 쌀밥 항그니 멍는 때가 이따 그러고.
- 저는 지비서, 거그 지비서 깔땀사리 해주고 바벌 머거도 싸리라도
쪼:까[147] 서꺼진 노물 멍넌디, 엄마나 동생이나 누나나는 그도 몸머거.
음 음.
- 보리 가라가지고, 여 옌날 매똘에다가 가라가지고, 그놈 죽 끄려가
지고 글로 며늘 해요, 끄녀글[148] 며널.
- 그렁개 어린 그 애기가 그거슬 험서도, 그거시 그러케 부모마메 걸
렫뜽가바요.
음:∴.
- 그렁개 그 지비서 제사를 지낸다든지 생이를 센다든지 해서 먼 떠까
틍거슬 허먼뇨, 주머는, 몸멍는대요.
참!
- 몸머꼬, 이러케 한 마을 상개 몸머꼬 나두고 일씨머는[149], 너 아무개

- 그러는데, 아들은 내내 배를 못 채워주니까, 배가, 배부르게 밥을 못 먹이니까, 보리밥이라도.

- 남의 집으로 이제 꼴머슴으로 보냈어요.

- 꼴머슴은 소 풀을 베어다주고, 풀 풀을 베어오면 소가 옛날에는 그 풀을 먹고 컸잖아요, 살았잖아요.

예.

- 그렇게 이제 그 꼴머슴을 보내서 육 개월 동안은 밥만 얻어먹고 살고, 육 개월 동안에는 나락 한 가마니에서 반절, 반 가마니, 그것을 주니까, 그것도 오고 곧바로 가지고 와서, 옛날에는 이 기계도 없으니까, 절구통에 이렇게 찧어서, 돌 절구통에다 찧어서, 그것을 가지고 밥해서 식구끼리 먹을 때.

- 그 많은 행복을 누렸대요.

어!

- 우리도 이렇게 쌀밥 한 끼니 먹는 때가 있다 그렇게 하고.

- 저는 집에서, 거기 집에서 꼴머슴 해주고 밥을 먹어도 쌀이라도 조금 섞어진 것을 먹는데, 엄마나 동생이나 누나는 그것도 못 먹어.

음 음.

- 보리 갈아가지고, 옛날 맷돌에다가 갈아가지고, 그것을 죽 끓여가지고, 그것으로 면을 해요. 끼니를 면을.

- 그러니까 어린 그 어린애가 그것을 하면서도, 그것이 그렇게 부모마음에 걸렸던가봐요.

음.

- 그러니까 그 집에서 제사를 지낸다든지 생일을 쉰다든지 해서 뭔 떡 같은 것을 하면은, 주면은, 못 먹는대요.

참!

- 못 먹고, 이렇게 한 마을에 사니까 못 먹고 놔두고 있으면, 너 아무개

야 어째 떠간멍냐 형개, 예, 쫌 이따 머글라고요.

− 그러먼 그 주인네, 그 지비서 눈치를 알고, 너 엄마 생각나서 그러지, 내가 더 주께 머거라.

− 그러머는 그도 안 머근대요.

참!

− 그러먼 인자 거그다 조까 더 보태서 인자 이르케 싸 주머는 그노믈 가짜서 즈그[150] 엄마하고 즈그 동생들허고 멍는 거시 그르케 자기 마메 감지덕찐 햇때요.

참!

− 얘.

− 그러고 사는디, 인자 나중에는, 그러고 살다가 삼년 차는 가서 사는디, 살고낭개 나락 세 가마니럴 바던는디, 삼년차 삼서는.

음.

− 즈그 엄마가 어::트게 삼년차 삼서 나락 세 가마니를 중개, 그해는 기냥 나락도 기냥 지게에다가 기냥 이르케 이만썩 무끈 노믈 열따바를 지라고, 지구댕기야허고.

어!

− 이리 그만치 더 억쎠요.

어!

− 그거슬 보고 즈그 엄마가 바테 가서 나무 받 새로 범서 바꾸영텡이[151] 앙거서 우러때요.

참!

− 내가 뭔 보갈머리[152] 업씨 느그를[153] 나가지고, 느그 고상을[154] 이르케 시기능구나.

응.

− 그러고 즈그 엄마가 바를 뻐더노코 우럳때요.

야 어째 떡 안 먹느냐, 하니까, 예, 좀 이따가 먹으려고요.

　- 그러면 그 주인네, 그 집에서 눈치를 알고, 너 엄마 생각나서 그러지, 내가 더 줄게, 먹어라.

　- 그러면 그래도 안 먹는대요.

참!

　- 그러면 이제 거기에다가 조금 더 보태서 이제 이렇게 싸 주면은 그놈을 가지고 와서 저희 엄마하고 저희 동생들하고 먹는 거시 그렇게 자기 마음에 감지덕지 했대요.

참!

　- 예.

　- 그러고 사는데, 이제 나중에는, 그러고 살다가 삼 년 차에는 가서 사는데, 살고 나니까 벼 세 가마니를 받았는데, 삼 년 차 살면서는.

음.

　- 저희 엄마가 어떻게 삼 년 차 살면서 나락 세 가마니를 주니까, 그 해는 그냥 벼도 그냥 지게에다가 그냥 이렇게 이만큼씩 묶은 놈을 열 다발을 지라고, 지고 다녀야 하고.

어!

　- 일이 그만큼 더 억세요.

어!

　- 그것을 보고 저희 엄마가 밭에 가서 남의 밭 새로 벌면서 밭 귀퉁이에 앉아서 울었대요.

참!

　- 내가 뭔 복이 없이 너희를 낳아 가지고, 너희 고생을 이렇게 시키는구나.

응.

　- 그리고 저희 엄마가 발을 뻗고 울었대요.

참!

— 그러고 산 지비, 인자 그지비서 소앙치[155] 함 마리를 중개, 소 새끼 한 마리를 중개, 그노믈 가따 키웠써요.

음.

— 그때는 인자 나무지블 깔땀사리를 앙가고.

음.

— 동네서 인자 이도 허라거먼 품파리 험서, 그누물 키워서 일년 키우고, 이년 키우머는 소는 큰 소가 돼요.

— 풀만 메겨서 키고, 이르케 인자 그 보리쌀도 찐[156] 저, 그때는 나락 또 낀 저, 그르케 해서 머겨서, 푸를 머기고 해서 키머는 이 년 키머는 소가 큰 소가 돼요.

음.

— 어, 암소는 이 년 키어서, 잘 키머는 새끼를 배게 되고요.

— 숟쏘는 이 년 키머는 아주 기양 부사리가[157] 되야요.

응?

— 부사리.

부사리가 뭐여?

— 소. 남자소, 머시매소. 그런 소는 소보고는요, 크먼 기냥 숟쏘, 지그먼 숟쏭아지라고도 허는디 그때는 부사리라 갠써요. 부사리. 숟쏘보고 부사리라고.

음.

왜 부사리라고 불러?

— 그렁개 숟쏭개 숟쏘라고는 허는디,

음.

— 숟쏘가 거시기, 성 성지리 괴팍허자나요.

— 사람도 떠받꼬, 기양 억쎄요.

참!

－ 그렇게 하고 산 집이, 이제 그 집에서 송아지 한 마리를 주니까, 소 새끼 한 마리를 주니까, 그놈을 가져다가 키웠어요.

음.

－ 그때는 이제 남의 집으로 꼴머슴을 안 가고.

음.

－ 동네서 이제 일도 하라고 하면 품팔이 하면서, 그놈을 키워서 일 년 키우고, 이 년 키우면 소는 큰 소가 돼요.

－ 풀만 먹여서 키우고, 이렇게 이제 그 보리쌀도 찧은 겨, 그때는 나락도 찧은 겨, 그렇게 해서 먹여서, 풀을 먹이고 해서 키우면 이 년 키우면 소가 큰 소가 돼요.

음.

－ 어, 암소는 이 년 키워서, 잘 키우면 새끼를 배게 되고요.

－ 수소는 이 년 키우면 아주 그냥 부사리가 되어요.

응?

－ 부사리.

부시리가 뭐예요?

－ 소. 남자소, 머슴애소. 그런 소는 소보고는요, 크면 그냥 수소, 지금은 수송아지라고도 하는데, 그 때는 부사리라 했어요. 부사리. 수소보고 부사리라고.

음.

왜 부사리라고 불러요?

－ 그러니까 수소이니까 수소라고는 하는데,

음.

－ 수소가 거시기 성 성질이 괴팍하잖아요.

－ 사람도 떠받고, 그냥 억세요.

음.

– 그렁개 부사리라갠써요.

– 그러케 부사리라고 해가지고 인자 그러코 키는디, 한 해 가따 킨 노미 다행히 재수이씨 그 지비를 중개 그 지비서 가서, 쥔네가[158] 인자 이 녀늘 키고 또 소새끼[159] 한 마리를 주고, 그 큰 소를 가져갇써요.

음.

– 가져강개, 그 소앙치를 또 키어요.

아!

– 이 녀늘. 이 녀늘 킹개, 그러자 이 년 킨놈 싸그로 소앙치를 한 마리 그 쥔네집써 줻써요.

오::!

– 그렁개 쳔 암소는 쳔 새끼 난 노멀 그 킨 지비다[160] 주는 거에요.

음. 그렁걸 뭐라구래요?

– 그, 그 씨압쏘요[161]. 씨압쏘.

응:: 그러쿠나.

– 애 씨압쏘.

얘.

– 그르케 인자 키 키어가지고 인저 중개 그노멀 바더서 그르케 핸는디, 또 함마리럴 킹개.

음.

– 나무야[162] 한 마리 가따 키어줄 놈 키고 또 자기야[163] 그 새끼 함마리 바든 놈 허고 헝개, 키는 사라믄 두 마리도 키자나요.

그러치

– 애.

– 그리서 키어가지고 이 녀늘 킹개.

음.

음.

- 그러니까 부사리라고 했어요.

- 그렇게 부사리라고 해가지고 이제 그렇게 키우는데, 한 해 가져다가 키운 놈이 다행히 재수가 있어 그 집으로 주니까 그 집에 가서, 주인네가 이제 이 년은 키우고 또 송아지 한 마리를 주고, 그 큰 소를 가져갔어요.

음.

- 가져가니까, 그 송아지를 또 키워요.

아!

- 이 년을. 이 년을 키우니까, 그러자 이 년 키운 삯으로 송아지를 한 마리 그 주인집에서 줬어요.

오!

- 그러니까 첫 암소는 첫 새끼 난 놈을 그 키운 집에다 주는 거예요.

음. 그런 것을 뭐라고 그래요?

- 그, 그 씨앗소요. 씨앗소.

응 그렇구나.

- 예 씨앗소.

예.

- 그렇게 이제 키워가지고 이제 주니까, 그 놈을 받아서 그렇게 했는데, 또 한 마리를 키우니까.

음.

- 남의 것 한 마리 가져다가 키워줄 놈 키우고 또 자기 것 그 새끼 한 마리 받은 놈하고 하니까. 키우는 사람은 두 마리도 키우잖아요.

그렇지.

- 예.

- 그래서 키워가지고 이 년을 키우니까.

음.

- 자:기소 암소 준 놈도 이 녀늘 킹개 새끼를 가졌써요.

응.

- 그러고 인자 또 나미야[164] 준 놈 그놈 이 녀늘 키얻씽개 그 사라믈 주:야고, 그 사라믈 중개 인자, 그 사라미 또 인자 소앙치를 함 마리 또 주어써요.

응.

- 그렁개 일트름[165] 사 넌마네 소가 두어, 두 바리[166] 됃써요.

참::!

- 소가.

응.

- 소가 두 마리 되야써요.

- 그렁개 그 지비서 그 소를 딸꾹딸꾹 파라서 먹고 쓰고 해쓰머는 그 보라미 업짜나요?

그러치.

- 근디 엄마가 어트케 각씨멀[167] 헌 엄망가, 그걸 소늘 안 대고 자꾸 늘려요.

응.

- 그러다봉개 인자 또 소를 또 가따 키여요.

야::!

- 그러면 너무 소 한 마리 가따 키는 놈허고 자기 소새끼 두 마리허고, 세 마리를 켜요.

하::!

- 세 마리를 킹개, 이런 들까세[168], 논뚜렁에 푸:리 업써요.

- 어:치케[169] 푸를 비어다가 머기는지 푸리 업써요.

야::!

- 그르케 해가지고 그 사라미 그르케 소로, 씨압쏘를 키어 가지고 인자,

- 자기 소 암소 준 놈도 이 년을 키우니까 새끼를 가졌어요.

응.

- 그리고 이제 또 남의 것 준 놈 그 놈 이 년을 키웠으니까 그 사람을 주어야 하고, 그 사람을 주니까 이제, 그 사람이 또 이제 송아지를 한 마리 또 주었어요.

응.

- 그러니까 이를테면 사 년만에 소가 두어, 두 마리 됐어요.

참!

- 소가.

응.

- 소가 두 마리 되었어요.

- 그러니까 그 집에서 그 소를 딸꼭딸꼭 팔아서 먹고 쓰고 했으면 그 보람이 없잖아요?

그렇지.

- 그런데 엄마가 얼마나 각심을 한 엄마인가, 그것을 손을 안 대고 자꾸 늘려요.

응.

- 그러다보니까 이제 또 소를 또 가져다가 키워요.

야!

- 그러면 남의 소 한 마리 가져다 키우는 놈하고 자기 송아지 두 마리하고, 세 마리를 키워요.

하!

- 세 마리를 키우니까, 이런 들 가에, 논두렁에 풀이 없어요

- 어찌나 풀을 베어다가 먹이는지 풀이 없어요.

야!

- 그렇게 해가지고 그 사람이 그렇게 소로, 씨앗소로 키워 가지고 이제,

한참 그 사람도 인자 나이가 머거서 크고, 청녀니 되고, 그 소로 너무 씨압쏘로 해서 부자를 일구얻써요.

참!

- 그릉개 인자 그르케 함서 인자 동네에서 인자 소킴서 품 팔고 뭐더고 어쩌고 어쩌고 허는 노먼 나라그로 보태고 어쩌고 헤가꼬, 시골 농초네서 인자 열 썸짜리 게럴 해요. 나락께럴.

음.

- 그러면 거기다 나락께를 드러요.

음.

- 열썸짜리를 들 쩌게, 일 녀네는 처:으메 드러갈 쩌게는 나락 한 서멀170) 내요, 두 가마이를171) 내요.

음.

- 그러면 두 번째 드러갈 쩌게는 쫌 주러요, 나라기 두 가마이가 다 안 대고.

음.

- 인저 세번째 드러갈 쩌게도 쫌 나라기 주러요.

음.

- 그래가지고 칠 녀늘 느머는172), 칠 년차에는 끕뻔 자브머는 열 써멀 타요

아::!

- 열 써멀.

얘.

- 그렁개 소 키고, 고놈173) 나락 열 썸짜리 게 느코, 고놈 타서 인자 또 부자마이로174) 인자 그 때는 인자 열썸멀 인자 새꺼리를 놔요175).

참:!

- 새꺼리가 지그믄 이자라고 허는디 그때는 새커리락176) 해써요.

음:.

한참 그 사람도 이제 나이가 먹어서 크고, 청년이 되고, 그 소로 남의 씨 앗소로 해서 부자를 일구었어요.

참!

– 그러니까 이제 그렇게 하면서 이제 동네에서 이제 소 키우면서 품 팔고 무엇하고, 어쩌고 어쩌고 하는 놈은 나락으로 보태고 어쩌고 해가지고, 시골 농촌에서 이제 열 섬짜리 계를 해요. 나락계를.

음.

– 그러면 거기에다 나락계를 들어요.

음.

– 열 섬짜리를 들 적에, 일 년에는 처음에 들어갈 적에는 나락 한 섬을 내요. 두 가마니를 내요.

음.

– 그러면 두 번째 들어갈 적에는 좀 줄어요. 나락이 두 가마니가 다 안 되고.

음.

– 이제 세 번째 들어갈 적에도 좀 나락이 줄어요.

음.

– 그래가지고 칠 년을 넣으면, 칠 년차에는 끝번 잡으면 열 섬을 타요.

아!

– 열 섬을.

예.

– 그러니까 소 키우고, 그놈 나락 열 섬짜리 계 넣고, 그놈 타서 이제 또 부자처럼 이제 그 때는 이제 열 섬을 이제 새꺼리를 놓아요.

참!

– 새꺼리가 지금은 이자라고 하는데 그 때는 새꺼리라 했어요.

음.

- 꼽:쌔꺼리.

음.

- 그때는.

- 그르케 이자를 마이 준다히서 꼽쌔꺼리[177].

음.

- 그르케 그르케 인자 생화를 하다가 봉개, 논도 사지고, 고 게 탕개, 나락께 탕개.

그러치!

- 논도 사지고, 소도 또 멜빠리[178] 됭개 인저 논 살 쩌게는 그 소 인 자 인넌 놈, 또 소앙치 넬[179] 놈 냉겨노코[180] 소도 팔고 해가지고 논도 사고, 밭또 사고, 예, 그랜써요.

- 그래가지고 인자는 부자가 되야써요.

- 근디 그 어머니가 지금 사라씬디, 지금 팔썹 메신가 모르건네, 팔썹 세신가, 메신가 모르건네요. 토끼띠여요.

야!

- 우리집 아저씨허고 동가빈디. 토끼띤디. 그 냥반 지금도 사라계 시는디.

- 메누리를 어더는디 또 메누리도 생:전 화장허고 워디가서 히뚝빼 뚝[181] 나두게 도라댕이는[182] 버비 업써요.

참::!

- 지비서 먹꼬 일빼키는[183] 몰라요.

야!

- 시어머니허고 일.

- 그러면 또 신랑은 기계 가꼬 보미면 농 갈로 가고, 밭 깔로 가고, 논 또 물 노면 노타리 치고[184], 밭또 또 초벌 가라노면 안됭개, 두벌 초벌 노 타리 치고, 두벌 노타리 쳐서 너무 종자 느케 다 해주고.

- 곱새꺼리.

음.

- 그때는.

- 그렇게 이자를 많이 준다고 해서 곱새꺼리.

음.

- 그렇게 그렇게 이제 생활을 하다가 보니까, 논도 사게 되고, 그 계 타니까, 나락계 타니까.

그렇지!

- 논도 사게 되고, 소도 또 몇 마리 되니까 이제 논 살 적에는 그 소, 이제 있는 놈, 또 송아지 낼 놈 남겨놓고 소도 팔고 해가지고 논도 사고, 밭도 사고, 예, 그랬어요.

- 그래가지고 이제는 부자가 되었어요.

- 그런데 그 어머니가 지금 살아계신데, 지금 팔십 몇인가 모르겠네, 팔십셋인가, 몇인가 모르겠네요. 토끼띠예요.

야!

- 우리 집 아저씨하고 동갑인데. 토끼띠인데. 그 양반 지금도 살아계시는데.

- 며느리를 얻었는데 또 며느리도 생전 화장하고 어디 가서 히죽빼죽 나돌아 돌아다니는 법이 없어요.

참!

- 집에서 먹고 일밖에는 몰라요.

야!

- 시어머니하고 일.

- 그러면 또 신랑은 기계 가지고 봄이면 논 갈러 가고, 밭 갈러 가고, 논 또 물 넣으면 노타리 치고, 밭도 또 초벌 갈아 놓으면 안 되니까, 두벌 초벌 노타리 치고, 두벌 노타리 쳐서 남들 종자 넣게 다 해주고.

- 그리서 논도 인자 또 그르케 다 두벌 노타리 처노머는 또 인자 모시 를 때는 모심는 기계 가꼬 모, 이앙기, 모 시무는 기계로 모를 시머요.

음.

- 그러머는 장녀네는 함 마지기에 농 가라서 노타리 해주는디 사만 워늘 바다써요.

음.

- 근디 올해는 올라서 기름깝 올루고 핻따고 오만 워늘 바다요.

음.

- 그렁개 우리 논 일곱 마지기 허고 밭 쪼끔 허고 허는디, 장녀네 도 니 업써서 몰 쭈고 모타가꼬[185] 중개 딱 백 오만 워니 나가드라고.

하::!

- 근디 오래도 논 일곱 마지기 가라씽개 그놈도 일곱 마지깅개, 오마 눤씩, 오치리 삼시보, 삼시보마눤 아닌가요?

응.

- 또 심:는 싹도 한 마지기 이마눠닝개 십싸마눠이여요.

음.

- 노네로 드러간 노미.

음.

- 거그서 인자 거름깝 일찌. 농약깝 일찌.

- 모짜리 헐라먼 지가, 내가 인자 이러고 아프고, 지금은 다들 흐글 사다 헝개 또 흑 사서 헤야지, 모짜리 힘:서부터 약 사서 떠여서 해야지.

음.

- 지금 농사져야 그리 다: 드러가버리지 아무꺼또 업써요.

하이구!

- 그래가지고 그지비가 시방 아들 하나 인는디, 자근아들 하나 인는 디, 자근아들또 워서[186] 서울써 산대요.

- 그래서 논도 이제 또 그렇게 다 두벌 노타리 쳐 놓으면 또 이제 모 심을 때는 모심는 기계 가지고 모, 이앙기, 모 심는 기계로 모를 심어요.

음.

- 그러면 작년에는 한 마지기에 논 갈아서 노타리를 해주는 데 사만 원을 받았어요.

음.

- 그런데 올해는 올라서 기름 값 오르고 했다고 오만 원을 받아요.

음.

- 그러니까 우리 논 일곱 마지기 하고 밭 조금 하고 하는데, 작년에 돈이 없어서 못 주고 모아서 주니까 딱 백오만 원이 나가더라고.

하!

- 그런데 올해도 논 일곱 마지기 갈았으니까 그 놈도 일곱 마지기이니까, 오만 원씩, 오칠에 삼십오, 삼십오만 원 아닌가요?

응.

- 또 심는 삯도 한 마지기 이만 원이니까 십사만 원이예요.

음.

- 논으로 들어간 것이.

음.

- 거기에 이제 거름 값 있지. 농약 값 있지.

- 못자리 하려면 제가, 내가 이제 이러고 아프고, 지금은 다들 흙을 사다 하니까 또 흙 사서 해야. 못자리 하면서부터 약 사서 떼서 해야.

음.

- 지금 농사 지어야 거기로 다 들어가 버리지 아무것도 없어요.

아이구!

- 그래가지고 그 집이 지금 아들 하나 있는데, 작은아들 하나 있는데, 작은아들도 여워서 서울에서 산대요.

- 근디 이지비가 시방 서울따가[187] 집 쌀딴 말 아파트 살딴 말도 일
꼬, 어쩌고 허는디, 그거야 내가 현실쩌그로 누네로 가서 암 보고, 그 집
사람들한테 직쩝 나 이러고이러고 헌디 서울써 아파트라도 뭐시라도 살
써, 이 마를 안 드러씨니 내가 그거슬 하기늘 모대요.

응.

- 근디 부자여요.

음.

- 부자.

그러케 생게따.

- 애.

- 일:도 그냥 바테 비누리를[188] 칠라먼뇨. 아덜, 매누리, 시어머니, 그
러고 서이 가요.

- 그러먼 한 조가 되야요.

- 시어머니는 비누리 다부진[189] 도롱탱이[190], 이르케 통을 끄서요.

음.

- 그러머는 아들허고 메누리허고는 여그서 인자 이르케 흐글 떠놔.

음.

- 그러먼 비누리가 씨어지자나요.

참!

- 너무식꾸 댈 꺼시 업써요. 즈그끼리 다 해버려요.

세상에, 얼마나 조아.

- 근디 엄마가 올해부터는 이른 허기는 해도, 얼굴도 조코, 이른 허기
는 허는디, 인자 쪼끔 제운다거시더라고[191].

음.

- 인자 쪼까 힘드러.

음.

- 그런데 이 집이 지금 서울에다가 집을 샀다는 말, 아파트 샀다는 말도 있고, 어쩌고 하는데, 그거야 내가 현실적으로 눈으로 가서 안 보고, 그 집 사람들한테 직접 나 이러고 이러고 한데 서울에서 아파트라도 무엇이라도 샀어, 이 말을 안 들었으니 내가 그것을 확인을 못해요.

응.

　- 그런데 부자예요.

음.

　- 부자.

그렇게 생겼다.

　- 예.

　- 일도, 그냥 밭에 비닐을 치려면요. 아들, 며느리, 시어머니, 그렇게 셋이 가요.

　- 그러면 한 조가 되어요.

　- 시어머니는 비닐 말린 도롱태, 이렇게 통을 끌어요.

음.

　- 그러면 아들하고 며느리하고는 여기서 이제 이렇게 흙을 떠놓아.

음.

　- 그러면 비닐이 씌워지잖아요.

참!

　- 남의 식구 댈 것이 없어요. 자기들끼리 다 해버려요.

세상에, 얼마나 좋아.

　- 그런데 엄마가 올해부터는 일은 하기는 해도, 얼굴도 좋고, 일은 하기는 하는데, 이제 조금 힘에 부친다고 하시더라고.

음.

　- 이제 조금 힘들어.

음.

- 아이고 그만 허씨요.

- 그만 허시고 인자 쫌 펜허게 살다가 도라가시씨요192). 건강허게.

- 아이구, 그리도 이를 자성 메누리는193) 헌디 나는 어찌케 육씬 멀쩡허니 노코 보기만 해, 해야대::.

- 그냥바니 그래요.

지금 야든 가까이 되섰땀서?

- 야든 너멀써요.

하이구!

- 토끼떵개, 시방 야든세싱가? 야든 메싱가 될꺼얘요.

참 세상에!

- 애, 그러신 부니여.

- 그르케 해서 시방 부자가 돼요. 긍개 그르케 가난헌디.

- 두고 바라 느그, 느그가 잘싼가 내가 잘싼가 두고 바라, 헌 지비는194) 내려갇써요.

어::.

- 이 지비는 올라가고.

세상에!

애.

- 그렁개 사라미 내가 지금 생화리 넝너거다고 그러케 막담지어서195) 단허는196) 마를 헐 쑤가 업뜨라고요.

- 어느 때 어쩔 쭈를 모릉개.

그러치!

- 참 그지비가 그르케 해서. 긍개 내가 머덜때는197) 참 영아마다198).

- 그 그 집비들도 그러고, 요 뒤 한 지비도, 이:: 요 뒤꼴 한 지비도, 아부지도 또 트:: 술만 먹꼬, 콩양::콩양 허고 헝개,

- 어디 선사네 히사199) 모시머는 그 아들 데꾸가서 모쪼까 떠기라도

- 아이고 그만 하세요.

- 그만 하시고 이제 좀 편하게 살다가 돌아가세요. 건강하게.

- 아이고, 그래도 일을 자식 며느리는 하는데 나는 어떻게 육신 멀쩡하니 놓고 보기만 해, 해야 돼.

- 그 양반이 그래요.

지금 여든 가까이 되셨다면서?

- 여든 넘었어요.

아이구!

- 토끼띠니까, 지금 여든셋인가? 여든 몇인가 될 거예요.

참 세상에!

- 예, 그러신 분이예요.

- 그렇게 해서 시방 부자가 돼요. 그러니까 그렇게 가난한데.

- 두고 봐라 너희, 너희가 잘 사는가 내가 잘 사는가 두고 봐라, 한 집은 내려갔어요.

어.

- 이 집은 올라가고.

세상에!

예.

- 그러니까 사람이 내가 지금 생활이 넉넉하다고 그렇게 막보는 단언하는 말을 할 수가 없더라고요.

- 어느 때 어떻게 될 줄을 모르니까.

그렇지!

- 참 그 집이 그렇게 해서. 그러니까 내가 뭣할 때는 참 용하다.

- 그 그 집들도 그렇고, 요 뒤 한 집도, 이 요 뒷골 한 집도, 아버지도 또 늘 술만 먹고, 콩이야 팥이야 하고 하니까.

- 어디 선산에 시제 모시면 그 아들 데리고 가서 뭐 조금 떡이라도

모쪼까 어더줄라고...

음.

― 데꾸 가고.

― 아부지가 나무 일 가머는 그 집 일 간 지비를 애기더리 따러가요.

어!

― 밥 어더머글라구.

어.

― 그러머는 그 일허는 쥔네집써는 아그드리[200] 데[201] 그냥, 하나만 오면 조치마는 둘썩 따라오머는 허건써요[202].

그러치!

― 그러면 둘씩 따라가머는 그 일 허는디 엄마나 아빠나가 그 바블 제대로 먹껀써요? 몸먹찌[203] 그 애기들 메길라고[204].

― 그러던 집 애기더리 지그믄 다 돔 버런써, 부자요 부자.

음.

― 그러는 거슬 보머는 참 부자요.

― 참, 참 새 부자 난다. 옌날 부자는 다 어데로 가버리고 인자 새 부자 난다. 그러죠.

그런 사람들 잆써야 가난허게 사러도 용기가 생기지. 음?

― 여그요, 요 요, 지금 올라오는디 그 저라페 그 지비도요.

음.

― 가는 우리 고모의, 우리 친 고모의 손진디.

― 가도[205] 어려서 아버지가 도라가션써요.

아!

― 어레서 아버지가 도라가션는디.

― 이 중학꾜를 다니냐 몯 따니냐 그 판구게 노연는디, 즈그 매항이[206] 어츠께던지 너는 내가 서두러서라도 중학꾜를 보내지, 그래가지구 해리중

뭐 조금 얻어주려고...

음.

― 데리고 가고.

― 아버지가 남의 집에 일 가면은 그 집, 일 간 집에를 아기들이 따라가요

어!

― 밥 얻어먹으려고.

어.

― 그러면은 그 일하는 주인네 집에서는 아이들이 데 그냥, 하나만 오면 좋지마는 둘씩 따라오면 되겠어요.

그렇지!

― 그러면 둘씩 따라가면 그 일 하는데 엄마나 아빠가 그 밥을 제대로 먹겠어요? 못 먹지. 그 아기들 먹이려고.

― 그러던 집 아이들이 지금은 다 돈 벌었어, 부자요 부자.

음.

― 그러는 것을 보면 참 부자요.

― 참, 참 새 부자 난다. 옛날 부자는 다 어디로 가버리고 이제 새 부자 난다. 그러죠.

그런 사람들 있어야 가난하게 살아도 용기가 생기지. 음?

― 여기요, 요 요 지금 올라오는 데, 그 절 앞에 그 집도요.

음.

― 그 애는 우리 고모의, 우리 친고모의 손자인데.

― 그 아이도 어려서 아버지가 돌아가셨어요.

아!

― 어려서 아버지가 돌아가셨는데.

― 이 중학교를 다니냐 못 다니냐 그 판국에 놓였는데, 그 매형이 어떻게 하든지 너는 내가 서둘러서 중학교를 보내지, 그래 가지고 해리중

학꾜를 나왇써요.

음.

- 해리중학꾜를 나와가꼬 고동학꾜 갈 능려기 업써요.

- 그렁개 어린 거시 학꾜를 가따오머는 챙 내려노코, 이르케 보리 달:
달 가라서 맽또레다 간 놈 그노멀 물 붇꼬 끄리다가, 그 노멀 느서 끄리
머는, 옌날 그거시 보리 풀떼주기여요207).

- 그노믈 머거, 건데기도 업씨 멀궁만208) 이르케 뻴::거니209) 끼린210)
노멀 먹꼬는 이를 헤요.

- 그러는디 도늘 벌고 어치게211) 해야 쓰건느디, 어치게 헐 쑤가 업쓰
개 누지비 인자 부좉찝 이를 가머는 그래요.

- 어른드른 나라글 가시레 열무써글 지고 다녀요.

- 근디 야는 에링개212) 열무슬 몯쩌요. 일곱 묻또 지고 여들 묻또 지
고 그래요.

- 그러머는, 으:른들 나오기 저네 저는 바벌 일:쯕 즈그 집써 먹꼬 가요.

음.

- 먹꼬 가가지고 으른들 나오기 저네 두 버늘 미리서 저다 놔요.

야!

- 두 버늘 져다 노코, 그러고 나먼 인자 어른들 열 문썩 지고 댕기는
느미213) 저 여들 문썩 지고 댕겨도 보충이 안 되건써요?

얘.

- 그러면 그르케 저다 노코는, 이거는 진짜 현시리에요.

음.

- 예, 저다 노코는 또 그래요, 인자 어른들 인자 찬 때214), 술 먹꼬 담
배 피고 허먼 쉬는 시가니 이짜나요, 어른드른.

얘.

- 그러면 저는 술도 암 먹꼬 담배도 암 피고 그렁개 후닥::딱 참뽑 한

학교를 나왔어요.

음.

— 해리중학교를 나와가지고 고등학교 갈 능력이 없어요.

— 그러니까 어린 것이 학교를 갔다 오면 책 내려놓고, 이렇게 보리 달달 갈아서 맷돌에다 간 것 그것을 물 붓고 끓이다가, 그것을 넣어서 끓이면 옛날 그것이 보리 풀때죽이에요.

— 그것을 먹어, 건더기도 없이 국물만 이렇게 멀거니 끓인 것을 먹고는 일을 해요.

— 그렇게 하는데, 돈을 벌고 어떻게 해야 하겠는데, 어떻게 할 수가 없으니까 누구 집에, 이제 부잣집 일을 가면은 그래요.

— 어른들은 나락을 가을에 열 뭇씩을 지고 다녀요.

— 그런데 이 애는 어리니까 열 뭇을 못 져요. 일곱 뭇도 지고 여덟 뭇도 지고 그래요.

— 그러면 어른들 나오기 전에 저는 밥을 일찍 자기 집에서 먹고 가요.

음.

— 먹고 가가지고 어른들 나오기 전에 두 번을 미리 지어다 놓아요.

야!

— 두 번을 져다 놓고, 그러고 나면 이제 어른들 열 뭇씩 지고 다니는 것이 저 여덟 뭇씩 지고 다녀도 보충이 안 되겠어요?

예.

— 그러면 그렇게 져다 놓고는, 이것은 진짜 현실이에요.

음.

— 예, 져다 놓고는 또 그래요. 이제 어른들 이제 찬 때, 술 먹고 담배 피고 하면 쉬는 시간이 있잖아요, 어른들은.

예.

— 그러면 저는 술도 안 먹고 담배도 안 피고 그러니까 후닥닥 찬밥 한

수꾸락[215] 떠 먹꼬는 어른들 쉴씨가네 또 져다 놔요.

야!.

― 또 져다 놔.

― 나지[216] 그르케 허고, 즈엄때[217] 차메 그르케 허고 허머는, 어른들 저다 논는 묻쑤보단 가가 저온 묻쑤가 더 마내요.

차::!.

― 그렁개 그 주인네 지비서 어른들 품싹 허고 똑가치 줘요.

음 음.

― 너는 쪼깐해도 니 정신상태도 그만치 조아꼬 니가 힘드러서 그 보충을 다 해씅개 어른 품싹 바다라 허고.

― 인자 그러면 인자 그 부자찌비서 도니로만 그때는 엔나른 품싸글 주는 거시 아니라 쌀도 주고, 보리쌀도 주고, 그런 곡쎄기로도[218] 주머는, 그 된 쑤 떠부꼬도 더 떠부서[219] 준대요.

참!

― 니 허능 거시 고마웅개 더 떠부섣따.

― 그럼서 더 떠부서 준대요.

― 아, 그래가지고 논도 사고, 이 마을도 가가 인자 또 새부자 난다 해서, 핸는디.

음.

― 어트게 해서 가가 인자 동네 이장을 해요. 이 마을 이장을.

음.

― 이 마을 이장을 허는디, 어트게 해서 인자 주택짜그미 나완뜽가 바요, 새로 집 진는 주택짜그미.

― 그렁개 그때는 인자 저도 교회 양댕길땡개, 누가 와서 봉개, 칠년 아네는 이 지비 아::무껀또 손대지 말고 그대::로 사라야 이 보글 지키제 어따 손대면 안댄다거더래요[220].

숟가락 떠먹고는 어른들 쉴 시간에 또 져다 놓아요.

야!

─ 또 져다 놔.

─ 낮에 그렇게 하고, 점심때 참에 그렇게 하고 하면은, 어른들 져다 놓는 뭇 수보다 그 애가 져 온 뭇 수가 더 많아요.

참!

─ 그러니까 그 주인네 집에서 어른들 품삯하고 똑같이 줘요.

음 음.

─ 너는 조그마해도 네 정신상태도 그만큼 좋았고 네가 힘들여서 그 보충을 다 했으니까 어른 품삯 받아라 하고.

─ 이제 그러면 이제 그 부잣집에서 돈으로만 그때는 옛날에는 품삯을 주는 것이 아니라 쌀도 주고, 보리쌀도 주고, 그런 곡식으로도 주면은, 그 됫수 떠붓고도 더 떠부어 준대요.

참!

─ 네가 하는 것이 고마우니까 더 떠부었다.

─ 그러면서 더 떠서 부어 준대요.

─ 아, 그래가지고 논도 사고, 이 마을도 그 애가 이제 또 새 부자 난다 해서, 했는데.

음.

─ 어떻게 해서 그 애가 이제 동네 이장을 해요. 이 마을 이장을.

음.

─ 이 마을 이장을 하는데, 어떻게 해서 이제 주택자금이 나왔던가 봐요. 새로 집 짓는 주택자금이.

─ 그러니까 그때는 이제 저도 교회 안 다닐 때이니까, 누가 와서 보니까, 칠 년 안에는 이 집에 아무 것도 손대지 말고 그대로 살아야 이 복을 지키지 어디에다 손을 대면 안 된다고 하더래요.

음.

- 그랜는디, 주택짜그미 나옹개 즈그 지번 인자 옌날쩝 담찌베다가 스리트만 영거서 살고, 아래채도 지가 또닥꺼려서 창고도 지꼬 돼지막 까틍거또 지가 또닥꺼려서 지꼬, 여가 이꼬 저가 이꼬 저가 이꼬 형개, 꼴베기 시릉개 누가 그랟떵가비여.

- 아이, 기버마, 느그집 거시기 주택짜금 지어가꼬 그 등싸레²²¹⁾ 지비나 지:라.

음.

- 그렁개, 귀가 인자 쌀곧해써요²²²⁾.

음.

- 쌀고대가꼬 인자 그 주택짜그믈 바더서 지벌 질라고 그렁개, 어뜬 냥바니, 그 냥반 보고는 자기 오시고 뭐시고 다 당시니 가꼬 댕긴다고 이르믈 짐빠리락 핻써요, 별명얼.

음.

- 근데 그 사라미 뭐슬 보능가, 왇써요.

음.

- 아이 우리 지비는 이르케 다 정시멀 묵꼬난²²³⁾ 차미라 디릴 바비 업꼬, 이미티 내려가먼 집 찐는디 거그 가머는 바벌 잡쑬 거시오. 어더 잡쑬 팅개, 거그가 조까 밥 쪼까 어더잡쑤쇼, 그렁개.

- 그냥바니 바벌 요로코 드려도 다 잡수는 냥바니어요.

음.

- 식타미 마네.

음.

- 그래가꼬 다 잡순는 냥바닌디, 거그 가서 인자 채려서 인자 어더머 그러 댕기는 냥바니라고 워따 가따 중개 인자 거 어디 한짝 구영텡이²²⁴⁾ 말캉이서²²⁵⁾ 그 바벌 머걷써요.

음.

- 그랬는데, 주택자금이 나오니까 자기 집은 이제 옛날 집 담집에다가 슬레이트만 얹어서 살고, 아래채도 자기가 또닥거려서 창고도 짓고 돼지우리 같은 것도 자기가 또닥거려서 짓고, 여기가 있고 저기가 있고 저기가 있고 하니까, 꼴 보기 싫으니까 누가 그랬던가봐.

- 아이, 기범아. 너희 집 거시기 주택자금 받아서 그 김에 집이나 지어라.

음.

- 그러니까 귀가 이제 솔깃했어요.

음.

- 솔깃해서 이제 그 주택자금을 받아서 집을 지려고 그러니까, 어떤 양반이, 그 양반 보고는 자기 옷이고 무엇이고 다 당신이 가지고 다닌다고 이름을 짐바리라고 했어요, 별명을.

음.

- 그런데 그 사람이 무엇을 보는가, 왔어요.

음.

- 아, 우리 집은 이렇게 다 점심을 먹고 난 참이라 드릴 밥이 없고, 이 밑에 내려가면 집 짓는데, 거기에 가면은 밥을 잡술 것이오. 얻어 잡술 수 있을 터이니까 거기에 가 조금, 밥 조금 얻어 잡수시오, 그러니까.

- 그 양반이 밥을 이렇게 드려도 다 잡수시는 양반이어요.

음.

- 식탐이 많아.

음.

- 그래가지고 다 잡수시는 양반인데, 거기 가서 이제 차려서 이제 얻어먹으러 다니는 양반이라고 어디에다 가져다주니까 이제, 거 어디 한쪽 구석 마루에서 그 밥을 먹었어요.

음.

- 먹꼬는 인자 지벌 질라고 집터 짜리를 요로고 재.

음.

- 쟁:개 그 냥바니, 어이 그짜그로 부치면 안 되네.

- 그 짜그로 부치면 안 댕게 요짜그로 부치소. 부치시오.

음.

- 그 짜그는 안 되요. 그렁개.

- 이미헐껀226) 바비나 어더 머거씨면 빨리 가기나 하제, 먼 잔소리여.

음∵.

- 집 찐는 그 사라미, 밥 어더머거씨면 빨리 가기나 하지, 뭔 잔소리여.

음.

- 그렁개, 어허잉, 두고 보제, 그 짜그로 부치면 안 존디, 그랬써요.

- 근디 인저 그 쪼그로 부쳐서 그 지벌 지얻써 절 저테227).

- 그 지벌 지언는디.

- 지꼬228) 나서 인자 그 뒤에로 또 인자 주방얼 헐라고 거그럴 팡개, 아이고 그...

- 나도 우리 바테를 갈라다가 그지비 그늘 미테 앙거서229) 조까 쉬앙건는디 먼 뻭따구230), 이마넌 뻭따구가 나오더라구요.

어어!

- 그렁개 아 그노멀 이르케 쥐고서 홀:떡 땡김서231), 뭔노무 개뻭따구가 나와, 그럼서 이르케 홀떡 땡기더라구요.

음.

- 그렁개 그거시 개뻭따구가 아니라 사람 뻭따구열떵가봐요.

저런!

- 그래서인자 그거또 안 존데다가 그 집 짇꼬 삼 년 몯까서 주거버런네요.

음.

− 먹고는 이제 집을 지려고 집터 자리를 이렇게 재.

응.

− 재니까 그 양반이, 어이 그 쪽으로 붙이면 안 되네.

− 그 쪽으로 부치면 안 되니까 이쪽으로 붙이소. 붙이시오.

음.

− 그 쪽은 안 돼요. 그러니까.

− 니미할 것, 밥이나 얻어먹었으면 빨리 가기나 하지, 뭔 잔소리여.

음.

− 집 짓는 그 사람이, 밥 얻어먹었으면 빨리 가기나 하지, 뭔 잔소리여.

음.

− 그러니까, 어허 이, 두고 보지, 그 쪽으로 붙이면 안 좋은데, 그랬어요

− 그런데 이제 그 쪽으로 붙여서 그 집을 지었어 절 곁에.

− 그 집을 지었는데.

− 짓고 나서 이제 그 뒤에로 또 이제 주방을 하려고 거기를 파니까, 아이고 그...

− 나도 우리 밭에를 가려다가 그 집에 그늘 밑에 앉아서 조금 쉬어 앉았는데, 뭔 뼈다귀, 이만한 뼈다귀가 나오더라구요.

어어!

− 그러니까 아 그것을 이렇게 쥐고 훌떡 던지면서, 뭔놈의 개뼈다귀가 나와, 그러면서 이렇게 훌떡 던지더라구요.

음.

− 그러니까 그것이 개뼈다귀가 아니라 사람 뼈다귀였던가 봐요.

저런!

− 그래서 이제 그것도 안 좋은 데다가 그 집 짓고 삼 년 못 가서 죽어 버렸네요.

그 남자가?

– 애.

하!

– 삼년 몯까서 주걷써요.

– 아잉, 뭐더러 저::리 두곤, 즈그 엄마가 인자 조개를 자브러 간다경
개 저도 조개를 캐로 간다고,

– 영광 장에를, 소 소 팔로 가는 사람만 따라가서 장에를 가따 와가꼬
는 거그서 술 한 잔 머근 지메232) 지 오도바이 타고, 비루 푸대, 저 비누
리 푸대에다가 호미 당꼬, 지 오도바이 타고 그러고 가다가,

– 긍개 인자 수레 그랟찌요.

– 도로 가에 가면 이르케 산 내려지면 이르케 거시기 완벼글 친 자리
가 이짜나요, 이르케 노푼 사는.

응.

– 거그다 어치게 해서 지가 기양 오도바이로 바더가꼬는...

혼자?

– 애.

하이구!

– 노네로233) 씨러징개 논, 쩌그서 본 사람드리 아이, 병워네 앙 가도
괜찬허건냐고, 그렁개, 괜찬허걷따고 허걷따고, 그래가꼬는 지비를 와써요.

응.

– 이거시 언젠가는 어디로 나와요? 안 나오죠?

안 나와요 안 나와. 아이, 안 나와 안 나와.

– 인자 지비를 와써요.

– 지비를 와서 봉개, 그때 바로 이일구 차로 병워네라도 가써도 모리
는데, 와서 봉개 피가 너머와요, 이베서.

하:!

그 남자가?

— 예.

하!

— 삼 년 못 가서 죽었어요.

— 아니, 무엇하러 저리 두고, 자기 엄마가 이제 조개를 잡으러 간다고 하니까 자기도 조개를 캐러 간다고.

— 영광 장에, 소 팔러 가는 사람만 따라가서 장에를 갔다 와가지고는 거기서 술 한 잔 먹은 김에 자기 오토바이 타고, 비료 부대, 저 비닐 부대에다가 호미 담고, 자기 오토바이 타고 그러고 가다가,

— 그러니까 이제 술에 그랬지요.

— 도로 가에 가면 이렇게 산 내려지면 이렇게 거시기 옹벽을 친 자리가 있잖아요. 이렇게 높은 산은.

응.

— 거기에다 어떻게 해서 자기가 그냥 오토바이로 받아갖고는...

혼자?

— 예.

아이구!

— 논으로 쓰러지니까 논, 저기서 본 사람들이 아이 병원에 안 가도 괜찮겠냐고, 그러니까, 괜찮하겠다고 하겠다고, 그래갖고는 집에를 왔어요.

응.

— 이것이 언젠가는 어디로 나와요? 안 나오죠?

안 나와요 안 나와. 아이, 안 나와 안 나와.

— 이제 집에를 왔어요.

— 집에를 와서 보니까, 그때 바로 일일구 차로 병원에라도 갔어도 모르는데, 와서 보니까 피가 넘어와요, 입에서.

하!

- 피가 너머옹개 애기들이 쫄망쫄망헌디, 아빠 왜 그래, 왜 그래, 헝개, 피가 너머오고 헝개 이상허다: 허고, 아빠 아프다 헝개, 아그드리 처가찌비 여가 이쑹개 저그 외할매한테로 기벼를 햇써요.

음.

- 즈그 부이는 수박 짜거벌 각꼬.

음.

- 돔 벌러, 수박 여나르고 차에다 시러 주고 허는 거, 그 이를 간는다.

음.

- 아이 수박 짜거블 각꼬[234], 즈그 엄마는 조개 자부로 각꼬, 근디 와서 봉개 그르케 생깅게, 인제 즈그 장모가 와서 봉개, 피를 쏟꼬 뭐시게 생깅게, 그때사 인자 이일구 차를 불럳땅가 그래가꼬, 간 거시 고창뼝워네로 강개, 안 된다고 큰 병워네로 가라겅개 전주 예수뼝워네로 갇써.

예.

- 전주 예수뼝워네로 갇넌디.

- 나는 저 우리 말캉해서 인자 고추를 이르게, 시방 얼마 안 대, 치뤌따례, 음력 치뤌따링개 곧 닥치네요, 기일도.

- 이르케 고추를 따듬꼬 인는디, 아 어찌 자꾸 바께만 나가고 시퍼요.

으음?

- 그리서는, 여그서 요리해서 바께 여그를 나강개 동네 아줌마 두리서서는 그려.

- 아이고 제차니 엄마, 기버미는 오도바이 사고 날따요.

음.

- 어이고 어쩌다 먼 사고라오.

- 아이고 사고 난는디, 고창 뼝워네 강개 큰 병워네로 가라게서 어디 큰 병워네로 가따요.

음.

- 피가 넘어오니까 아이들이 올망졸망한데, 아빠 왜 그래, 왜 그래, 하니까, 피가 넘어오고 하니까 이상하다 하고, 아빠 아프다 하니까, 아이들이 처가집이 여기에 있으니까 제 외할머니한테로 기별을 했어요.

음.

- 자기 부인은 수박작업을 갔고.

음.

- 돈 벌러, 수박 이어 나르고 차에다 실어 주고 하는 거, 그 일을 갔는데.

음.

- 아이 수박작업을 갔고, 자기 엄마는 조개 잡으러 갔고, 그런데 와서 보니까 그렇게 생겼으니까, 이제 제 장모가 와서 보니까, 피를 쏟고 무엇하게 생겼으니까, 그때서야 이제 일일구 차를 불렀다는가 그래가지고, 간 것이 고창병원으로 가니까, 안 된다고 큰 병원으로 가라고 하니까 전주 예수병원으로 갔어.

예.

- 전주 예수병원으로 갔는데.

- 나는 저 우리 마루에서 이제 고추를 이렇게, 시방 얼마 안 돼, 칠월 달에, 음력 칠월 달이니까 곧 닥치네요, 기일도.

- 이렇게 고추를 다듬고 있는데, 아 어찌 자꾸 밖에만 나가고 싶어요.

으음?

- 그래서는 여기서 요렇게 해서 밖에 여기를 나가니, 동네 아주머니 둘이 서서는 그래.

- 아이고 제찬이 엄마, 기범이는 오토바이 사고 났대요.

음.

- 아이고 어쩌다, 뭔 사고래요.

- 아이고 사고 났는데, 고창 병원에 가니까 큰 병원으로 가라고 해서 어디 큰 병원으로 갔대요.

음.

- 그래요.

- 그러는디, 수영이네 엄매는 수박짜겁 간다고 간는디, 어쩡가 몰라, 워디가[235] 인는지를 몰라. 그리서, 아니여, 거 거시기네 집 전화뻔호 채게 나와쓰개 그리 전화해야여.

- 그리고 인자 전화뻔호 채글 뜨더봉개, 나도 가시미 떨려가꼬 기냥 몯 차껴써요. 그리서 아그들뽀고 아이, 김은종이를 차저바라, 김은종이.

- 김은종이를 차즈먼 그리 전화허먼 아마 이쓸팅개[236], 어디가 읻따는 거슬 알팅개 차즈랑개, 아그드리[237] 차저서.

- 전화 눌러라, 할미 전화도 몬눌르거따.

- 긍개 전화를 눌러주더라고요.

- 그래서 전화를 형개 그집 아저씨가 바더.

- 아저씨 거 수영이 엄마 읻찌요? 긍개,

- 예.

- 얼릉 조까[238] 바까 주쑈.

- 바까 줘요.

- 어이, 얼릉 지베 오소.

- 왜?

- 아이 얼릉 와바, 얼릉 와보면 앙개.

- 아 긍개 말을 히야 가제.

- 수영이 아빠가 오도바이로 쪼금 다쳔는디 병워네 가씅개 얼릉 오소. 그렁개 인자 와써요.

음.

- 오고 즈그 엄마도 조개를 캐가꼬 오고.

- 그래서 조개 보타리를 내려노꺼덩. 성님, 얼릉 온 뼈꼬 딴 오스로 가라이버. 홍 무더씅개 얼릉 가라이버.

- 왜?

－ 그래요.

－ 그러는데, 수영이네 엄마는 수박작업 간다고 샀는데, 어쩐가 몰라, 어디에 있는지를 몰라. 그래서, 아니야, 거 거시기네 집 전화번호 책에 나왔으니까 그리로 전화해야 해.

－ 그러고 이제 전화번호 책을 떠들어보니까, 나도 가슴이 떨려서 그냥 못 찾겠어요. 그래서 아이들보고 아이, 김은종이를 찾아봐라, 김은종이.

－ 김은종이를 찾으면 그리 전화하면 아마 있을 테니까, 어디가 있다는 것을 알 테니까 찾으라니까, 아이들이 찾아서.

－ 전화 눌러라, 할미 전화도 못 누르겠다.

－ 그러니까 전화를 눌러주더라고요.

－ 그래서 전화를 하니까 그 집 아저씨가 받아.

－ 아저씨 거기 수영이 엄마 있죠? 그러니까,

－ 예.

－ 얼른 좀 바꿔 주세요.

－ 바꿔 줘요.

－ 어이, 얼른 집에 오소.

－ 왜?

－ 아이 얼른 와 봐. 얼른 와보면 아니까.

－ 아, 그러니까 말을 해야 가지.

－ 수영이 아빠가 오토바이로 조금 다쳤는데 병원에 갔으니까 얼른 오소. 그러니까 이제 왔어요.

음.

－ 오고 자기 엄마도 조개를 캐갖고 오고.

－ 그래서 조개 보따리를 내려놓거든. 형님 얼른 옷 벗고 딴 옷으로 갈아입어. 흙 묻었으니까 얼른 갈아입어.

－ 왜?

- 아이 얼릉 가라이버, 시누가 말 허먼 드러.

- 아이, 드를 말 이꼬 안 드를 말 이찌 뭐더게, 나 조개 까야여.

- 그리서, 아이고, 조개가 그펑거 아닝개 이까진노므꺼 저리 치 노코어서 혀.

음.

- 아 궁개 갈체줘239). 그서.

- 수영이 아빠가 오도바이 사고 나서 병워네 갔써. 어서 히어 궁개.

- 방빠다그가 드러눕떠니 우러요 기양.

아이고!

- 울 땅게가 아닝개 어서 빨리 이러나. 빨리 이러나 그래가꼬는.

- 인자 택씨가 불러쓰개 인자 왔써요.

- 그서 나도 타고, 거 우리 형님도 타고, 거 주근, 아푼 사람 부인도 타고, 인자 그러꼬240) 서이 타고 가는디.

- 가다가 생가경개 고창을 들릴 피료가 업꼬, 전주로 간따경개, 전주 예수뼝워닐팅개, 예수뼝워니라 헌다쏘리 기버리 와쓰개 가요.

- 정읍 까 약꾹 아페다 차를 대라개써요.

음.

- 약꾹 아페 차를 쪼까 기사님 대씨요.

- 그러고는, 거그서 내가 내려가서 진정제를 샀써요.

- 메겨야 쓰걷써.

- 기얌허거든241) 거식 허까 시퍼서, 진정제를 사서 중개, 어매도 츠메는242) 암 멍는다거더니 차꾸 중개 엄마는 머거요.

- 근디, 그 부이는 중개, 시:번차 중개는 그냥 내 소늘 탁 쳐버리고는 암 먹떠라구요. 진정제 야글.

음.

- 그레떠니 부인은 강개 기냥 그걸 보고는 씨러져 버리고, 어매는 거

‒ 아니 얼른 갈아입어. 시누가 말 하면 들어.

‒ 아이, 들을 말 있고 안 들을 말 있지 무엇하게, 나 조개 까야해.

‒ 그래서, 아이고, 조개가 급한 거 아니니까 이까짓 것 저리 치워 놓고 어서 해.

음.

‒ 아 그러니까 가르쳐 줘. 그래서.

‒ 수영이 아빠가 오토바이 사고 나서 병원에 갔어. 어서 해, 그러니까.

‒ 방바닥에 드러눕더니 울어요, 그냥.

아이고!

‒ 울 단계가 아니니까 어서 빨리 일어나. 빨리 일어나 그래가지고.

‒ 이제 택시가 불렀으니까 이제 왔어요.

‒ 그래서 나도 타고, 그 우리 형님도 타고, 그 죽은, 아픈 사람 부인도 타고, 이제 그렇게 셋이 타고 가는데.

‒ 가다가 생각하니까 고창을 들릴 필요가 없고, 전주로 갔다고 하니까. 전주 예수병원일테니까, 예수병원이라고 하는 소리 기별이 왔으니까 가요.

‒ 정읍 가서 약국 앞에다 차를 대라고 했어요.

음.

‒ 약국 앞에 차를 조금 기사님 대세요.

‒ 그러고는, 거기서 내가 내려가서 진정제를 샀어요.

‒ 먹어야 되겠어.

‒ 기절하거든 거시기할까 싶어서, 진정제를 사서 주니까, 엄마는 처음에는 안 먹는다고 하더니 자꾸 주니까 엄마는 먹어요.

‒ 그런데, 그 부인은 주니까, 세 번째 주니까 그냥 내 손을 탁 쳐버리고는 안 먹더라구요. 진정제 약을.

음.

‒ 그러더니 부인은 가니까 그냥 그것을 보고는 쓰러져버리고, 엄마는 거

시기 야글 머거서 근지 어쩐지 괜찬허고,

— 거 여페를 드러강개. 시방 저지베 사라요.

— 저 저 시퍼렁 쓰레또 지비.

어, 여 바로 아페?

— 예, 저그 큰누나가.

아:!

— 워::메! 즈그 큰누나가 그냥 불쩍 뛰먼 이만치 드러가따 그양 툭 주저안꼬, 펄쩍 뛰어서 이만큼 나가따 퍽 주저앙꼬.

— 시상으 뭐더고 인자 와, 뭐더고 인자 와, 허는디.

— 거그서 보기에 아이고 크닐 나따, 주건능갑따, 그러고는 가시미 콩닥콩당허고 가떠니, 그때 인자 산소호흡끼 꼬바노코 거식 거식 허는디.

— 거그서 인자 또 으디 더 큰 병워네루 가자개서, 큼 병워네루 가가지구, 수술허고 어째구 핸써도 얼매 몯쌀구 주건써요.

— 근디 돈 버러노코 집 저러케 조:케 지어노코 주거버링개 뭐대요.

그러니까.

— 돈 한 푸늘 가꼬 가요, 절믄 나이에, 그때 쉬운 살도 몸먹꼬 주건씨니 뭐대요.

그거시 그 주택 그 주택짜금 나와가지고 지블 잘몯 드러서 그렁가?

— 몰라요. 인자 안 민는 사람더른 우니 암 마진 때 그르케 지블 손대지 마라거고, 짇찌 마라고 현는디 지어서 마리 집 지꼬 삼 년 넘끼가 어럽따는 거시다, 그래따 그러는디.

— 그거 누가 알꺼애요, 모르지.

그러니까.

얘.

— 그릉개 나메 말도 드를 때는 드러야 허는디, 그 사람 마를 너무 무시해 가지고 그랜는지 어쩬는지 어찌 됀는지를 몰라요.

시기 약을 먹어서 그런지 어쩐지 괜찮고.

　— 그 옆에를 들어가니까. 시방 저 집에 살아요.

　— 저 저 시퍼런 슬레이트집에.

어, 여 바로 앞에?

　— 예, 제 큰누나가.

아!

　— 워메! 제 큰 누나가 그냥 펄쩍 뛰면 이만큼 들어갔다 그냥 툭 주저
앉고, 펄쩍 뛰어서 이만큼 나갔다 픽 주저앉고.

　— 세상에, 뭐하고 이제 와, 뭐하고 이제 와, 하는데.

　— 거기서 보기에, 아이고 큰일 났다, 죽었는가보다. 그러고는 가슴이 콩
닥콩닥하고 갔더니, 그때 이제 산소호흡기 꼽아놓고 거시기 거시기 하는데.

　— 거기서 이제 또 어디 더 큰 병원으로 가자고 해서, 큰 병원으로 가
가지고, 수술하고 어쩌고 했어도 얼마 못 살고 죽었어요.

　— 그런데 돈 벌어놓고 집 저렇게 좋게 지어놓고 죽어버렸으니 뭣해요.

그러니까.

　— 돈 한 푼을 갖고 가요, 젊은 나이에, 그때 쉰 살도 못 먹고 죽었으니
뭣해요.

그것이 그 주택 그 주택자금 나와가지고 집을 잘못 들여서 그런가?

　— 몰라요. 이제 안 믿는 사람들은 운이 안 맞은 때 그렇게 집을 손대
지 말라고 하고, 짓지 말라고 했는데 지어서, 말이 집 짓고 삼 년 넘기가
어렵다는 것이다, 그랬다 그러는데.

　— 그거 누가 알 것이에요, 모르지.

그러니까.

예.

　— 그러니까 남의 말도 들을 때는 들어야 하는데, 그 사람 말을 너무
무시해 가지고 그랬는지, 어쩼는지, 어찌 됐는지를 몰라요.

- 딸도 업씨 머시매만 서시열꺼등요.

- 주근 사라미, 아들만 서신디[243].

- 이르케 인자 쫄망쫄망허제, 아들만 서신디.

- 그렁개 인자 아드리 죽꼬 낭개, 대끔자느, 갈리기 저 게웅기 가틍거또, 거시기 농혀베서 거식, 저거 바더 융자 바더서 해꼬, 집까틍거또 융자 받꼬 뭐더고 헝개, 그렁:건 저렁거 헐라먼 농혀베서 워더고, 아이 인자 대주가 업씽개 부이늘 불러 대자나요.

그러치 그러치!

- 그리서 인자 그런디 가따오고 어쩌고 허머는 시어메가 그양 야다니여, 나도라 댕긴다고.

하이고!

- 그래가지고 시어마이허고 등갈라가지고, 메누리허고 시어마이허고 한테 살도[244] 아너고 시방 따로 살고 이짜너.

아이고 참. 아 어트게 안 되는 지븐 또 그르케 안 되기도 허고?

- 얘, 그러케 노력 헤서 버런는디, 그러케 노려개서 벌고, 그양 그렁개 거그 우리 형니미 너무 읍::따가 이쌍개 그양 너무 권세를 부렫써요.

- 이게 그때는 쟁기로 농 갈고, 소로 모라서 농갈뎅개 농갈로 가머는, 그 쪼끔 보고 참 함 번 해 주자고, 하리[245] 이를 보로 앙 가거써요?

- 그렁개 나:면허고 술허고를 가따 그집따 줘요.

- 그러먼 나면 조까 끼리고 술 이눔허고 해서 머그쑈. 그럼 우리 무시[246] 바테 가 이래서 돈 버러가꼬 오께.

음.

- 그거시 그 주근 사람 어매가 소늘 여그다 딱 집꼬는, 그렁개 즈그 돈만 크제 일헌 사라먼 사람도 아니대여?

- 느그 먹꼬 허거나 말거나 해라 허고 느그는 그러고 댕기고, 그러고 무시허고 댕기고 그런다고, 그 권세라 그르케 대대요[247].

- 딸도 없이 남자애만 셋이었거든요.
- 죽은 사람이, 아들만 셋인데.
- 이렇게 이제 올망졸망하지, 아들만 셋인데.
- 그러니까 이제 아들이 죽고 나니까, 대금 잔액, 관리기 저 경운기 같은 것도, 거시기 농협에서 거시기 저것 받아 융자 받아서 했고, 집 같은 것도 융자 받고 뭣하고 하니까, 그런 것 저런 것 하려면 농협에서 뭣하고, 아니 이제 대주가 없으니까 부인을 불러대잖아요.

그렇지 그렇지!

- 그래서 이제 그런데 갔다 오고 어쩌고 하면은 시어머니가 그냥 야단이여, 나돌아 다닌다고.

아이고!

- 그래가지고 시어머니하고 등돌려가지고, 며느리하고 시어머니하고 함께 살지도 않고 시방 따로 살고 있잖아.

아 참, 아 어떻게 안 되는 집은 또 그렇게 안 되기도 하고?

- 예, 그렇게 노력해서 벌었는데, 그렇게 노력해서 벌고, 그냥 그러니까, 거기 우리 형님이 너무 없다가 있으니까 그냥 너무 권세를 부렸어요.
- 이렇게 그때는 쟁기로 논 갈고, 소를 몰아서 논 갈 때이니까 논 갈러 가면은, 그 좀 보고 참 한 번 해 주자고, 하루 일을 보러 안 가겠어요?
- 그러니까 라면하고 술하고를 갖다 그 집에다 줘요.
- 그러면 라면 좀 끓이고 술 이놈하고 해서 먹으쇼. 그러면 우리 무밭에 가 일 해서 돈 벌어갖고 올게.

음.

- 그것이 그 죽은 사람 엄마가 손을 여기에다 딱 집고, 그러니까 자기 돈만 크지 일한 사람은 사람도 아니래요?
- 너희 먹고 하거나 말거라 해라 하고, 너희는 그렇게 하고 다니고, 그렇게 하고 무시하고 다니고 그런다고, 그 권세라고 그렇게 도도해요.

- 그러더니 그양 그 권세가 어디로 드러가버리고, 쥐구녀기[248] 어디냐
허고 사라, 지금.

하이고!

- 그 냥반도 시방 야든 너멀써요.

음.

다 공부네 그게. 그 얘기가 다 공부여.

- 경허미지.

어, 그러니까.

- 겡험[249].

- 저 여그서 삼서 이르케 누니로 보고 현실쩌그로 제낀 경허미라고는
그런 경험배끼 업써.

음 음.

- 가난해서 몸먹꼬 몬닙고 산 그런 경험.

음 음.

- 그리도 또 가난해서 그르케 해도 몸먹꼬 사, 몸먹꼬 사라도 자기 줄
때가 업씨 산 사라믄 지금까지도 평생 고생을 허고, 자기 줄때를 시고 아
늘 신 사라먼 이르케 올라서 살고 그래요.

음.

- 도늘 버러서 부자 되야서 살, 그건 그래요.

- 그렁개 지금도 아이네프네[250] 뭐시네 해도, 아이네프 닥처서 내가
몯 쌀게 생기면, 내가 어트게 구즌[251] 일 해야, 이 생가글 버리고 막노동
도 허고 구진 일도 허고 허머는 다 살 쑤 이써요.

그려 그레.

- 그러는디.

－ 그러더니 그냥 그 권세가 어디로 들어가버리고, 쥐구멍이 어디냐 하고 살아, 지금.

아이고!

－ 그 양반도 시방 여든 넘었어요.

음.

다 공부네, 그게. 그 얘기가 다 공부여.

－ 경험이지.

어, 그러니까.

－ 경험.

－ 저 여기서 살면서 이렇게 눈으로 보고 현실적으로 겪은 경험이라고는 그런 경험밖에 없어.

음 음.

－ 가난해서 못 먹고 못 입고 산 그런 경험.

음 음.

－ 그래도 또 가난해서 그렇게 해도 못 먹고 사, 못 먹고 살아도 자기 줏대가 없이 산 사람은 지금까지도 평생 고생을 하고, 자기 줏대를 세우고 안을 세운 사람은 이렇게 올라서 살고 그래요.

음.

－ 돈을 벌어서 부자 되어서 살고, 그건 그래요.

－ 그러니까 지금도 아이엠에프네 뭐네 해도, 아이엠에프 닥쳐서 내가 못 살게 생기면, 내가 어떻게 궂은 일 해, 이 생각을 버리고 막노동도 하고, 궂은일도 하고 하면 다 살 수 있어요.

그래 그래.

－ 그러는데.

1.4 제보자 2의 마을 들여다보기 2

여기 아래 미륵땅 얘기는? 미륵, 미륵.

― 거그.

어, 미륵땅 얘기는 어트게 되능 거예요?

― 거그는유.

응.

― 제가, 아 아까 다섯쌀 머거서 여기 와딱 핻짜나요. 이리[252] 강경서.

예.

― 인자 그러코 모르고 사란는데,

― 그 자연:산 미 미르기어요.

어:!

― 미룽님이.

― 미르 미르긴디 자연사닌디.

음.

― 미테가[253] 기냥 이르케 큰:: 바위가 인써요.

얘.

― 바위가 인는디서 도리 이러::케 래로 해져가지고, 또 얼굴 모냥이[254] 이러케 익꼬, 우에 이르케 가슬 썬써요.

오!

― 돌가스로, 이르케 돌가스로.

얘.

― 그래 눈썹또 이르케 패여서 그려지고, 눈도 그려지고, 코도 그려지고, 귀도 다 이르케 이꼬.

음.

여기 아래 미륵당 얘기는? 미륵, 미륵.

－ 거기.

응, 미륵당 얘기는 어떻게 되는 거예요?

－ 거기는요.

응.

－ 제가, 아까 다섯 살 먹어서 여기 왔다고 했잖아요. 이리 강경에서.

예.

－ 이제 그렇게 모르고 살았는데.

－ 그 자연산 미륵이에요,

어!

－ 미륵님이.

－ 미륵인데 자연산인데,

음.

－ 밑에 그냥 이렇게 큰 바위가 있어요.

예.

－ 바위가 있는 데서 돌이 이렇게 ＊＊ 해져가지고, 또 얼굴 모양이 이렇게 있고, 위에 이렇게 갓을 썼어요.

오!

－ 돌 갓으로, 이렇게 돌 갓으로.

예.

－ 그래 눈썹도 이렇게 패여서 그려지고, 눈도 그려지고, 코도 그려지고, 귀도 다 이렇게 있고.

음.

- 이 사람 형상이 다 읻써요.

- 손도 이르케 해서 요로 요로케 허고, 요로커고²⁵⁵⁾ 이꼬.

음.

- 그러는디, 거그 미릉님, 미륵 그 주인 하라버지 손지딸허고²⁵⁶⁾ 저허고 칭구예요.

어!

- 나이도 동가베다가 칭군디.

- 요 너멜 마으레 사라써요.

어!

- 그러고 지금 읻뜬 저런 업꼬요.

음.

- 거그 저테 집또 업꼬.

음.

- 그래가지고 그:리는²⁵⁷⁾ 밤:나무가 서썬써요.

음.

- 밤나무가, 멛끄루가 기양 쭉 서썬써요.

- 그러머는 이르케, 저 중덜 여그다 이르케 걸치고 이르케 목딱²⁵⁸⁾ 치자나요?

음.

- 그거설 입꼬 저그서 할머니는 요마:넌 옹지리²⁵⁹⁾ 시리에다가,²⁶⁰⁾ 떠글 쩌가지고, 재 재 으따가 쟁반 바쳐서 이르케 들고 오고, 하라버지는 이르케 목따글 침서, 또당::또당 목따글 침서, 저가 잔등이 이썬는디, 그 잔등을 너머서 그 미릉님한테를 와요.

음.

- 그러머는, 지비 이르케 초가지비엳써요.

- 가시로는²⁶¹⁾ 옌날 판자 대고 홍 노코 이르케 투던²⁶²⁾ 흑땀,

음.

- 이 사람 형상이 다 있어요.

- 손도 이렇게 해서 이렇게 하고, 이렇게 하고 있고.

음.

- 그랬는데, 거기 미륵님, 미륵 그 주인 할아버지 손녀딸하고 저하고 친구예요.

어!

- 나이도 동갑에다가 친구인데.

- 이 너머 마을에 살았어요.

어!

- 그리고 지금 있던 절은 없고요.

음.

- 거기 곁에 집도 없고.

음.

- 그래가지고 그쪽으로는 밤나무가 섰었어요.

음.

- 밤나무가, 몇 그루가 그냥 쭉 섰었어요.

- 그러면 이렇게, 저 중들 여기에다 이렇게 걸치고 이렇게 목탁 치잖아요?

음.

- 그것을 입고 저기서 할머니는 이만한 옹기 시루에다가, 떡을 쪄가지고, 저 저 어디에다가 쟁반 받쳐서 이렇게 들고 오고, 할아버지는 이렇게 목탁을 치면서, 또당또당 목탁을 치면서, 저기에 언덕이 있었는데, 그 언덕을 넘어서 그 미륵님한테 와요.

음.

- 그러면, 집이 이렇게 초가집이었어요.

- 가로는 옛날 판자 대고 흙 놓고 이렇게 두드린 흙담,

음.

- 뚜드러서 진 흑따무로 해가지고 이르케 방 한 칸, 거그다 불 땐는 뷔: 항 칸.

음.

- 미르긴는 님 방 한, 자리에 안저서 방 항 칸, 그 부억 항 칸, 그르케 익꼬.

음.

- 긍개 엔나레는 농사덜또 작꼬 형개, 아 그 지벙얼263) 이르케 마라 멀264) 여꺼서, 지푸라그로 마라멀 여꺼서 이야는디,

음.

- 그 일 거시기가 읍써.

음.

- 업써서 그르케 그:끄너니265) 지내는디.

- 유기오 때 무러베 즈그 친처긴디 인저 피난 가다가는 술 묵꼬266), 아 매:겁씨, 그 안 되는 이리제.

- 이렁 거시 뭔노무 미러기여, 이렁 거시 뭔 사라미여.

- 그러고는 가서 미렁님 기양 빠마대기를267) 부쳔때요.

- 이 그 도, 도걸, 돌 미릉니믈.

- 이 짝 빰 때리고 저 짝 빰 때리고.

- 그 동미릉님 빠마대기를 부쳐낸는디, 차기가 요로코 부서버러써.

허허.

- 요로코 버를 바더서.

- 그러고는 거그 애기 부체라고, 이르케 쪼::깐써건268) 부체를, 돌로 만든 부체가 인는디, 그거슬 가따가 그 도로까에, 요마:난 옹챙이269), 고 둠벙270) 방죽271) 까틍 거시 인는디 거그다 미러 느버리고.

- 그리가지고 인자 이 사라미 버를 바더서 이르케 부서가꼬 몯쌀게 생 깅개 다덜 미릉님한티다 그랟따긍개, 가서 찬물로 모욕허고, 머리에서부

- 두드려서 지은 흙담으로 해가지고 이렇게 방 한 칸, 거기에다 불 때는 부엌 한 칸.

음.

- 미륵 있는 방 한, 자리에 가서 방 한 칸, 그 부엌 한 칸, 그렇게 있고.

음.

- 그러니까 옛날에는 농사들도 작고 하니까, 아 그 지붕을 이렇게 마름을 엮어서, 짚으로 마름을 엮어서 이어야 하는데,

음.

- 그 일 거시기가 없어.

음.

- 없어서 그렇게 근근이 지내는데.

- 육이오 때 무렵에 저희 친척인데 이제 피난 가다가는 술 먹고, 아 맥없이, 그 안 되는 일이지.

- 이런 것이 뭔 미륵이여, 이런 것이 뭔 사람이여.

- 그리고는 가서 미륵님 그냥 뺨을 때렸대요.

- 이 그 도, 돌을, 돌 미륵님을.

- 이 쪽 뺨 때리고 저 쪽 뺨 때리고.

- 그 돌 미륵님 뺨을 때려댔는데, 자기가 이렇게 부어버렸어.

허허.

- 이렇게, 벌을 받아서.

- 그리고는 거기 아기 부처라고, 이렇게 조그마한 부처를, 돌로 만든 부처가 있는데, 그것을 가져다가 그 도로가에, 이만한 웅덩이, 그 둠벙 방죽 같은 것이 있는데, 거기에다 밀어 넣어버리고.

- 그래가지고 이제 이 사람이 벌을 받아서 이렇게 부어서 못 살게 생겼으니까 다들 미륵님한테 그랬다는 거야. 가서 찬물로 목욕하고, 머리에서부

터 발끝까지 모욕해서, 물 찌크러서[272] 모욕허고 가서 잘몯 핻따고 비르라고, 미릉님 아페가 비르라고.

음.

- 뭔 그까징 거시 거시기야고.

- 자네 미릉님한테 가서 암 빌면 은지까지[273] 그러고 부서가꼬 고상히야여[274], 더 큰 고상히야여.

음.

- 그렁개 어서 고집 내지 말고 가서 그러케 하라고 그렁개.

- 인제 대쿤년[275] 안 되거씅개 그러케 헤서 사흘 된녀네, 이르케 부서가꼬 기양 몯 쓰게 생깅개, 가서 대쿤년 모욕허고 그러고 가서 몰팍[276] 꼴코[277] 비런때요.

음.

- 그리떠니, 큰:: 죄를 지어씅개 살려주라고 비러떠니, 아이 그게 싹 가셛써요. 그기.

- 그래도 모르는디, 여그서 말고 또 저그 저 송제가[278] 또 미르기 이써요

음.

- 동미르기.

음.

- 거그는 농 까운데가 이써요, 미르기.

음.

- 근디 거그 미릉니믄 남자대요.

음.

- 여그 미릉니믄 여자고.

음.

- 그러는디, 송제 농까운데가 인는 미릉니멀 이르케 도글[279] 시어서 이르케 미릉니믈 나오게 해노머는, 아 그 마을 싸람드리 바라미 나, 여자더리.

터 발끝까지 목욕해서, 물 뿌려서 목욕하고, 가서 잘못 했다고 빌라고, 미륵님 앞에 가 빌라고.

음.

— 뭔 그까짓 것이 거시기냐고.

— 자네 미륵님한테 가서 안 빌면 언제까지 그렇게 부어서 고생해야 해, 더 큰 고생해야 해.

음.

— 그러니까 어서 고집 내지 말고 가서 그렇게 하라고 그러니까.

— 이제 대충 안 되겠으니까 그렇게 해서 사흘 뒤에, 이렇게 부어서 그냥 못 쓰게 생기니까, 가서 대충 목욕하고 그렇게 하고 가서 무르팍 꿇고 빌었대요.

음.

— 그랬더니, 큰 죄를 지었으니 살려주라고 빌었더니, 아이 그게 싹 없어졌어요. 그것이.

— 그래도 모르는데, 여기 말고 또 저기 저 송제에가 음. 또 미륵이 있어요

음.

— 돌 미륵이.

음.

— 거기는 논 가운데 있어요, 미륵이.

음.

— 그런데 거기 미륵님은 남자래요.

음.

— 여기 미륵님은 여자고.

음.

— 그러는데, 송제 논 가운데 있는 미륵님을 이렇게 돌을 세워서 이렇게 미륵님을 나오게 해 놓으면, 아 그 마을 사람들이 바람이 나, 여자들이.

아:!

- 저 송제리.

어어?

- 그렁개 농 까운데 그 인는 미릉니믈 세우들 모더고, 그러코 뉘어버리고 기양 무더버럳짜나요.

- 긍개, 거그 미릉님허고 여그 미릉님허고 이르케, 사람 가트먼 부부대요.

아::!

- 부부.

음.

- 그러는디, 여그 인자 미릉님 인자 저그서 인자 목딱 치고 그르케 떡 히가꾸 댕기던 냥반드리 논도 우꼬280) 헝개, 짐 거그 열라먼 여끄공게 인자, 가난허고 먹꼬 살기도 힘들고 헝개, 누가 와서 인자 그 미릉니멀 파르라고 소개를 해뜽가바요, 워디 서울 싸라미.

- 그렁개 얼매 받끼로 파라능고 허는고니, 나락 세 가마니 받끼로 판닥 해때요281).

- 판다구 핸는디.

- 그때는 우리 시숙또 안 되얃써요.

- 저 겨론 아내성개.

- 시숙또 안 되얃는디, 여그서 살:떤 그 냥바니 이르꼬 장개, 꾸메 저:: 그 아페서 먼 사람더리 기낭 끼맅끼리든282) 청년더리, 꾸메 오머는, 어뜬 사라미 그 냥반 말로 그래요.

- 가라대, 가라대 소니로, 요로케 함 번만 하먼 턱 꺼울러지고283), 요로케 한 번만 하먼 턱 꺼울러지고 그러더래요.

음.

- 일트르먼 내일 미릉니믈 파루 올 날짠디, 오늘 바메 그르케 꾸믈

아!

- 저 송제리.

어어?

- 그러니까 논 가운데 그 있는 미륵님을 세우지를 못하고, 그렇게 뉘어버리고 그냥 묻어버렸잖아요.

- 그러니까, 거기 미륵님하고 여기 미륵님하고 이렇게, 사람 같으면 부부래요.

아!

- 부부.

음.

- 그러는데, 여기 이제 미륵님 이제 저기서 이제 목탁 치고 그렇게 떡 해갖고 다니던 양반들이 논도 없고 하니까, 지금 그 열려면 **** 이제, 가난하고 먹고 살기도 힘들고 하니까, 누가 와서 이제 그 미륵님을 팔라고 소개를 했던가봐요, 어디 서울 사람이.

- 그러니까 얼마 받기로 팔았는고 하는고 하니, 나락 세 가마니 받기로 판다고 했대요.

- 판다고 했는데,

- 그때는 우리 시숙도 안 되었어요.

- 저 결혼 안 해서 이니까.

- 시숙도 안 되었는데, 여기서 살던 그 양반이 이렇게 자니까, 꿈에 저기 앞에서 무슨 사람들이 그냥 끄룻끄룻한 청년들이, 꿈에 오면 어떤 사람이, 그 양반 말로 그래요.

- 가라대, 가라대 손으로, 요렇게 한 번만 하면 턱 거꾸러지고, 요렇게 한 번만 하면 턱 거꾸러지고 그러더래요.

음.

- 이를테면 내일 미륵님을 파러 올 날짜인데, 오늘 밤에 그렇게 꿈을

꿰언써요.

어!

– 그 냥바니.

– 그렁개 인자 그 냥바니 이거시 보통 이리 아니라고, 이 동네 쏘가 될까무승개284), 이 보통 이리 아닝개 어트케 허먼 쓰거냐고.

– 이 자연사네서 이르케 생긴 미릉니멀, 이르케 팔라머는 그 독또 다 뜨러야285) 가져갈 꺼 아니냐, 파서.

– 그러는디 우리 동네 사람들 쏘가 되머는, 한나 이르케 때리면 씨러지고, 한나 때리면 씨러지고, 그러케 해서 그 쏘가 다 씨러저서 주그니 거 어치케 헐 이리냐?

– 그렁개, 우리가 다 십씨일바니로 집, 부랑 메 무썩 다 걷짜.

음.

– 거더가지고 고노멀 이고, 지비 아:무리 골란허다개도 나락 시 가마니 그 놈 받꼬 팔지 말고, 미릉니멀 두자.

음.

– 그래가지고 그 미릉니물 안 파라써요.

자라신 걷 거… 다터요.

– 에, 그 꾸무로 해서글 해서.

음.

– 아이 안 팔고는 인자 거그서 인자 그 미릉님네 쥐인네가 인자 지비 업씅개 그 아페다가 인자 그집 아더리 요마:넌 트를 짜가꼬는 흑뺵또를 찌건써요.

음.

– 흑뺵또를 찌거가꼬 방 두개 허고 부억 항 칸허고 해서 지어가고 사:느다가, 아 이누무 저서기286), 그르케 지비랑 지꼬 새미랑 팓써요.

– 이르케 그때는 기계로도 아니고, 이르케 도르래 시그로 해서 연신

꾸었어요.

어!

― 그 양반이.

― 그러니까 이제 그 양반이 이것이 보통 일이 아니라고, 이 동네 소가 될까 무서우니까, 이 보통 일이 아니니까 어떻게 하면 되겠냐고.

― 이 자연산에서 이렇게 생긴 미륵님을, 이렇게 팔려면 그 돌도 다 뚫어야 가져갈 것 아니냐, 파서.

― 그러는데, 우리 동네 사람들 소가 되면, 하나 이렇게 때리면 쓰러지고, 하나 때리면 쓰러지고, 그렇게 해서 그 소가 다 쓰러져서 죽으니 그 어떻게 할 일이냐?

― 그러니까, 우리가 다 십시일반으로 집, 부락 몇 뭇씩 다 걷자.

음.

― 걷어가지고 그것을 이고, 집이 아무리 곤란하다고 해도 나락 세 가마니 그 놈 받고 팔지 말고, 미륵님을 두자.

음.

― 그래서 그 미륵님을 안 팔았어요.

잘하신 것 같아요.

― 예, 그 꿈으로 해석을 해서.

음.

― 아니 안 팔고는 이제 거기서 이제 그 미륵님네 주인네가 이제 집이 없으니까 그 앞에다가 이제 그 집 아들이 이만한 틀을 짜서 흙벽돌을 찍었어요.

음.

― 흙벽돌을 찍어서 방 두 개하고 부엌 한 칸하고 해서 지어가지고 산에다가, 아 이놈의 자식이 그렇게 집이랑 짓고 샘이랑 팠어요.

― 이렇게 그때는 기계로도 아니고, 이렇게 도르래 식으로 해서 계속

파서, 바께쓰로 올랴노머는, 흑 북꼬 또 내려주먼 거그서 해서, 그르케 인
저 새미랑 파서 무리랑 나고 그러는디.

음.

- 아이 그르케 해 노코는 어디로 돔 벌러 간다고 가드니, 멘:녀늘 종
문소시그로 오들 아녀요.

어:!

- 그리서 어디가 주근줄 아라떠니 죽찌는 안코 사랃때요.

어!

- 살고 읻때요.

어!

- 근디 그 지비 큰아드런 펜뻥으로 아퍼서 딸 하나 나코, 어::치케 서
두러서 기양 즈그 부이늘 친정으로 보내고, 주건써요.

- 근디 죽끼 저네 인자 딸 하나 인는디, 부이늘 보내농개 얼마나 가시
미[287] 아프거써요.

- 그렁개 가 가 노래가, 오은주 오은주 노래, 엄마엄마 도라와요, 어서
빨리 도라와요, 그 노래 그노멀 계속 그 텝프만 트러요.

하이고!

- 얘, 그러다가 복 괴고 죽꼬, 지금도 그 미릉니미 인는디, 시방 그 지
비랑 조케 해 노키는, 아이 어:서[288] 뜽금음는[289] 남자 때깔쭝이[290] 오더
라구요, 총각중이.

- 총각쭝이 두루와가꼬넌 거 미릉님 인는디 거그서 밥또 헤먹꼬, 어쩌
고어쩌고 중 생화르 허더니, 아이 거그서 도늘 버럳써요.

어::!

- 그 중이.

음.

- 중이 도늘 버러가꼬는 인자 거그 절도 크게 지꼬, 종 단 종각또 지꼬

파서, 양동이로 올려놓으면, 흙 붓고 또 내려주면 거기서 해서, 그렇게 이제 샘이랑 파서 물이랑 나고 그러는데.

음.

— 아이 그렇게 해 놓고는 어디로 돈 벌러 간다고 가더니, 몇 년을 종 무소식으로 오지를 않아요.

어!

— 그래서 어디 가 죽은 줄 알았더니 죽지는 않고 살았대요.

어!

— 살고 있대요.

어!

— 그런데 그 집의 큰아들은 폐병으로 아파서 딸 하나 낳고, 어떻게 서둘러서 그냥 자기 부인을 친정으로 보내고, 죽었어요.

— 그런데 죽기 전에 이제 딸 하나 있는데, 부인을 보내 놓으니까 얼마나 가슴이 아프겠어요.

— 그러니까 그 노래가, 오은주 오은주 노래, 엄마 엄마 돌아와요, 어서 빨리 돌아와요, 그 노래 그것을 계속 그 테이프만 틀어요.

아이구!

— 예, 그러다가 복 괴고 죽고, 지금도 그 미륵님이 있는데, 시방 그 집이랑 좋게 해 놓기는, 아니 어디서 뜬금없는 남자 땡땡이중이 오더라구요, 총각중이.

— 총각중이 들어와서 그 미륵님 있는 데 거기서 밥도 해 먹, 그 어쩌고 어쩌고 중 생활을 하더니, 아이 거기서 돈을 벌었어요.

어!

— 그 중이.

음.

— 중이 돈을 벌어가지고 이제 거기 절도 크게 짓고, 종 단 종각도 짓고,

한차물 기양 사라미 미어지게 댕기고 그랜는디,

음.

─ 그러케 돔 벌때 쪼끄미라도 애그미라도 해노코 어쩌고 해쓰먼 허는디, 어따291) 망 노코 막 써버려떵가봐요.

─ 글 안테이마는 술만 머그머는 기냥 아이구 팬티 빠라미고, 그양 꾀할딱벋꼬292) 기양, 칼 들고 댕기고 기냥, 한참 이 동네 싸람드리 얼매나 가스물 조이고 사란는지 몰라요.

중이?

─ 애, 지금 중 사라가꼬 시방 고창 뻥위네 이번해가꼬 이써요.

─ 으디 안 나간다겅개 내가 시방 이 얘기럴 허네요.

어 그럼!

─ 애, 테레비 가튼데 뒤에라도 어디 뭐시라도 나간다고머는 안 되지 해서.

예예예.

─ 그러는디, 사라가꼬 인넌디.

─ 매:락읍씨293) 기양 칼로 찔러 주긴다고허고 어쩐다고.

─ 그 인재 추서기 닥처서 우리 애기드리 와서 바테루294) 땅콩을 캐러 갈라구 허구 허는데, 누가 와서 그래요.

─ 지베 깨, 땅콩 바테다 깨는 깨가 영글고 조응개 뒤295) 대빡296) 도라고297), 사라고298).

─ 그래서는 그노멀 살라고 소시랑299) 땅콩 캐는 연장을 가꼬 가다가, 그 끌막크다300) 놔두고 와떠니.

음.

─ 위:매! 수리 취해농개 기양 그노멀 가꼬 댕김서 찍꼬 어쩌고 기양 그래가꼬는.

─ 우리 애기 인자, 우리 재성이가 즈그 칭구더럴 데꼬 와가꼬, 추서깅

한참을 그냥 사람이 미어지게 다니고 그랬는데.

음.

— 그렇게 돈 벌 때 조금이라도 예금이라도 해 놓고 어쩌고 했으면 하는데, 어디에다 막 놓고 막 써버렸던가봐요.

— 그렇지 않더니만 술만 먹으면은 그냥 아이구 팬티 바람이고, 그냥 꾀를 홀딱 벗고 그냥, 칼 들고 다니고 그냥, 한참 이 동네 사람들이 얼마나 가슴을 조이고 살았는지 몰라요.

중이?

— 예, 지금 중 살아서 시방 고창 병원에 입원해 있어요.

— 어디 안 나간다 하니까 내가 시방 이 얘기를 하네요.

어 그럼!

— 예, 텔레비전 같은 데 뒤에라도 어디 뭣이라도 나간다고 하면 안 되지 해서.

예예예.

— 그러는데, 살아서 있는데.

— 맥없이 그냥 칼로 찔러 죽인다고 하고 어쩐다고.

— 그 이제 추석이 닥쳐서 우리 아이들이 와서 밭으로 땅콩을 캐러 가려고 하고 하는데, 누가 와서 그래요.

— 집의 깨, 땅콩 밭에 심은 깨가 영글고 좋으니까 두어 됫박 달라고, 팔라고.

— 그래서는 그놈을 팔려고 쇠스랑 땅콩 캐는 연장을 갖고 가다가, 그 끝에다 놔두고 왔더니.

음.

— 워매! 술이 취하니까 그냥 그놈을 갖고 다니면서 찍고 어쩌고 그냥 그래서.

— 우리 아이 이제, 우리 재성이가 제 친구들을 데리고 와가지고 추석이니까

개 땅콩 캔다고 바테서 캐고 인는디, 내가 인자 뒤에 따라서 강개, 아이 소시랑을 들고 내 뒤를 이르고, 이 이 이 이르고 들고 기양 따라와요.

하이고!

― 내 뒤에를.

― 내 뒤를 따라오는디 곰방301) 곰방 곧 찌거버릴 꺼 가터요.

― 아따! 가시미 콩닥콩닥콩닥 허더마는.

― 니가 어딍가는 모르게 미릉니미 지케주고 부처니미 지케 줄꺼 가트면 니가 이런 새리는 안 내린.

― 그러고는 인저 지를302) 건너서 갈라겅개.

― 또 가스멀 놀래켤라고 아래에서 차가 올라오고 우게서 차가 내려가고, 그 차를 비킬랑개 인자 거가 섣찌요, 저는

어!

― 긍개 바테서 아그드리 봉개, 아이구 재성아 재성아, 클:라따, 저 소시랑 들고 느검마303) 찌글라고 저러고 이쓰니 어쩐대야? 클 나따, 클 나따 그렁개.

― 어::! 설마 그러까 헨는디.

― 그:리도 참:마 찍떤 모더더라고요.

― 그리서 지를 건너서 가서 이러고 완는디.

― 메:라급씨 그르케 술 암 머글 쩌게는 저레 손님도 그르케 마낸는디, 술 먹꼬 그럼서는 저레 손님도 싹 떠러지고, 인자는 당노로 합뺑찡이 와가꼬...

― 어저께 그 병 과는304) 사람 얘기를 드릉개요.

― 몯 쌀고 죽꺼때, 인자 헏쏘리까지 헌대요.

멷 싸리나 머걷써요?

― 안죽 오십쌀 몸 머거쓸 거여요.

아이쿠!

― 우리 크나들보단 들 머걷써요.

땅콩 캔다고 밭에서 캐고 있는데, 내가 이제 뒤에 따라서 가니까, 아이 쇠스랑을 들고 내 뒤를 이렇게, 이렇게 들고 그냥 따라와요.

아이구!

- 내 뒤에를.

- 내 뒤를 따라오는데 금방 금방 곧 찍어버릴 것 같아요.

- 아따! 가슴이 콩닥콩닥콩닥 하더구머는.

- 네가 어딘가는 모르게 미륵님이 지켜주고 부처님이 지켜 줄 것 같으면 네가 이런 살인은 안 내린.

- 그러고는 이제 길을 건너서 가려고 하니까.

- 또 가슴을 놀라게 하려고 아래에서 차가 올라오고 위에서 차가 내려가고, 그 차를 비키려니까 이제 거기에 섰지요, 저는

어!

- 그러니까 밭에서 아이들이 보니까, 아이고 재성아 재성아, 큰일났다, 저 쇠스랑 들고 너희 엄마 찍으라고 저러고 있으니 어쩐다니? 큰일 났다, 큰일 났다 그러니까.

- 어! 설마 그럴까 했는데.

- 그래도 차마 찍지는 못하더라고요.

- 그래서 길을 건너서 가서 일하고 왔는데.

- 맥없이, 그렇게 술 안 먹을 적에는 절에 손님도 그렇게 많았는데, 술 먹고 그러면서는 절에 손님도 싹 떨어지고, 이제는 당뇨로 합병증이 와가지고..

- 어저께 그 병 구완하는 사람 얘기를 들으니까요.

- 못 살고 죽겠대, 이제 헛소리까지 한대요.

몇 살이나 먹었어요?

- 아직 오십 살 못 먹었을 거예요.

아이고!

- 우리 큰아들보다 덜 먹었어요.

1) '정씨허고'의 '-허고'는 공동격 조사 '-과'의 전북 방언형이다. 일상발화에서는 대부분 '-허고'가 실현되고 있다.
2) 청도 김씨를 일컫는다.
3) '근방(近方)→금방'으로 순자음화가 일어나고 있다. 이 순자음화도 거의 예외 없이 실현되는 음성규칙이다.
4) '마을은→마른'으로 축약이 일어나면서도 보상성 장모음화는 일어나지 않았다.
5) 호수(戶數)는 집의 수효를 일컫는다.
6) '그러타갈쑤'는 '그렇다고 할 수'로 분석된다. '-고 할-'이 '-갈'로 융합이 일어났다.
7) '평풍'은 '병풍'의 전북 방언형이고, '메'는 산의 옛 말인 '뫼'가 화석화되어 있다고 할 수 있다.
8) '거기가→거가'로 축약되었다.
9) 方峴
10) '여기가→여가'로 축약되었다.
11) '힜제'는 '했지'의 전북 방언형이다. '하다'는 주로 '허다'로 실현되고, 연결어미 '-지'는 주로 '-제'로 실현되기 때문에 '했제→헸제→힜제'로 중화, 경음화, '에→이' 고모음화가 일어난 것이다.
12) 중앙어 '위에' 해당하는 전북 방언형으로 '우게, 우그'로 실현된다.
13) '바위'의 전북 방언형이다.
14) '가비여'는 중앙어 '가보아, 가봐'에 해당한다. 남원이나 순창 등 전북의 남쪽에서는 '갑이여→개비여'로 실현된다. 이것은 명사 '갑'에 서술격조사 '-이'가 연결된 것으로도 생각할 수 있다.(이승재, 1980)참조.
15) '읍꼬'는 전북 방언의 서북부에서는 주로 '웁꼬'로 실현되고, 동부지역에서는 '업꼬'로 실현된다. 그리고 서부지역과 서부 남부에서는 주로 '읍따'로 실현된다.
16) '항·갑'은 '환갑'의 전북 방언형이다.
17) '오륙+년→오륭년'으로 비음 앞에 오는 'ㄱ'이 'ㅇ'으로 비음동화를 일으킨 것이다. 이런 비음화는 전북 방언에서 아주 활발하게 일어난다.
18) '일번'은 '일본(日本)'의 전북 방언형이다. 전북 방언에서는 '보리→버리, 보손→버선'과 같이 '오→어'로의 비원순모음화가 일어나고 있다.
19) '아네도'는 '아니어도→아녀도→아네도'와 같이 활음화, 단모음화가 일어났다.
20) 저수지나 보(洑) 따위의 수리 시설을 통해 물을 받아 농사를 지을 수 있는 논 즉 몽리답(蒙利畓)을 일컫는다.
21) '긍개'는 중앙어 '그러니까'에 해당한다. 주로 '그렁개~그렁개로~긍개~긍개로' 등으로 실현된다.

22) '소컨'은 '속+한'으로 분석된다. 중앙어의 '-하다'가 들어가 파생된 동사나 형용사의 경우도 전북 방언에서는 주로 '허다'로 실현된다.

23) '땅얼'의 '-얼'은 중앙어의 목적격 조사 '-을/를'이 전북 방언에서 주로 '-얼/럴'로 실현되고 있음을 시사한다.

24) 천수답(天水畓)은 몽리답과는 달리 물의 원천이 빗물에만 의지하는 논을 일컫는다.

25) '낸:무럴 쓰도'는 '냇물을 쓸 수도 있고'의 잘못된 발화형이다. '냇물→낻물→낸물→냄물'과 같이 중화, 비음화, 순음동화가 일어나는 것이 일반적인데, 이 발화형에서는 '낸:물'과 같이 장음으로 발음되면서 순음동화가 일어나지 않았다.

26) '지:리'는 '길>질'로 'ㄱ'이 구개음화된 것이다. 전북 방언에서 ㄱ-구개음화는 '기름>지름, 곁에>저테, 기다리다>지둘리다'와 같이 통시적으로 활발하게 실현되었다.

27) '변뙹이'는 '변동이→변뙹이'와 같이 전북 방언권에서 움라우트를 겪은 것이다. 이 움라우트는 전북 방언에서 생산적인 현상이었다. '변뙹이'는 '벤뙹이'와 같이 '여→에'로의 단모음화된 발화가 더 일반적이다.

28) '차 놓은 데'인 '차논데'의 잘못된 발화형이다.

29) '간썰끄덩'은 '갔+었+거든'으로 분석된다. '-끄덩'은 청자가 모르고 있을 내용을 가르쳐 주거나 앞으로 할 이야기의 전제를 깔기 위해 사용되는 종결 어미 '-거든'의 전북 방언형이다. 주로 '-거든~-거등~-그든~-그등' 등으로 실현된다.

30) 가시나무가 우거진 산이라는 의미로 사용되고 있다.

31) '길낟씽개'는 '길이 나+ㅆ+으니까'로 분석된다. 원인이나 근거 또는 전제 따위를 나타내는 연결 어미 '-으니'의 강조형인 '-으니까'는 전북 방언에서 '-응개'로 실현된다. '낳으니까'는 '낳+응개→나쓩개→나씽개'로 치찰음 아래에서 전설모음화가 일어났다.

32) '히서'는 중앙어 '해서'에 해당한다. 전북 방언에서 '하다' 동사는 주로 '허다'로 실현되기 때문에 '허여서→헤서→히서'로 축약과 '에→이' 고모음화가 일어났다.

33) '세쩨'는 '순쩨'의 잘못된 발화형이다. '숫제'는 처음부터 차라리 또는 아예 전적으로'라는 의미로 사용되고 있다.

34) '구넌더리'의 '-덜'은 중앙어의 복수접미사 '-들'이다. 전북 방언에서는 '-은/는'은 '-언/넌'으로, '-을/를'은 '-얼/럴'로, '-들'은 '-덜'로의 실현이 일반적이다.

35) 이 지역에서 '마구간'을 '마부+간'으로도 사용하고 있다. '마붇뜨깐'은 '마부깐'의 잘못된 발화형이다.

36) '우구로'는 중앙어 '위+로'에 해당한다. '위'는 전북 방언에서 주로 '우, 우게, 우그' 등으로 실현되기 때문에 이 발화형은 '우그+로'로 분석된다. '우구로'로 실현되는 것은 '우그가, 우그넌'과 달리 후행하는 '-로'의 영향으로 원순모음화된 것이 아닌가 한다.

37) '짓+고'는 전북 방언에서 '짇코, 짇꼬'로 실현된다. 이 지역어에서는 주로 '짇꼬'로 실현되고 있다.

38) '절진'은 '절벽진 곳'을 의미한다.

39) '호마(胡馬)'는 전북 방언에서 주로 '호말'로 실현되는데, 호말은 일반적으로 토종말과 달리 키가 큰 말을 일컫고 있다.

40) '말구루마로'의 일본어 '구루마'는 '수레, 달구지'로 순화되었다.

41) '실쿠'는 중앙어 '싣+고'에 해당한다. '싣다'는 전북 방언에서 주로 '실코'로 실현된다.

42) '군수품'의 잘못된 발화형이다.

43) '거그'는 '거기'의 전북 방언형이다. 지시대명사 '여기, 거기, 저기'가 전북 방언에서는 '여그, 거그, 저그' 등으로 실현되고 있다.

44) '동티'는 민속학적으로 '땅, 돌, 나무 따위를 잘못 건드려 지신(地神)을 화나게 하여 재앙을 받는 일이나 그 재앙'을 일컫는다.

45) '그런 것이'는 '그렁거시'와 같이 연구개음화가 일어나는 것이 일반적이다. 그러나 '그런'과 '것이'의 발음 사이에 휴지가 강하게 개재되면 이런 음운현상이 실현되지 않는다.

46) '급짜키' 표준어 '급자기'와 같은 의미로 사용되었다. 그런데 '급짜키'로 실현되는 것은 '급작(急作)+히'로 분석하게 한다.

47) '이익을 맞아'로 '이익을 보다'의 의미이다.

48) '터러'는 '더러'의 잘못된 발화형이다.

49) 차례를 나타내는 접미사 '-째'는 전북 방언에서 주로 '-채'로 실현된다. '첫채, 둘채, 셋채'와 같이 사용된다.

50) '농사짓다'도 전북 방언에서는 주로 '농사진코, 농사진터라'와 같이 '농사짗-'과 같이 어간을 설정하게 한다.

51) '목콰'는 '목화'가 유기음된 것이다. 전북 방언에서 '목화'의 발음은 주로 '모콰, 모카'로 실현되는데, 주로 '모카'로의 실현이 생산적이다. 그런데 이 '목화'의 전북 방언형은 '미영'이다.

52) '심+웅개'로 분석된다. '-으니까'는 전북 방언에서 '-웅개'로 실현되기 때문에 '심+웅개→시뭉개→시뭉개'로 순자음 'ㅁ' 아래에서 원순모음화가 일어났다.

53) '흔차먼'은 '한참은'의 이 지역 발화형이다. 전북 방언에서는 '한차먼'으로 실현이 일반적이다.

54) '마능거시그덩'의 '-그덩'은 '-거든'의 전북 방언형이다. '어~으'의 교체가 활발하게 일어난다.

55) '망코'는 '많+고→만코→망코'로 격음화와 비음화가 일어났다. 전북 방언권에서 이 현상은 거의 예외 없이 일어난다.

56) '낭:꼬'는 '남+고→남꼬→낭꼬'로 경음화와 연구개음화가 일어났다. 전북 방언권에서 이 현상은 거의 예외 없이 일어난다.

57) '콩파선'에서 '팥'이 '팥+언→파선'과 같이 '아'로 실현되고 있다. 기원적으로 '·'를 가지고 있었던 '팥, 팔, 파리, 밟다'와 같이 어휘들은 전북 방언권에서 '폴, 폰, 포리, 봅따'와 같이 'ㅗ'로 실현이 일반적이었다. 그런데 최근에는 중앙어의 영향으로 'ㅏ'로의 실현이 우세하다. 보조사 '-은/는'은 전북 방언에서 주로 '-언/넌'으로

실현된다. 체언말 'ㅌ'은 전북 방언권에서 '팥'은 '파시, 파선'으로 '솥(鼎)'은 '소시, 소설'처럼 마찰음화가 일어난다.

58) '콩, 팥은 보통 하니까'는 '콩과 팥은 대부분 다 농사를 지으니까'라는 의미로 사용된다. 여기서 '하다' 동사는 대동사로 사용되고 있다.

59) '고구마럴 마니 살고'에서 목적격조사 '-를'이 실현되면 '고구마를 많이 하고'로 이해해야 하고, 그렇지 않으면 '고구마로 많이 살고'의 잘못이라고 해야 한다.

60) '스:스기'는 '조'의 전북 방언형이다. '서숙'은 이 방언권에서 주로 '서숙~스숙~스슥' 등으로 실현된다.

61) '긍개'는 '그러니까'에 해당하는 전북 방언형이다.

62) '그글'은 '그것을'의 축약형인 '그걸'로 실현되어야 하는데, 이 지역어에서 '어~으' 교체가 일어나 '그글'로 실현된 것이다.

63) '읍씽개'는 중앙어 '없으니까'에 해당한다. 이 지역어에서 '없다'는 '읍따, 웁따'로 실현된다. 이러한 현상은 전북 방언의 서북부 즉 옥구, 익산, 완주 등에서 주로 실현되는데, 이 지역어에서도 이러한 발화형이 생산적으로 실현되고 있다. '-으니까'는 '-응개'로 실현되고 있다. 따라서 '없+응개→읍승개→읍쑹개→읍씽개'로 연철에 이어 경음화가 일어나고, 치찰음 아래에서의 전설고모음화가 일어났다.

64) '겡작'은 '경작(耕作)'에서 'ㅕ→ㅔ'로 이중모음이 단모음호 되었다. 이 현상은 전북 방언에서 활발하게 일어나는 현상이다.

65) 표준국어대사전에 따른다면 '목화'는 '아욱과 목화속의 한해살이풀이나 여러해살이 풀을 통틀어 이르는 말'이고, '무명'은 '솜을 자아 만든 실'인 '무명실로 짠 피륙'을 일컫고 있어 서로 다른 뜻을 가진 단어들이다. 그런데 전북 방언에서는 '미영다래, 미영실, 미영배, 미영옷'과 같이 사용되고 있어 '미영'이 '목화'와 동일한 의미로 사용되었음을 알 수 있다. 제보자의 증언대로 원래 이 지역어에서도 '미영'이 사용되었지만 현대에 와서는 '목화'로 사용되고 있음을 알 수 있다. '미영'은 '무명'의 전북 방언형이다.

66) '힌쩨'는 중앙어 '하였지'에 해당한다. 전북 방언에서 '하다'는 주로 '허다'로 실현되기 때문에 '허였지~했지'로 교체가 일어나는데 일상 발화에서는 준말인 '했지'형이 우세하게 실현된다. 종결어미 '-지'도 주로 '-찌~-쩨'로 실현되고 있다. 따라서 '했제→헨제→헫쩨→힌쩨→헨쩨'와 같이 중화, 경음화, 고모음화가 일어났다.

67) '무:영밴디'는 '무명'과 '미영배'의 혼태가 아닌가 한다.

68) '미:영배'는 '무명베'의 전북 방언형이다. '무명' 자체만으로도 목화 실로 짠 베를 일컫는다.

69) '낟코'의 '낳다'는 천을 짤 실을 만들거나, 그 실로 천을 짜는 것을 일컫는다.

70) 이 지역어에서 '베~비'와 같이 전설모음 '에~이'의 교체형이 생산적으로 실현된다. 이는 전북 방언에서 '에→이'와 같은 고모음화의 생산성을 반영하고 있다.

71) '끄려나갇써'는 '꾸려나가다'의 잘못된 표기형이다. '생애럴 꾸려나가다'는 '생계를 꾸려나가다'는 뜻이다.

72) '여기→에기'로와 같이 이 지역어에서 '여→에'로의 단모음화가 활발하게 실현되고 있다.

73) '계(契)'의 개념이 '주로 경제적인 도움을 주고받거나 친목을 도모하기 위하여 만든 전래의 협동 조직'이라는 측면에서 본다면 일손을 돕기 위한 모임도 계가 될 수 있는데, 여기서는 이런 개념은 없었던 것 같다.

74) '힌는다'는 '했는데'의 이 지역 발화형이다. 전북 방언에서 '했다'는 주로 '힛다'로 실현되고, '힛→힛'으로의 고모음화가 일어났다. 계기나 전제의 의미를 갖는 연결어미 '-는데'는 '-는다'로 실현된다.

75) '이릳썬다'는 중앙어 '일 했었는데'에 해당한다. '일 했었는디→일헫썬다→일힌썬다→이릳썬다'와 같이 '에→이'로의 고모음화에 이어 융합이 일어나면서 '하다' 동사의 'ㅎ'이 탈락됨을 보여주고 있다.

76) '히얄'은 중앙어 '해야할'의 방언형이다. 전북 방언에서 실현되는 '하다' 동사를 고려한다면 '헤야 헐'로 기본형이 설정되어야 한다. 따라서 '헤야 할→헤얄→히얄'로 축약과 고모음화가 일어났다.

77) '벨시게'는 주로 '벨시럽게'로 실현된다. 여기서는 '벨시럽게'의 잘못된 발화형이다.

78) '자탄'은 '같은'의 잘못된 발화형이다.

79) 위친계(爲親契)는 부모의 초상 따위를 당했을 때 서로 도움을 주기 위하여 조직하는 상계(喪契)로 전북 방언에서는 주로 '우친계'로 실현된다.

80) 전북 방언에서 '이, 잉'으로 실현되는 의문종결어미이다. 상대방에게 동의를 얻거나 확인하기 위해서 주로 사용한다.

81) '퇴럴'은 '회갑을'의 잘못된 발화형으로, '회(갑)를'을 의미한다.

82) '부무게럴'의 '부무'는 '부모'의 전북 방언형이다. '부모~부무'로 실현된다.

83) '댇썰때'는 '되었을 때'의 융합형이다. '되었을→됐을→됃썰→됄썰→댇썰~댇썰'과 같이 축약과 치찰음 아래에서의 전설고모음화, 중화, 경음화, 이중모음의 단모음화가 일어났다. '댇썰'은 '댇썰'의 교체는 드물게 실현된다.

84) '게:호거고'의 '계혹+허고'로 분석된다. '계혹'은 '계획'의 전북 방언권의 남부 지역어 발화형이다. '-하고'는 '-허고'로 실현된다.

85) '멤말썩'은 '몇 말씩'의 전북 방언형이다. (수량이나 크기를 나타내는 말 뒤에 붙어) 그것만큼 여럿에게 각각 나누어짐을 나타내는 접미사 '-씩'은 전북 방언에서 주로 '-썩'으로 실현된다. 그리고 '몇'의 이중모음 '여'는 주로 단모음 '에'로 실현된다. 따라서 '몇말썩→멛말썩→멘말썩→멤말썩'으로 중화, 비음화, 순음동화가 일어났다.

86) 전북 방언권에서 '한 말→함말'과 같은 순음화는 활발하게 실현된다.

87) '부주랑거시'의 '부주'는 '부조'의 전북 방언형이다. '부주똔'과 같이 실현된다.

88) '화:모랑거시'의 '화모'는 '화목'의 잘못된 발화형이다. 이 지역어에서는 주로 '하목'으로 실현되고 있다.

89) '있다 할 적에'는 '(재산이) 있다고 할 적에'의 의미로, '잘 사는 경우에' 정도의 의미를 갖고 있다.

90) '그란치만'은 '그렇지 않지만'의 융합형이다.

91) '화목계'가 여기서는 '화목께'로 발음되지만 주로 '하목께'로의 실현이 일반적이다. 바로 이어지는 '불화짜 나무목짜'와 같은 의식이 반영된 발화형이다.

92) '효주가'의 '효주'는 '소주'의 전북 방언형이다. '효자>소자'와 같이 전북 방언권에서 활발하게 실현되었던 ㅎ-구개음화의 과도교정인지 아니면 '소주(燒酒)'의 와음인지 분명치 않다.

93) 만사(輓詞/挽詞) 또는 만장(輓章)이라고 한다.

94) '생애'는 '상여'의 전북 방언형으로 주로 '생이'로 실현된다. '생애~생에'의 교체는 '에'와 '애'가 잘 구분되지 못하기 때문이다.

95) 호천망극(昊天罔極)은 '어버이의 은혜가 넓고 큰 하늘과 같이 다함이 없다'는 뜻으로 부모 제사의 축문(祝文)으로 쓰는 말이다.

96) '물런'은 '물론'의 전북 방언형이다.

97) '생이'는 '상(喪)+이→생이'로 한자어에서도 움라우트가 일어났다. 이는 움라우트의 생산성을 보여주고 있다.

98) '시리썩'의 '시리'는 시루의 전북 방언형이고, '썩'은 수량을 나타내는 명사 뒤에 붙는 '썩'의 전북 방언형이다. '시루'가 실현되기도 하지만, '시리'가 더 우세하게 실현된다.

99) '당할쓸때'는 '당했을 때'의 잘못된 발화형이다.

100) '때미네'는 '때문에'의 이 지역어형이다.

101) '지러가지고'는 중앙어 '길러가지고'에 해당한다. 전북 방언에서는 '질구+어+가지고'로 분석된다. 즉 중앙어 '기르다'는 통시적 구개음화를 겪어 전북 방언에서 '질구다'로 실현된다. '지러'는 '질러'에서 'ㄹ'이 탈락된 것이다.

102) '팥죽'은 '파쭉~팓쭉'과 같이 같은 문장에서도 교체를 보이고 있다.

103) '써서'는 '쑤어서→쒔서→써서'로 활용형성, 축약이 일어났다.

104) '팓쭈걸'의 '-얼'은 목적격 조사 '-을'의 전북 방언형이다.

105) 양반들이 사는 '반촌'과 대립되는 서민들의 마을은 '민촌'이 일반적이다. 그런데 제보자는 '빈촌'이라는 말을 자주 사용한다. 이것은 '민촌'에 사는 사람들의 경제적 환경을 반영한 것이 아닌가 한다.

106) '디럴'은 중앙어 '데를'에 해당한다. '데→디'로의 고모음화는 전북 방언권에서 생산적으로 실현되는 현상이다.

107) '반초니라구자네'의 '-이라구자네'는 중앙어 '-이라고 하잖아'가 융합된 것이다. 전북 방언에서 많이 사용되는 어형이다.

108) '씬다'는 '씨+이+ㄴ데'로 분석된다. 연결어미 '-ㄴ데'는 전북 방언에서 '-ㄴ디'로 실현된다. 여기서도 'ㅔ→ㅣ'로의 고모음화가 전북 방언에서 활발하게 있어났었음을 알 수 있다.

109) '대고가'의 '대고'는 '택호(宅號)'의 이 지역어형이다. '택호'는 주로 '택코'로도 실현되지만 '대코~댁코' 처럼 '댁호'로 실현되는 것이 더 일반적이다.

110) 전북 방언에서 택호는 부인의 고향 이름에 남자는 '양반', 여자는 '떡'을 붙여 사용한다. '떡'은 '댁'의 전북 방언형이다. 따라서 '선동양반'의 부인은 '선동떡'이라 부르게 된다.

111) '뒤여'는 '뒤에'의 전북 방언형이다. 처격조사 '-에'는 주로 '-이'로 실현되는데 이 경우에는 '-여'로 실현된다.

112) '위'의 전북 방언형이다. 중앙어에서 '위:아래'는 전북 방언권에서 '우:아래'로 실현되는데, '-로'가 연결되면 '우로~우그로:알로~아래로', '-에'가 연결되면 '우에~우게:아래에'로와 같이 '우~우그'로 교체되어 실현된다.

113) '욜로'는 '요리로'의 축약형이다. 지시대명사 '이, 그, 저'는 전북 방언에서 '요리, 고리, 조리'와 같이 '요, 고, 조'로의 실현된다.

114) '지리'에서 '질'은 전북 방언에서 활발하게 일어났던 형태소 내부에서의 ㄱ-구개음화현상인 '길→질'에 의해 실현된 것이다.

115) 지시대명사 '저'가 강하게 발음되는 경우로 '처'나 '쩌'로 실현된다.

116) 지명 '해리에서'의 발음이 '채:리'로 들린다.

117) '한길'은 '큰 길'의 방언형이다.

118) '이기'는 '이것이'의 축약형 '이게'가 '이기'로 고모음화된 것이다. 장소를 나타내는 '여기'는 '요기'로 실현이 일반적인데 반해, '이것이'는 '이기'로의 실현이 일반적이다.

119) '벨라'는 '별로'의 전북 방언형이다.

120) 전북 방언에서는 '지금'과 같은 의미로 시방(時方)이 생산적으로 실현되고 있다.

121) '옌:날버터'의 '-버터'는 조사 '-부터'의 방언형이다. 전북 방언에서는 주로 '-부텀~-보톰'으로 실현된다.

122) '동미릉님'은 중앙어 '돌+미륵님'이다. 전북 방언에서 '돌'은 '독'으로 실현되기 때문에 '독+미륵님→동미릉님'으로 비음화가 일어났다.

123) '여그를'의 '여그'는 대명사 '여기'의 전북 방언형이다.

124) 전북 방언에서 '거시기'는 아주 다양하게 사용되고 있다. 단순히 누군가 생각이 나지 않아 사용하는 대명사 용법과 일반 명사를 대신해서 사용하는 경우, 그리고 '거시기+하다' 형태로 대부분의 명사를 동사화해서 사용하기도 한다. 예를 들어 '거시기가 거시시를 거시기하제.'와 같이 대부분의 실사 부분을 '거시기'로 대신해서 사용할 수 있다.

125) '옹구광배기'의 '광배기'는 '광주리 모양의 소래기'를 일컫는다. 즉 옹기로 만든 소래기의 전북 방언형이다.

126) '옹구반데기'는 표준어 '옹기소래기'이다. '옹구'는 '옹기'의 전북 방언형이다. '반데기'는 '소래기'의 전북 방언형이다.

127) '옹기'의 방언형으로 '옹구'가 일반적이지만 '옹지르반데기'와 같이 사용되기도 한다.

128) '집끄렝이'는 '짚으로 만든 끄렝이'를 일컫는다. 전북 지방에서 '끄렝이'는 삼태기의 전북 방언형으로 '끄렝이, 꺼렝이' 등으로 실현된다. 중앙어 '짚삼태기'에 해당한다.

129) '오무데하다'는 '오목하다'의 전북 방언형이다. 오목한 정도에 따라 '오무데하다, 오무데데하다'와 같이 사용된다.

130) 전북 방언에서 '붓+어'는 '부서'로 'ㅅ'이 탈락되지 않기에 ㅅ-불규칙 용언이 아니다.

131) '따드무면'은 '담아주면'의 전북 방언형인 '다마주면'의 잘못된 발화형이다.

132) '가꼬는'은 중앙어 '가지고 오는'의 융합형이다.

133) '빠쳐버리고'는 '빠뜨려버리다'의 전북 방언형이다. '빠뜨리다'는 전북 방언에서 주로 '빠치다'로 실현된다.

134) '찌드라능거'는 중앙어 '기다란것'의 전북 방언형이다. 중앙어 '기다랗다'는 전북 방언에서 '지드랗다'로 실현된다. 경음 '찌드랗다'는 '지드랗다'의 강조형이다.

135) '만치'는 '만큼'의 전북 방언형이다.

136) 전북 방언에서 '넓다'는 '넙꼬, 넙쩨'와 같이 체언말 자음군 중에서 'ㅂ'이 실현된다. '널벅'은 '널벅찌'와 같이 '넓은 함박'과 같은 경우에 실현되고 있다.

137) '손노디기보다는'의 '손노디기'는 '손모디기'의 잘못된 발화형이다. '마디'는 전북 방언에서 주로 '모디'로 실현된다.

138) '곡써기라도'의 '곡썩'은 '곡식'의 전북 방언형이다.

139) '코꾸녀기'은 '콧구멍'의 전북 방언형이다. 약간 비하하는 의미가 포함되어 있다. 중앙어 '구멍'은 전북 방언에서 주로 '구녁'으로 실현된다.

140) '벌씸:허면'은 '벌름하다'의 전북 방언형이다. 코가 위로 넓게 벌어져 있는 모양을 일컫는다.

141) '간대기'는 '소래기'의 전북 방언형이다. 주로 '반대기'로 실현된다.

142) '투드려대요'는 '두드려대다'의 전북 방언형이다. '뚜두러대다, 투드러대다'와 같이 실현되는데 약간의 강조 의미가 있다.

143) '몸메깅개'는 '못 먹이니까'의 전북 방언형이다. '못 먹이+응개→몬 멕이+응개→몬메깅개→몬메깅개→몸메깅개'와 같이 움라우트와 중화, 그리고 '으' 탈락, 비음화, 순음화가 일어났다.

144) '깔땀사리'는 '꼴머슴'의 전북 방언형이다. 표준국어대사전에서 소먹이 풀을 베는 일을 하면서 사는 사람을 북한어 '꼴담살이'라고 풀이하고 있다. 그러나 공시적으로 전북 방언권에서는 '깔머슴'보다는 '깔땀사리'를 더 많이 사용하고 있다. '깔'은 '꼴'의 전북 방언형이다.

145) '간당가치'는 '곧바로' 정도에 해당하는 전북 방언형이다.

146) '도구통'은 '절구통'의 전북 방언형이다.

147) '쪼:까'는 '조금'의 전북 방언형이다. 주로 '쪼깨'로 실현된다.

148) '끄녀글'은 '끄니럴'의 잘못된 발화형이다. '끄니'는 '끼니'의 전북 방언형이다.

149) '잇씨머는'은 '있으면'의 전북 방언형이다. 어미 '-면/며는'은 전북 방언에서 주로 '-면/머는'으로 실현된다. '있으면→이씨먼'으로 치찰음 아래에서 전부고모음화가 일어났다. 그리고 '잇씨머는~이씨머는'의 교체는 발화 유형에 따른 교체형이다.

150) '즈그'는 '저희'의 전북 방언형이다.

151) '바꾸영텡이'는 '밭 귀퉁이'의 전북 방언형이다. 체언 말 'ㅌ'은 마찰음 'ㅅ'으로 실현되고, '귀퉁이'의 전북 방언형은 주로 '귀영텡이, 귀텡이'로 실현되지만, '구영텡이, 구텡이'로도 실현된다. 따라서 '밧 구영텡이→받 구영텡이→받꾸영텡이~바꾸영텡이'로 중화와 경음화가 일어났고, 발화 유형에 따른 교체를 보이고 있다.

152) '보갈머리'는 마음이나 속생각을 낮추어 부르는 '소갈머리'를 '속+알머리'로 분석할 수 있다면, '복+알머리'로 분석이 가능하다. 즉 복을 낮잡아 일컫는 말이라고 할 수 있다.

153) '느그'는 '너희'의 전북 방언형이다.

154) '고상을'은 한자어 '苦生'의 와음이라고 할 수 있다. 전북 방언에서는 '고상'이 더 일반적으로 사용되었었다.

155) '소앙치'는 '송아지'의 전북 방언형이다.

156) '낀→찐'으로 구개음화 실현형이 자연발화에서 우세하게 실현되지만, 같은 문장에서 '낀'도 실현되고 있음은 최근에는 중앙어의 영향으로 구개음화 비실현형이 점점 세를 얻어가고 있음을 시사한다. 특히 젊은 층에서는 이런 현상이 두드러진다.

157) '부사리'는 표준국어대사전에서 '머리로 잘 받는 버릇이 있는 황소'로 풀이되어 있다. 그러나 이 지역어에서는 '장성한 수소'를 일컫는 의미로도 사용되었음을 알 수 있다.

158) '쥔네'는 '주인네'가 축약되었다. 일반적인 발화에서 '쥔'이 생산적으로 사용되고 있다.

159) '소새끼'는 '송아지'의 전북 방언형이다. 일반적으로 '소의 새끼'를 일컫기도 하지만 송아지의 의미로 사용되기도 한다.

160) '지비다'는 중앙어 '집+에다'에 해당한다. 전북 방언에서 처소격조사 '-에'는 주로 '-이'로 실현된다.

161) '씨압쏘'는 송아지를 가져다 키워서 첫 새끼를 낳으면 그 송아지를 갖고, 원래 키운 소를 원 주인에게 돌려주는 제도를 일컫는다.

162) '나무야'는 중앙어 '남의 것'에 해당하는 전북 방언형이다.

163) '자기야'는 중앙어 '자기의 것'에 해당하는 전북 방언형이다. 여기서 '야'가 선행하는 사람에게 속한 사물을 지칭하는 불완전명사로 설정할 수 있게 한다. '나무야, 자기야, 즈그야, 나미야, 임자야' 등이 가능하다.

164) '나미야'는 중앙어 '남의 것'에 해당하는 전북 방언형이다.

165) '일트름'은 중앙어 '이를테면'에 해당하는 전북 방언형으로 주로 '일트르면'으로 실현된다.

166) '바리'는 '마리'의 전북 방언형이다. '짐 한 바리'처럼 실은 짐의 단위로도 사용되기도 한다.

167) '각씨멀'의 '각심'은 마음을 단단히 먹었다는 뜻으로 '명심(銘心)'과 같은 의미로 사용되고 있다. 일상 발화에서는 '작심(作心)'이 우세하게 사용된다.

168) '들까세'는 '들+가세'로, 여기서 '가세'는 '가+에'로 분석된다. 전북 방언에서 '가(邊)'은 '가상, 가양'으로 실현된다. 이 '가상'이 곡용할 때 '가시, 가세, 가슨, 가설'과

같이 '갓'으로 실현되는 것이 일반적이다.

169) '어치케'는 '어찌'의 뜻으로 사용된 '어떻게'의 전북 방언형이다.

170) '섬'은 두 가마니를 일컫는다.

171) '가마이'는 '가마니'에서 'ㄴ'이 탈락한 것이다. 전북 방언권에서 주로 '가마니'로 사용된다. '가마니'는 1900년대 일본에서 들어온 짚으로 만들어 곡식을 담는 그릇으로 일본어 '가마스(かます)'에서 기원한 것이다. 그릇 자체를 의미하기도 하지만 부피의 단위로도 사용되고 있다.

172) '느머는'은 '넣으면'는 전북 방언형이다. 전북 방언에서 '어~으'의 교체가 아주 생산적으로 일어나기 때문에 '넣다~눟다'의 교체가 활발하게 일어난다.

173) '고놈'은 '그것'을 속되게 부르는 '그놈'의 전북 방언형이다. '고'는 지시대명사 '그'에 기원한다. 전북 방언에서 지시대명사 '이, 그, 저'는 주로 '요, 고, 조'로 실현된다.

174) '부자마이로'의 '-마이로'는 중앙어 '-처럼'에 해당하는 전북 방언형이다. 주로 '-마이로, -맹키로, -맨치로'로 실현된다.

175) 이자를 받기 위해 쌀이나 보리와 같은 곡식을 빌려주는 것을 '새꺼리 논다'고 하고, 빌리는 것을 '새꺼리를 얻는다'고 한다. 중앙어 '장리곡'에 해당하지만 여기서는 정확히 일치되지 않아 '새꺼리'라는 용어를 그대로 사용하기로 한다.

176) '새커리락'은 '새커리라고'가 축약된 것이다. '장리곡'의 전북 방언형이다. 주로 '새꺼리'로 실현되지만, '새커리'라고도 한다.

177) '곱새꺼리'는 '장리(長利)'에 해당하는 것으로, 주로 봄에 빌려간 곡식을 가을에 갚을 때 본디 것의 배 즉 곱으로 갚는 것을 일컫는다.

178) '멛빠리'는 '몇 마리'의 전북 방언형이다. '바리'는 짐승을 세는 단위인 '마리'의 전북 방언형이다. '몇 바리→멷바리→멷빠리→멛빠리'와 같이 중화와 경음화가 순서적으로 일어났고, 'ㅕ→ㅔ'로의 단모음화가 일어났다.

179) '소를 내다'는 '소를 팔다'에 해당한다. '내다'는 주로 곡식, 가축 등을 시장에서 파는 것을 일컫는다.

180) '냉겨노코'의 '냉겨'는 '남기어→냄기어→냉기어→냉겨'와 같이 움라우트, 연구개음화, 축약이 일어났다.

181) '히뚝빼뚝'은 음상을 고려한다면 '히죽빼죽' 정도에 해당한다. 이 지역어에서 행동이 경망스럽고 품위 없는 모양을 일컫는다.

182) '댕이다'는 '다니다'의 전북 방언형이 '댕기다'에서 'ㄱ'이 탈락된 발화형이다.

183) '일빼키는'을 중앙어 '일+밖에는'에 해당하는 전북 방언형이다. 조사 '-밖에'는 전북 방언에서 주로 '-배끼, -배키' 등으로 실현된다.

184) '노타리 치다'는 경운기나 트랙터를 이용해서 논과 밭을 곱게 갈고 이랑을 내는 것을 일컫는다. '노타리'는 경운기나 트랙터에 부착하여 논밭을 갈 수 있는 날이 여러 개인 농기계 이름이다.

185) '모타가꼬'는 '모아 가지고'의 축약형이다. '모으다'는 전북 방언에서 '모트다, 모투다, 모타서, 모태서'와 같이 '뫁다'와 같은 고어형이 사용되고 있다.

186) '여우다'의 빠른 발화형이다.

187) '서울따가'는 '서울에다가'에서 처격조사 '-에'가 생략된 형이다. 전북 방언에서 처격 조사 '-에'는 '전주서, 전준다, 학교서, 학꾜다'와 같이 생략될 수 있다.

188) '비누리'는 '비닐'의 전북 방언형이다. 주로 '비니루'로 사용되는데, 이 지역에서는 '비누리'로 사용되고 있다.

189) '다부진'의 '다부지다'는 전북 방언에서 '야무지다, 옹골차다'와 같은 뜻으로 사용되는 것이 일반적이다. 그런데 여기서는 그런 뜻으로 사용되는 것이 아니고 '말려있다' 정도의 의미로 사용되었다.

190) '도롱탱이'는 중앙어 '도롱태'와는 달리 '바퀴'의 의미로 사용된다. 주로 '도롱태~도롱테'로 사용되는데, 아이들이 굴리는 굴렁쇠를 일컫기도 하고, 바퀴가 달려서 굴릴 수 있는 것을 통칭해서 일컫기도 한다.

191) '제운다거시더라고'의 '제운다'는 '형세가 이전보다 못하다, 병이 악화되다, 힘이 모자라다' 등으로 사용되는 '기울다'가 구개음화되어 '지울다'로 실현된다. '제운다'는 '지운다'와 교체되어 실현된다. '제운다거시더라고'는 '제운다고 하시더라고'의 축약형이다.

192) '도라가시씨요'는 '돌아가세요'의 전북 방언형이다. '-하세요'는 전북 방언에서 '-허쏘, -허시쏘, -허시씨요'로 실현되는데 '-허시쏘'는 '-허쏘'보다 더 존대의 의미를 갖는다.

193) '자성 메누리는'은 '자식 며느리'의 전북 방언형이다. '자식'은 전북 방언에서 '자석'이고, '며느리'는 '메누리'로 실현되기 때문에 '자성 메누리'로 연구개음화가 일어났다.

194) '지비는'은 '집+이+는'으로 분석이 가능하다. 즉 '집+에는'의 '-에'가 전북 방언에서 주로 '-이'로 실현되기 때문에 처격조사가 붙은 것으로 처리할 수 있다. 그러나 '지비는 그러면 안돼.'와 같이 '당신, 너'를 지칭하는 '지비'가 전북 방언에서 생산적으로 사용되고 있고, 이 문장에서 '집'은 '집에 사는 사람, 가문' 등을 일컫는 말로 '집~지비'로 교체되고 있다고 해야 한다.

195) '막담지어서'의 '막담짓다'는 중앙어 '막보다' 정도에 해당하는 이 지역어이다.

196) '단허는'은 '단+하다'로 분석되는데, 이 단어는 '단언하다'에 해당하는 전북 방언형이다.

197) '머덜때는'은 '뭣 헐 때는→먼 헐 때→머덜때'와 같이 단어경계가 개재되는 환경에서 중화가 일어난 뒤에, '머덜라고, 머덜찌'처럼 하나의 단어로 인식되어 연철이 일어났다.

198) '영아마다'는 '영험하다'에 해당하는 전북 방언형으로 주로 '영엄허다'로 실현되는데 여기서는 '영아마다'로 실현되고 있다. 여기서는 '용하다' 정도의 의미로 사용되고 있다.

199) '히사'는 시향(時享), 시제(時祭), 묘사(墓祀), 세사(世祀)를 일컫는 말로, 주로 '시사~히사'로 발음된다. '지금'의 뜻으로 사용되는 '시방'도 전북 방언권의 남부지역에서는 '시방~히방'으로 교체가 일어난다.

200) '아그덜'은 '애기들'의 전북 방언형이다.

201) '데리고'의 잘못된 발화형이다.

202) '따라오면 허게써요'의 '하겠어요'는 '되겠어요, 좋겠어요'에 해당한다.

203) '몸먹찌'는 '못 먹찌→몯먹찌→몬먹찌→몸먹찌' 처럼 중화, 비음화, 순음화가 일어났다.

204) '메길라고'는 '먹이려고→메길라고'로 움라우트가 일어났다. 어미 '-려고'는 전북 방언에서 주로 '-ㄹ라고'로 실현된다.

205) '가'는 '그 아이'의 융합형이다. '저 아이'는 '자는', '이 아이'는 '야는'으로 실현된다.

206) '매항이'은 '매형이'의 전북 방언형이다. 전북 방언에서는 '매형'은 주로 '자형'이 우세하다. 그런데 '매형'이 사용될 경우에는 '매야~매영~매형' 등으로 실현된다.

207) '풀떼주기여요'의 '풀떼죽'은 '풀떼기'의 전북 방언형이다. 주로 '풀때죽, 풀떼죽'으로 실현된다.

208) '멀국'은 '국물'의 전북 방언형이다. 주로 '멀국~몰국' 형태로 실현된다. 그런데 공시적으로 전북 방언권 화자들의 언어 의식에 '국물'과 '몰국'은 의미 영역에 차이가 있다.

209) '뻘겋다'는 '벌겋다'의 강조형으로 사용되는데, 여기서는 '국물이 멀겋다.'를 강조해서 사용하고 있다.

210) '끼린'은 '끓인→끼린'으로 움라우트가 일어났다. 전북 방언에서는 개재자음이 'ㄹ'인 경우에도 움라우트가 실현된다.

211) '어치게'는 '어떻게'의 전북 방언형이다.

212) '어리니까'에 해당한다. '어리→에리'로 'ㄹ' 개재자음의 제약을 뛰어넘어 움라우트가 실현되고, '-으니까'는 전북 방언형이 '-응개'이다.

213) '느미'는 '놈이'의 이 지역어형이다. '놈'은 '것'을 대신해서 생산적으로 사용되고 있다.

214) '찬 때'는 점심, 저녁 또는 그 사이에 새참을 먹는 때를 일컫는 말이다.

215) '수꾸락'은 '숟가락'의 전북 방언형이다.

216) '나지'는 '낮+에'로 분석된다. 부사격조사 '-에'는 전북 방언에서 주로 '-이'로 실현된다.

217) '즈엄때'는 '점심때'의 이 지역어형이다.

218) '곡썩'은 '곡식'의 전북 방언형이다. '곡썩+으로도→곡썩이로도→곡쎄기로도'와 같이 매개모음 '으'가 '이'로 실현되어 움라우트가 일어났다.

219) '떠부서'의 '붓다'는 전북 방언에서 '붇따, 붇꼬, 부서서, 부승개'와 같이 정칙으로 활용한다.

220) '안댄다거드래요'는 '안된다고 하드래요→안댄다고 허드래요→안댄다거드래요'와 같이 '되→대'로 이중모음의 단모음화가 일어나고, 축약이 일어났다.

221) '둥쌀'의 '몹시 귀찮게 구는 짓'이라는 의미와는 달리 '-하는 김에'의 의미로 사용되었다.

222) '쌀곧'은 '솔깃'의 이 지역어형이다. 주로 전북 방언에서는 '솔곳'으로 실현된다.

223) '묵다'는 '먹다'의 전북 방언형이다. 현재는 많은 지역에서 '먹다'로 실현되고 있다.

224) '구영텡이'는 '구석'의 이 지역어형이다. 전북 방언에서 주로 '귀영텡이'로 실현된다.

225) '말캉이서'의 '말캉'은 '마루'의 전북 방언형이고, '-이서'는 '-에서'의 '-에'가 '-이'로 실현된 것이다.

226) '이미헐껃'은 '니미할 것'으로 분석된다. 여기서 '니미'는 '니 에미'에서 온 것으로 생각된다. 전북 방언에서 '니미헐, 니미썹, 니미씨펄' 등과 같이 욕으로 사용되고 있다.

227) '저테'는 '곁+에>젙에'로 형태소 내부에서 구개음화가 일어났다.

228) '지꼬'는 '짓+고→짇고→지꼬'로 중화와 경음화가 일어났다. 그런데 전북 방언에서 '지코'로도 생산적으로 실현되고 있다. 이 경우는 '짛+고'로 어간을 설정하게 한다.

229) '앙거서'는 '앉+아서'로 분석된다. 그런데 '앙거서'가 되려면, '앉+어서'든지 '앉+거서'로 설정해야 한다. 여기서는 전자를 택한다. '앉+어거→안거서→앙거서'로 연구개음화가 일어났다.

230) '뻭따구'는 '뼈다귀'의 전북 방언형이다.

231) '땡김서'는 중앙어 '던지+면서'로 분석된다. '던지다'는 전북 방언에서 주로 '떤지다~뗑기다'로 실현된다. 어미 '-면서'는 '-ㅁ서'로 실현이 일반적이다.

232) '지메'의 '짐'은 '김>짐'으로 구개음화가 일어났다.

233) '노네로'는 중앙어 '논+으로'에 해당한다. 이 지역어에서는 어미 '-으로'는 주로 '-에로'로 실현된다. 따라서 '노네로~노니로'와 같이 '-에~-이' 교체가 반영된 형태로 실현되는 것이 일반적이다.

234) '각꼬'는 '갔+고→간고→간꼬→각꼬'와 같이 중화와 경음화 그리고 빠른 발화에서 연구개음으로의 위치동화가 일어났다.

235) '워디가'는 전북 방언에서 주로 '어디가'로 실현되는데, 이 지역어에서는 '워디'로 실현되고 있다. '어디가'는 '어디에가, 어디에'에 해당한다.

236) '이쓸팅개'는 중앙어 '있+을+터+이니까'에 해당한다. 전북 방언에서 '-니까'는 '-응개'로 실현되기 때문에 '있+을+터+이+ㅇ개→이쓸탱개→이쓸팅개'로 '에→이'로의 고모음화가 일어났다. 여기서 나아가 '이씰팅개'로와 같이 치찰음 아래 고모음화의 실현이 더 일반적이다.

237) '아그드리'의 '아그들'은 '아이들'의 전북 방언형이다. 복수접미사 '-들'도 '아그들~아그덜'과 같이 '-덜'로의 실현이 더 일반적이다.

238) '쪼까'는 '조금'의 전북 방언형으로 '쪼까~쪼깨'와 같이 실현된다. 그런데 이 지역어에서는 주로 '쪼까'로 실현되고 있다.

239) '갈체줘'는 '가르쳐줘→갈쳐줘'로 축약이 일어나고, '쳐→체'로 단모음화가 일어났다.

240) '그러꼬'는 주로 '그러코'로 실현되는데, 여기서는 '그러꼬'로 실현되고 있다. '그렇게 하고'의 융합형이다.

241) '기얌헝개'는 '기함(氣陷)하니까'의 전북 방언형이다.

242) '처음에'는 '첨에'로 축약이 일어나는데, 이 '첨에'는 전북 방언에서 주로 '츠메'로 실현된다.

243) '섯'은 '셋'의 전북 방언형이다.

244) '살도'는 '살지도'의 전북 방언형이다. 어미 '-지도'는 주로 '-도'로 실현된다.

245) '하리'는 '하루'의 전북 방언형이다.

246) '무시'는 '무'의 전북 방언형이다. 주로 '무시~무수'로 실현된다.

247) '대대허다'는 '도도하다'의 전북 방언형이다.

248) '구녁'은 '구멍'의 전북 방언형이다.

249) '겡험'은 '경험'에서 '여→에'로 단모음화가 일어난 것이다. 같은 문장에서 두 가지 음성형이 실현되고 있음은 역사적으로 단모음화된 '겡험'이 전북 방언에서 우세하다가 최근에는 중앙어의 영향으로 '경험'이 사용되고 있음을 시사한다.

250) '아이네프네'는 '아이엠에프+네'의 잘못된 발화형이다.

251) '구즌'은 '구진'으로 구개음화가 일어나기도 한다. 일상 발화에서는 '구진'이 우세하게 실현된다.

252) '이리'는 현재는 '익산시'의 옛 이름이다. 이리시는 1914년 행정구역이 개편되면서 익산군 남일면과 합쳐 익산면이 되었는데, 1931년에는 이리읍으로, 1947년에는 익산시로 승격되었다. 1995년 다시 익산군과 통합되면서 익산시로 명칭이 변경되었다.

253) '미테가'는 '밑+에가'로 분석된다. 전북 방언에서 조사 '-에가'의 '가'는 '가서'의 의미를 아주 약하게 가지고 있거나, 없이 사용된다. 따라서 대부분의 경우 '-에'와 동일한 의미로 해석이 가능하다.

254) '모냥'은 '모양'의 전북 방언형이다.

255) '요로커고'는 '요롷게 하고'의 융합형이다. 전북 방언에서 '이렇게'는 '요롷게'로 실현된다.

256) '손지'는 '손자'의 전북 방언형이다. '손자딸'은 중앙어 '손녀딸'의 전북 방언형이다.

257) '그리는'은 '그쪽으로는'에 해당한다.

258) '목딱'은 '목탁'의 이 지역어형이다.

259) '옹지리'는 '옹기'의 전북 방언형이다.

260) '시리'는 '시루'의 전북 방언형이다.

261) '가시로'는 '갓+으로'로 분석된다. '갓+으로→가스로→가시로'와 같이 연철에 이어 치찰음 아래에서 고모음화를 겪은 것으로 처리할 수도 있지만, 이 지역어에서 조사 '-으로'가 '-이로'의 형태로 교체를 보이고 있기 때문에 '갓+이로→가시로'로 처리할 수도 있다. 전북 방언에서 '가(邊)'는 '갓~가상'으로 실현된다.

262) '투던'은 '두드린~뚜드린~투드린'의 축약형이다. 이 지역어에서는 '뚜드리다~투드리다'가 생산적으로 사용되고 있다.

263) '지벙'은 '지붕'의 전북 방언형이다. '지붕'도 생산적으로 사용되고 있다.

264) '마람'은 '이엉'의 전북 방언형이다. 중앙어에서 '마름'은 이엉을 엮어놓은 단이다. 따라서 전북 방언의 '마람'은 중앙어 '마름'에 대응하지 않는다.

265) '그ː끄너니'는 '근근이' 정도에 해당한다.

266) '묵고'는 '먹고'의 전북 방언형이다.

267) '빠마대기'는 '뺨따귀'의 전북 방언형이다.

268) '쪼깐허다'는 '조그맣다'의 전북 방언형이다. '쪼깐허다~째깐허다'와 같이 사용된다.
269) '옹챙이'는 '웅덩이'보다 작은 것을 일컫는 전북 방언형이다.
270) '둠벙'은 '웅덩이'보다는 크고, '방죽'보다는 작은 못을 일컫는다.
271) '방죽'은 파거나 둑으로 둘러막은 못을 일컫는 것으로 규모가 커서 대부분의 저수지를 '방죽'이라고 부른다. 호수보다는 작은 것이다.
272) '찌클다'는 '뿌리다, 끼얹다'의 전북 방언형이다.
273) '은지'는 '언제'의 이 지역어 발화형이다. '어~으'의 교체가 활발하게 일어난다.
274) '고상허다'는 '고생(苦生)하다'의 전북 방언형이다.
275) '대쿤년'은 '대충'에 해당하는 이 지역어이다.
276) '몰팍'은 '무릎'의 이 지역어형이다. 전북 방언에서 주로 '물팍'으로 실현되고 있는데 이 지역어에서는 '우'가 '오'로 실현되기도 한다.
277) '꼴코'는 '꿀고'의 이 지역어형이다.
278) '송제가'는 '송제+에가'에서 처격조사 '-에'가 생략된 것이다. 이런 현상은 전북 방언에서 생산적이다.
279) '독'은 '돌'의 전북 방언형이다.
280) '우꼬'는 '없고'의 이 지역어형이다. 이 지역어에서는 주로 '읍꼬, 웁꼬'로 실현된다.
281) '판다 핻때요'는 '판다고 했대요'의 축약형이다. 주로 '판다개때요'처럼 실현된다.
282) '끼릳끼리던'은 '끼릿끼릿하다'로 볼 수 있다. 이 단어는 건장한 청년들의 모습을 일컫는 말로 전북 방언에서는 주로 '끄른끄름허다, 끄륵끄륵허다'로 사용된다.
283) '꺼울러지다'는 '거꾸러지다'의 전북 방언형이다.
284) '쇼(沼)가 되다'는 '쏘가 되다'로 전북 방언에서 실현되는데, '그 동네가 쏘가 됐다'와 같이 사용되어 완전히 풍비박산이 나는 모양 또는 폐허가 되는 모양을 일컫는다.
285) '뜨러야'는 '뚫어야'의 이 지역어형이다.
286) '저서기'는 '자식이'의 전북 방언형이다. '자식'은 주로 '자석~저석'으로 실현된다.
287) '가시미'는 '가슴+이→가시미'로 치찰음 아래에서 고모음화가 일어났다.
288) '어:서'는 주로 중앙어 '어디서'의 전북 방언형인 '어이서'가 축약된 것이다.
289) '뜽금읎는'은 '뜬금없다'의 전북 방언형이다. '없다'가 이 지역어에서 '읎다'로 실현되기 때문에 '뜬금읎+는→뜽금읍는→뜽금음는'으로 연구개음화와 비음화가 일어났다. 특수조사 '-은/는'은 전북 방언에서 주로 '-언/넌'으로 실현된다.
290) '때깔중'은 '땡땡이중'의 전북 방언형이다. 주로 '때깔중, 때끼중'으로 실현된다.
291) '어따'는 '어디에다'의 축약형이다.
292) '꾀벗다'는 '바지를 벗다'에 해당하는 전북 방언형이다. 주로 '꾀를 벗다, 꾀벗다, 깨를 벗다, 깨벗다'와 같이 '꾀~깨'가 교체되고, 목적격조사가 들어간 문장구성과 생략된 단어구성으로 다 활발하게 사용된다. 특히 '꾀를 할딱 벗는다.'는 바지만이 아니라 '알몸이 드러나게 옷을 다 벗다'의 의미로 사용된다. '할딱'은 중앙어 '홀딱'에 해당한다. 주로 전북방언에서는 '할딱, 홀딱, 훌떡'으로 실현된다.
293) '매락읍씨'는 '아무 까닭도 없이'의 의미를 갖고 있는 '맥없이'의 이 지역어형이다.

전북 방언에서는 주로 '매급씨, 매겁씨'와 같이 실현된다.

294) '바테루'는 '밭+으로'와 같이 분석할 수도 있지만, '우리는 바테가 마나. 우리가 바테럴 산써'와 같이 '밭에'를 하나의 체언으로 인식하는 경향도 있다.

295) '뒤'는 수관형사 '두어'의 축약형이다.

296) '대빡'은 '됫박'의 전북 방언형이다. 주로 '되빡, 대빡'으로 실현된다.

297) '돌라고'는 '달라고'의 전북 방언형이다. 중앙어 '달라'는 전북 방언에서 '돌라'로 실현된다.

298) '사다, 팔다'는 곡식과 관련해서 사용될 때는 의미가 반대로 사용된다. '장에 쌀을 팔러 간다'는 '사러 간다'는 의미이고, '쌀을 내려간다' 또는 '쌀을 사러 간다'는 '팔러 간다'는 의미로 사용되고 있다. 이 경우 '판다'보다는 '낸다'를 더 많이 사용한다.

299) '소시랑'은 '쇠스랑'의 전북 방언형이다.

300) '끌막크다'는 '끌막+에다'로 분석된다. '끌막'은 중앙어 '끄트머리'에 해당하는 전북 방언형이다. '-에다'는 전북 방언에서 '-으다'로도 실현된다.

301) '곰방'은 '금방'의 전북 방언형이다.

302) '지를'은 '길>질'로 통시적으로 구개음화가 일어났다.

303) '느검마'는 '느그 엄마'의 축약형이다. '느그'는 중앙어 '너희'에 해당하는 전북 방언형이다.

304) '관'은 '고안, 구안'의 축약형이다. '구안, 구안'은 '구완'의 전북 방언형이다.

02 일생 의례

2.1 제보자 1의 출생과 성장 1

함짜: 부터 좀 여쭤보께요[1]. 어르신 함짜가?

— 이병권.

여기 주소:는 어떠케 되지요?

— 무:장 고창군 무장며니니까, 무장면 송 송게리 촌:명은 방현 모방짜 고을 현짜 방현.

아쓰. 엔날 엔나레는 방혀니라고 부르셀딴 말쓰미죠?

어뜨케 브르셜써요?

— 방: 지어그 이 글짜로 인자 그 방:혀닌디 방:고개라 그렌찌 방:고개.

응.

— 여가 방:고개여.

응.

— 근디 방혜니란:거슨

응.

— 유:시건 쪼끔 유식뽀다도 쫌 거시근[2] 부는 아:넌디[3], 몰:라요.

— 방:구개 방:고개 쉬께 마레선 방:개라그러제 방:고갠디 방:개라.

응.

— 방:개라고 헫쩨, 부리고, 또 **글짜는 방:고갠디 방:개 방:개 그맅썰찌.

지금 연세가 어떠케 되세요?

— 에, 경오셍 이른아:홉 이른아옵.

면년생이신가?

— 어:, 그건 또:. 이른 아:호비머는 이:구년생일꺼시여.

— 왜냐허며는 내가 호저기 느저가지고, 사:미년생으로 되여이따 그 마리여.

응.

함자부터 좀 여쭈어볼게요. 어르신 함자가?

— 이병권.

여기 주소는 어떻게 되지요?

— 무장 고창군 무장면이니까, 무장면 송계리 촌명은 방현 고을현자
방현.

아. 옛날 옛날에는 방현이라고 부르셨다는 말씀이지요?

어떻게 부르셨어요?

— 방 저기 이 글자로 이제 그 방현인데, 방고개라 그랬지 방고개.

응.

— 여기가 방고개야.

응.

— 그런데 방현이란 것은

응.

— 유식한 조금 유식보다도 조금 거시기한 분은 아는데, 몰라요.

— 방고개 방고개 쉽게 말해서는 방개라 그렇지 방고개인데 방개라.

응.

— 방개라고 했지, 부르고, 또 글자는 방고개인데 방개 방개 그랬었지.

지금 연세가 어떻게 되세요?

— 예, 경오생 일흔아홉 일흔아홉.

몇년생이신가?

— 어, 그것은 또. 일흔아홉이면 이구년생일 것이야.

— 왜냐하면 내가 호적이 늦어가지고, 삼이년생으로 되어있다 그 말이야.

응.

- 이른아호미먼 삼공년생이요? 삼공 삼공년생이제 삼:공년.

아니 이구년생 만네요. 이구년생 마자요, 이구년생이나 삼공년, 아! 한살 한살 우리나라가 한살 더 세니까 삼공년생이시다.

- 삼공년 생이여.

예예. 그리고 어: 그 탤짜리는4) 어디세요?

- 탤짜리가?

응.

- 쫌 욍겐쩨5), 이 마으른 이 마으런디 태짜리가 아까 저 오실 때 고추: 재배헌디 읻짜네요.

에.

- 거가 태짜린디 거가 지빈썬는디6), 올 보메

응.

- 파:오걸7) 히버럳써, 빈:지비라.

응:.

- 내가 이리 이사헫꺼등.

응.

- 거가 고:가라 그마리여, 이보담8) 더 고가여.

- 그근 그건 파:괴럴 파:오걸 시케뻐리리고9)...

그럼 여기에 자리를 자브

- 아:, 에기라고 헤야제.

아, 응 얼마나 되셜써요? 여기서 사신지는?

- 나넌: 이때까지 사랃씽개10), 칠씹구녕가늘 사란는디.

- 월래 우리 조:부때부터 여기 사랃써따 그마리여. 조부.

얘:.

- 삼:대제 나까지 삼:대.

응.

－ 일흔아홉이면 삼공년생이요? 삼공 삼공년생이지 삼공년.

아니 이구년생 맞네요. 이구년생 맞아요, 이구년생이나 삼공년, 아! 한살 한살 우리나라가 한살 더 세니까 삼공년생이시다.

－ 삼공년 생이야.

예예. 그리고 어 그 탯자리는 어디세요?

－ 탯자리가?

응.

－ 조금 옮겼지, 이 마을은 이 마을인데 탯자리가 아까 저 오실 때 고추 재배한데 있잖아요.

예.

－ 거기가 탯자리인데 거기가 집 있었는데, 올 봄에

응.

－ 파옥을 해버렸어, 빈 집이라.

응.

－ 내가 이리 이사했거든.

응.

－ 거기가 고가라 그 말이야, 이보다 더 고가야.

－ 그것은 그것은 파괴를 파옥을 시켜버리고...

그러면 여기에 자리를 잡은

－ 아, 여기라고 해야지.

아, 응 얼마나 되셨어요? 여기에서 사신지는?

－ 나는 이때까지 살았으니까, 칠십구년간을 살았는데.

－ 원래 우리 조부 때부터 여기 살았었다 그 말이야. 조부.

예.

－ 삼대지 나까지 삼대.

응.

- 우리 아들까지 사:대럴 여기서 사능거지[11].

응.

- 우리 아들또 여기서 낟쓰니까.

그러면 삼:대 이저네는 어디에 사랃썬써요? 그 응 응개째에[12] 사르셀겔네?

- 어:?

삼대 이전 이저네?

- 그 또 저짝[13] 지비서[14] 사랃쩨, 이저네는 여:... 고창 실:림면.

응:.

- 송천써 사라, 실림면.

그레 거기서 사시다가: : ...

- 인자 그게 우리 하라부지때니까, 한:참 한:참 이리고.

- 우리 징:조부때뿌터 여기서 사랃쓰니까.

얘: 얘.

그리고 어: 그: 학꾜는 어디까지 나오셜써요, 중학꾜?

- 고창중학꾜.

고창중학꾜?

- 얘. 고등학꾜 겨우 허다가 사:변 나, 사:변 나가지고년 몯:까고 그냥 중퇴를 히버릳쩨[15], 사항년때 사변나쓰니까.

응.

- 일항년때, 고등학꾜 막 그냥 드러가 일항년때.

- 고창중학꾜를 졸업핻:꼬 그때.

응. 그다메 예:, 가족 사항은 어떠케 되세요?

- 직쩝 직께 가조걸 말허제?

직께 가족.

- 부부가니고, 삼:남 사:녀.

응.

- 우리 아들까지 사대를 여기에서 사는 것이지.

응.

- 우리 아들도 여기에서 낳았으니까.

그러면 삼대 이전에는 어디에 살았었어요? 그 응개재에 살으셨겠네?

- 어?

삼대 이전 이전에?

- 그 또 저쪽 집에서 살았지, 이전에는 여... 고창 신림면.

응.

- 송천에서 살아, 신림면.

그래 거기에서 사시다가...

- 이제 그게 우리 할아버지 때니까, 한참 한참 일이고.

- 우리 증조부 때부터 여기에서 살았으니까.

예 예.

그리고 어 그 학교는 어디까지 나오셨어요, 중학교?

- 고창중학교.

고창중학교?

- 예. 고등학교 겨우 하다가 사변 나, 사변 나가지고는 못 가고 그냥 중퇴를 해버렸지, 사학년 때 사변 났으니까.

응.

- 일학년 때, 고등학교 막 그냥 들어가 일학년 때.

- 고창중학교를 졸업했고 그때.

응. 그 다음에 예:, 가족 사항은 어떻게 되세요?

- 직접 직계 가족을 말하지?

직계 가족.

- 부부간이고, 삼남 사녀.

응.

2.2 제보자 1의 출생과 성장 2

그때::가 지금 초등학꾜 드러가야 하기 전::

— 암! 그때.

애기시죠?

— 그러치 그러치.

참.

그때:: 그때가 이제 지금 어르신 가트며는 그때는 저쪽, 아 화사네 사셸쏠, 응개짼?

— 여기여 바로 여기...

응개째에 사라쏠때?

— 이 이 지베 사랃...

아 엽 바로 여페요?

— 바로 여페찝.

그때:: 인제, 그러고 나서 초등학꾜::를 인자 바로 드러가싱거요?

— 응.

초등학꾜를...

어, 초등학꾜 다니실때는 여기서 거러서

— 거러서

어 어디까지 가싱거여?

— 무장초등학꾜가 읻찌...

무장초등학까지 심니를?

— 어, 심니럴 거러 다녇찌.

아치메 멛씨에 이러나싱거요?

— 아 그때넌 요새 등교씨간 그니가니 그땐 시가니랑건 머, 그런 일

그때가 지금 초등학교 들어가야 하기 전

― 암! 그때.

이야기시지요?

― 그렇지 그렇지.

참.

그때, 그때가 이제 지금 어르신 같으면 그때는 저쪽, 아 화산에 사셨을, 응 갯재?

― 여기야 바로 여기…

응갯재 사셨을 때?

― 이 이 집에 살았…

아 옆 바로 옆에요?

― 바로 옆에 집.

그때 인제, 그러고 나서 초등학교를 이제 바로 들어가신 것이요?

― 응.

초등학교를…

어, 초등학교 다니실 때는 걸어서,

― 걸어서

어 어디까지 가신 거여?

― 무장초등학교가 있지…

무장초등학교까지 십리를?

― 어, 십리를 걸어 다녔지.

아침에 몇 시에 일어나신 거예요?

― 아 그때는 요사이 등교시간 그러니까 그땐 시 시간이란 것은 뭐, 그

턴16) 안체::, 여 보통 업썼쓰니깐.

아 시가니 그러케 일튼 아네요?

― 응, 일튼 안 새보근 아니여.

어어.

― 어, 여달씨17) 바니면 한 일곱씨::찜 밤먹꼬 인자 여그서 약, 그때넌, 늘 저 하 한시간 다 앙걸링개, 한 사:십뿐...

응.

여기서 사십뿐배끼 앙걸레요, 거러서?

― 그 어리, 빨리

빨리 가면?

― 한오십뿐, 한시간 자부먼 허꺼시여.

응.

그 여기서 그러면 한 동네에서 갈때 멘명이나 가셑써, 그때?

― 지금 도느로 하는데, 그때넌 어찌허냐면 상당이 우리 하꾜만 갈때라도, 그러며넌 처 우리럴 처:매18) 학교 따닐때넌 그냥 개이니 다니는디.

응.

― 조끔 후에는 수:짜 차꼬19) 마네절끄덩.

응.

― 인자 줄'반장 일쩨.

응.

― 줄반 인자 줄지어서, 대리고, 어:: 간니리 일써.

― 그건 가끔 그렏꼬.

― 응. 그냥 개이니 그냥 학꾜럴 다녇쩨 인자.

― 불러감서 인자. 가자! 학꾜 가자! 허고 인자 가고.

― 동:네별로 인자 그르케 갇씓꼬.

음.

런 일찍 하지는 않지, 이 보통 없었으니까.

아 시간이 그렇게 일찍하지는 않아요?

- 응, 일찍하지는 안 새벽은 아니야.

어어.

- 어, 여덟시 반이면 한 일곱시쯤 밥 먹고 이제 여기에서 약, 그때는, 늘 저 하 한 시간 다 안 걸리니까, 한 사십분...

응.

여기서 사십분밖에 안 걸려요, 걸어서?

- 그 어린, 빨리

빨리 가면?

- 한 오십분, 한 시간 잡으면 할 것이야.

응.

그 여기서 그러면 한 동네에서 갈 때 몇 명이나 가셨어, 그때?

- 지금 돈으로 하는데, 그때는 어찌 하냐면 상당히 우리 학교만 갈 때라도, 그러면 처 우리를 처음에 학교 다닐 때는 그냥 개인이 다니는데.

응.

- 조금 후에는 숫자가 자꾸 많아졌거든.

응.

- 이제 줄반장 있지.

응.

- 줄반 이제 줄지어서, 데리고, 간 일이 있어.

- 그것은 가끔 그랬고.

- 응, 그냥 개인이 그냥 학교를 다녔지, 이제.

- 불러가면서 이제, 가자! 학교 가자! 하고 이제 가고.

- 동네별로 이제 그렇게 갔었고.

응.

- 나중으 인자.

- 어:! 해방되기 직쩌네는 인자 그... 원: 수짜가 마능개, 인자 상급쌩이, 모여가지고 인자, 그런 지시가 또 읻썯써.

- 어디서 모여라!구 가:치 등교허는 수가 읻썯넌디...

- 그 웨에넌 그냥 각짜

애.

- 동네싸람덜 불러서 인자 가치 가자 학꾜 가자! 하면 불러가지고 인자 가치 간썯써.

- 지달라서[20] 가치 가.

그럼 여기서 그 무장까지 가실 때에.

그, 들러서 가는 동네드리 좀 읻썯썯쪄요, 가운데 중간 중가네?

- 아니여 오넌 기럴 다 들려간쩨.

그 아네 쭘, 아 우리 차타고 올 때 그 어::

그러면 그때는 이르케 끈나고 올때라등가 이런때는 혹씨 해꼬지허는 애들 업::.

- 아 읻쩨.

허허허.

어튼 이리 읻쓰셛써요?

- 응.

허허허.

- 그땐 솔찌기 인자 내 이이기럴[21] 허자며넌...

응.

- 지금 내가 참 이상혜.

- 내가 콩장히 학교럴 느께 다녇끄던.

- 왜냐먼 느께 다녇냐며넌, 가기넌 에 일곱쌀부터, 드러갈라고 힏써, 학꾜에 간썯따 그 마리여.

- 나중에 이제.
- 어! 해방되기 직전에는 그 원 숫자가 많으니까, 이제 상급생이, 모여가지고 이제, 그런 지시가 또 있었어.
- 어디서 모여라고 같이 등교하는 수가 있었는데...
- 그 외에는 그냥 각자

예.
- 동네 사람들 불러서 이제 같이 가자 학교 가자! 하면 불러가지고 이제 같이 갔었어.
- 기다려서 같이 가.

그럼 여기서 그 무장까지 가실 때.

그, 들러서 가는 동네들이 좀 있었었지요, 가운데 중간 중간에?
- 아니야 오는 길을 다 들려갔지.

그 안에 좀, 아 우리 차 타고 올 때 그 어.

그러면 그때는 이렇게 끝나고 올 때라든가 이런 때는 혹시 해꼬지하는 얘들 없.
- 아 있지.

허허허.

어떤 일이 있으셨어요?
- 응.

허허허.
- 그때는 솔직히 이제 내 이야기를 하자면...

응.
- 지금 내가 참 이상해.
- 내가 굉장히 학교를 늦게 다녔거든.
- 왜냐면 늦게 다녔냐 하며는, 가기는 예 일곱살부터, 들어가려고 했어, 학교에 갔었다 그 말이야.

응.

- 그때넌 시험제도도 웁꼬, 근디 그때 어떠케 시허멀 또 반냐허며넌...

응.

- 데레다노코 인자 색깔 가따노코, 이 무슨 새기냐 무슨 새기냐? 어 이르무 무응웅 허고, 또 어, 에랑면 세가 저가 멘마리가[22) 인는 인는디, 세마리가 인는디, 총얼 쫘따 그마리여, 근디 함마리가 떠러진다 마저 떠러젇따. 그러면 멤마리가 날라간냐, 멤마리냐?

- 이 그렁거설 무러보는디,

허허허.

- 그건 장깐 인자 그 천채 인자 색깔 가틍거 이런 일 읻썯꼬, 그런디 그 거:개[23) 학꾜가 다 드러갇써.

응.

- 근:디.

- 지금 내가 실찌 이애기 허는디 내가 그르게 미'려넌 사람도 아녈뜨라 그마리여.

그럳쵸.

- 나는 두버니나 떠러졛써.

- 초등학꾜럴 두:버니나 떠러졛써.

그레요!

- 그서 세번차 드러갇써.

아이고 저런! 그럼 일련씩 기다렏따 드러가신 거여?

- 그리제, 세:번.

하이고!

- 그렁개 떠'러지면 가서 서당 다니고.

응:.

- 그건 나중에 알고 내가 그땐 건성인디, 왜 떠러젇냐 그마리여.

응.

- 그때는 시험제도도 없고, 그런데 그때 어떻게 시험을 보 보았냐하면...

응.

- 데려다 놓고 이제 색깔 가져다 놓고, 이 무슨 색이냐 무슨 색이야? 어 이름을 물어보기도 하고, 또 어, 예라면 새가 저기에가 몇 마리가 있는 있는데, 세마리가 있는데, 총을 쏘았다 그 말이야, 그런데 한 마리가 떨어진다 맞아 떨어졌다. 그러면 몇 마리가 날아갔냐, 몇 마리냐?

- 이 그런 것을 물어보는데,

허허허.

- 그건 잠깐 이제 그 첫째 이제 색깔 같은 것 이런 일 있었고, 그런데 그 거개 다 학교가 다 들어갔어.

응.

- 그런데.

- 지금 내가 실제로 이야기 하는데 내가 그렇게 미련한 사람도 아니었더라 그 말이야.

그렇지요.

- 나는 두번이나 떨어졌어.

- 초등학교를 두번이나 떨어졌어.

그래요!

- 그래서 세번째 들어갔어.

아이고 저런! 그럼 일년씩 기다렸다 들어가신 거요?

- 그러지, 세번.

하이고!

- 그러니까 떨어지면 가서 서당 다니고.

응.

- 그건 나중에 알고 내가 그때는 건성이었는데, 왜 떨어졌느냐 그 말이야.

- 근디, 그거때 당시에, 우리 조분니미나 너무나 간시미 주러떤 아부니미,[24] 내가 그런 이유는 읻쩨.

- 우리 아분니미 이 약깐 침착썽이 음넌 양바니여.

응.

- 주색재끼럴[25] 조아헌 양바니여.

어: :.

- 우리 조분님때넌 살리미 조앋썬는디, 이 양바니 순전 살리멀 몰라. 수리나 자:시고, 쉬께 요세말로 도박 노르미나 허시고, 학꾜 가라구며넌, 그때 그양반 학생연는디.

- 벤또[26] 싸주먼 가지가서 그 나:무꾼더러고 응 그때넌 머시냐먼 꿩치기나[27] 허고, 돈치기나 하고, 학꾜도 앙가고, 이런 양바니얻써.

- 내가졀, 허허허 아 헤다미[28] 아니라 사시리여 인재.

- 근디 우리 조분니미 참 도컨[29] 양바니얻뚱개비지[30].

응.

- 인자 그때, 일번[31] 선생이 하나 읻썯써.

- 무조 선생이라고 헌데, 일항년때 다님헌 선생인디.

- 그 선생이 인자 학꾜에 궁민학꾜에 인자 그 각 지방 유지드란테 마리여, 조끔 시사금[32] 그때 그때 그 시사금쪼로 어트게 학꾜 운영비, 인자 그 인자 그걸 바드로 댕곋뜬 모양이제.

- 우리 조분니미 그 안드렏써, 안 줟써.

응.

- 그렝개 궁:: 거시기로 헤서 그렏딴 내가 이건 드런는디, 두:버니나 떠러질써.

- 나보다 순::전 거시건 사람도 다 되는디 마리여, 나만 그맅써 긍개 맨 나만 두번 떠러질써.

- 시:번차[33] 드러간는디 그도 나이가 그 열쌀 머거서 학꾜럴 드러간썯끄덩.

－ 그런데, 그때 당시에, 우리 조부님이나 너무나 관심이 줄었던 아버님이, 그때가 그런 이유는 있지.

－ 우리 어버님이 이 약간 침착성이 없는 양반이야.

응.

－ 주색잡기를 좋아한 양반이야.

어.

－ 우리 조부님 때는 살림이 좋았었는데, 이 양반이 순전히 살림을 몰라. 술이나 자시고, 쉽게 요사이 말로 도박 노름이나 하시고, 학교 가라고 하며는, 그때 그 양반 학생이었는데.

－ 도시락 싸주면 가지고 가서 그 나무꾼들하고 응 그때는 무엇이냐 하면 꿩치기나 하고, 돈치기나 하고, 학교도 안 가고, 이런 양반이었어.

－ 내가 저, 허허허 아 허담이 아니라 사실이야 이제.

－ 그런데 우리 조부님이 참 독한 양반이었던가보지.

응.

－ 이제 그때, 일본 선생이 하나 있었어.

－ 무조 선생이라고 한데, 일학년때 담임한 선생인데.

－ 그 선생이 이제 학교에 국민학교에 이제 그 각 지방 유지들에게 말이야, 조금 회사금 그때 그때 그 회사금조로 어떻게 학교 운영비, 이제 그이제 그것을 받으러 다녔던 모양이지.

－ 우리 조부님이 그 안 드렸어, 안 줬어.

응.

－ 그러니까 그런 것으로 해서 그랬다는 내가 이것은 들었는데, 두번이나 떨어졌어.

－ 나보다 순전 거시기한 사람도 다 되는데 말이야, 나만 그랬어 그러니까 맨 나만 두번 떨어졌어.

－ 세번째 들어갔는데 그래도 나이가 그 열살 먹어서 학교를 들어갔었거든.

응.

― 어, 그도 이::부 오:후에 드러간 오후에 학꾜 다녀, 수짜가 마네농개, 오:저네 반 일꼬 오:후반 일꼬, 오:후에 하는 이부로 안드러간써.

― 근디 우리 그 사람 요그서 그때 솔채~이[34] 되얃써 한 일개바~이 함 바니나 되얃써.

― 그다가 나중에 인자 습:빠징개[35] 오:저네 댕겐는디, 그런니리 일써 그리가지고 내가 학꾜럴 초등학꾜럴 늘께사 드러간따 그마리여.

그러니까요, 세상에! 허나 그 삼녀니나 아이고:: 힘드셴껀네, 그때 어린마 으메는 상처를 마니 바드셴껃따.

― 근디 그때넌 상처 바던나 헐찌 몰라도 근자 그 다:으메 인자 또 여 지비서 농거시 아니고 또 서당으 다니고.

응.

― 히서 좀 나이가 좀:: 마니 머근 펀니제 이.

그럼 서당에서는 그 소학부터 공부하셴능가요?

천자문

― 천자문부터

응.

― 천자문, 축우, 사자소학 하그저, 멩심보감 요로케.

어 그레요. 어:: 으.

그 사서삼경까지는 안 드러 가셷따고.

응, 그러셷꾸나.

― 응, 기초 저 기초:: 거시기 드러야제.

그 조분님께서는 그러면 살리미 아::주 번창허셷쓸때는 어 어느정도까지 살 리물 허셷쓰까요?

― 으, 그러케 머 크지는 앙코,[36] 작쑤성가[37] 허신 부닌디.

응.

응.

　－ 어, 그래도 이부 오후에 들어간 오후에 학교 다녔어, 숫자가 많아놓으니까, 오전에 반 있고 오후반 있고, 오후에 하는 이부로 안 들어갔어.

　－ 그런데 우리 그 사람 여기서 그때 상당이 되었어, 한 일개 반이 한 반이나 되었어.

　－ 그러다가 나중에 이제 숫자가 줄어드니까 오전에 다녔는데, 그런 일이 있어, 그래가지고 내가 학교를 초등학교를 늦게 들어갔다 그 말이야.

　그러니까요, 세상에! 그러나 그 삼년이나 아이고 힘드셨겠네, 그때 어린 마음에는 상처를 많이 받으셨겠다.

　－ 그런데 그때는 상처 받았나 할지 몰라도 그 이제 그 다음에 이제 또 이 집에서 논 것이 아니고 또 서당에 다니고.

　응.

　－ 해서 나이가 좀 많이 먹은 편이지.

　그럼 서당에서는 그 소학부터 공부하셨는가요?

　천자문

　－ 천자문부터

　응.

　－ 천자문, 축의, 사자소학하고 저, 명심보감 이렇게.

　어 그래요. 어 으.

　그 사서삼경까지는 안 들어 가셨다고.

　응, 그러셨구나.

　－ 응, 기초 저 기초 거시기 들어야지.

　그 조부님께서는 그러면 살림이 아주 번창하셨을 때는 어 어느정도까지 살림을 하셨을까요?

　－ 으, 그렇게 뭐 크지는 않고, 자수성가 하신 분인데.

　응.

－ 지방 머 부라:게서 유지추게 드러간쓰니까 머 큰 거시기넌 아니고.

응.

－ 머심38) 델꼬 살고, 머심 두얼 데꾸 살고 데레다 살먼 그정도 열찌.

그러면 인자 어르시는 그:: 초 중학꾜 사항년때 아까 중퇴를 허셌따고 그렏짜나요?

－ 응.

그때가 인제 사벼니 난 땡가요?

－ 으, 사벼니 난때여.

아!

그러면 인제 사변때는 인자 학꾜가 무늘 다닫는 뜨싱가요?

무슨니리 읻쓰셛써요, 그때 왜 중퇴를 하싱거요?

－ 으, 어떠헨능고니.

애.

－ 그때 결구게...

－ 중학꾜럴 인자 중학꾜때 우리가 그때 나 드러감서까지도 고창고부 사년제에따가 오년제, 조러벌 허게 헤따 그마리여, 조럽핸디.

－ 그때 나 드러가니까 그때 사항년 오항녀니 조러배버렫써.

응 응.

－ 그리기 때미네 이랑년 인자 사망녀니 사항녀니 되야따 그마리여, 그러케 될꺼 아니여 사항년 오항녀니 이써야 될 파닌데.

예 예.

－ 나 사망년 중학꾜 사망년때분 조롭때부터39) 고등학쌩이 그때사 생긴써.

응::.

－ 그리서 중학꾜 조럽헨는디 거기서 인자 고등학꾜를 이랑:녀느로 드러간따 그마리여, 그때부터 인자 고등학꾜 사망년제가 읻썬쩨.

애.

- 지방 뭐 부락에서 유지 축에 들어갔으니까 뭐 큰 거시기는 아니고.

응.

- 머슴 데리고 살고, 머슴 두엇 데리고 살고 데려다 살면 그 정도였지.

그러면 이제 어르신은 그 초 중학교 사학년 때 아까 중퇴를 하셨다고 그랬잖아요?

- 응.

그때가 이제 사변이 난 때인가요?

- 응, 사변이 난 때야.

아!

그러면 이제 사변 때는 이제 학교가 문을 닫았다는 뜻인가요?

무슨 일이 있으셨어요, 그때 왜 중퇴를 하신 것이에요?

- 응, 어떠했는가 하니.

예.

- 그때 결국에...

- 중학교를 이제 중학교 때 우리가 그때 나 들어가면서까지도 고창고보 사년제였다가 오년제, 졸업을 하게 했다 그 말이야, 졸업했는데.

- 그때 나 들어가니까 그때 사학년 오학년이 졸업해버렸어.

응 응.

- 그렇기 때문에 일학년 이제 삼학년이 사학년이 되었다 그 말이야, 그렇게 될 것 아이냐 사학년 오학년이 있어야 될 판인데.

예 예.

- 나 삼학년 중학교 삼학년때부 졸업때부터 고등학생이 그때에야 생겼어.

응.

- 그래서 중학교 졸업했는데 거기서 이제 고등학교를 일학년으로 들어갔다 그 말이야, 그때부터 이제 고등학교 삼학년제가 있었지.

예.

- 그리자 드르가가지고 그때:: 유기용개, 드러가가지고 유기요가 나버롄따 그마리여.

응 응.

- 그리가지고 어:: 어터게 되얀냐며넌, 그레기 저네 유기요가 나기 저네, 가정 행펴니 내가 좀 미그비가지고,[40] 학꾜럴 도저이 몯때기걷뜨라 그마리여, 그리가지고넌...

- 그레서 작파허고.

응 응.

- 그때 당시 그만 인자, 유아간[41] 객찌에 인자 서울로 인자 가서 고하기라고 허까 이런 생각 가지고.

- 내 그때 그 생각 어트게 헨냐며넌 그때 수엄료럴 어터게 마련헹거설 안내고, 글로써 인자 그 여비럴 허고 인자 거시기 헐라고 안 내고 그대로 인자 방학허는 파니라.

어.

- 그러자 유기요가 딱 되야버롌따 그마리여.

응.

- 그리가지고 그냥 학꾜럴 중단헫쩨.

응.

- 그레가지고 나중에 한닐려니나 읻따 그뜽가 그동안 다시 보가글[42] 헐라고 그리싱개.

응.

- 똑까치 아녈라고 허다 인자 그, 그리머는 오항년 유강년 오항년때그릳꾸나, 사항년 그 때로 다니라 근다 그 마리여.

응.

- 내 동창더런 다 인자 오항녀느로 가 지금 지나걸 다 허는디.

- 그리가지고 인자 그 그리저리 헤다가 그냥 작파헤버롇찌, 그리서 몯

- 그러자 들어가가지고 그때 육이오이니까, 들어가가지고 육이오가 나버렸다 그 말이야.

응 응.

- 그래가지고 어 어떻게 되었느냐 하면, 그러기 전에 육이오가 나기 전에, 가정 형편이 내가 좀 미급해가지고, 학교를 도저히 못 다니겠더라 그 말이야, 그래가지고는...

- 그래서 작파하고.

응 응.

- 그때 당시 그만 이제, 유학간 객지에 이제 서울로 이제 가서 고학이라고 할까 이런 생각 가지고.

- 내가 그때 그 생각 어떻게 했냐하면 그때 수업료를 어떻게 마련한 것을 안 내고, 그것으로써 이제 그 여비를 하고 이제 거시기 하려고 안 내고 그대로 이제 방학하는 판이라.

어.

- 그러자 육이오가 딱 되어버렸다 그 말이야.

응.

- 그래가지고 그냥 학교를 중단했지.

응.

- 그래가지고 나중에 한 일년이나 있다 그랬든가 그동안 다시 복학을 하려고 그랬으니까.

응.

- 꼭 같이 안 하려고 하다 이제 그, 그러면 오학년 육학년 오학년 때 그랬구나, 사학년 그 때로 다녀라 한다 그 말이야.

응.

- 내 동창들은 다 이제 오학년으로 가 지금 진학을 다 하는데.

- 그래가지고 이제 그 그리저리 하다가 그냥 작파해버렸지, 그래서 못

따니고 마라버린는디.

그리도 서울도 몯까시고…

― 아! 유기오가 나버렫써, 마냐게 유기오가 안난따하며넌 갇쓸란지도 모르지.

그러먼 여기도 유기오때:: 여기도 좀 여러가지로 좀 복짜판…

― 암::! 복짜벤썯쩨.

기억 다 나신 나시나요?

그때 여기서 하던 일.

주민 여기 지역 싸람들 중에서 빨찌산 드러가고 머 이런 일도 읻썯써요?

― 빨'지산도43) 읻썯찌.

응.

― 그때 빨지사니랑거선 지방 빨지산도 읻꼬, 또 인자…

네려온

― 네려온 빨지산도 읻꼬 그리제이.

― 근데 이 뭘 그늠: 그 여기서 더러 읻썯쩨 지방 빨지산넘들 다 함뉴헤가지고…

서로 상하기도 허고…

― 암, 상하기도 힌쩨.

예, 이 마으레서도?

― 이 마으레서도 빨찌산 드러간 사람 읻썯쩨.

사람 상하기도 헫써요?

― 으, 지방서 간 사람, 읻썯찌.

응.

― 그러자 유기오가 딱 되야따 그마리여 이?

애.

― 그리가지고 여기에 에::

다니고 말아버렸는데.

그래도 서울도 못 가시고…

— 아! 육이오가 나버렸어, 만약에 육이오가 안 났다 하며는 갔을런지
도 모르지.

그러면 여기도 육이오 때 여기도 좀 여러가지로 좀 복잡한…

— 암! 복잡했었지.

기억 다 나시 나시나요?

그때 여기서 하던 일.

주민 여기 지역 사람들 중에서 빨찌산 드르가고 머 이런 일도 있었어요?

— 빨찌산도 있었지.

응.

— 그때 빨찌산이란 것은 지방 빨찌산도 있고, 또 이제…

내려온

— 내려온 빨찌산도 있고 그렇지.

— 그런데 이 무엇 그놈 여기서 더러 있었지 지방 빨찌산 놈들 다 합류
해가지고…

서로 상하기도 하고…

— 암, 상하기도 했지.

예, 이 마을에서도?

— 이 마을에서도 빨지산 들어간 사람 있었지.

사람 상하기도 했어요?

— 응, 지방에서 간 사람, 있었지.

응.

— 그러자 육이오가 딱 되었다 그 말이야 이?

예.

— 그래가지고 여기에 예.

- 아 인자 치아니 되아끄덩, 으미 정치럴 헫써 응?

그때 치아니란 마른

- 인민공화구기 되야일썬써.

응.

- 어, 정치럴 헫써.

응.

- 근디 어 그렌 노키 대미네, 인자 그때 당시 그저네 나기 저네, 아번니미

으르신

- 이장얼 허시고, 나:넌 그때 유기오 다기[44] 저네, 학꾜 다닐때 학또대

랑거시 편성이되야, 학또대.

- 편성이 되가지고 어, 거기에 참...

- 딴 학꾜서 저나곤 강세워니란 사라미 읻썬써.

- 쪼그만 헫써도 그사라미 아:조.

- 그렁개 저 이부게 협쪼럴 허넌 미라기라고 그릴꺼등, 그리고 이 대

한밍구게 그 단체넌 항:녀니라고 힏썯꼬, 민학 항녀니라고 이.

응.

- 그렌는디 그 사라미 와가지고 학또대럴 조직허는디...

- 조지게가지고 인자...

응, 직쩜 이러케 직께로 머 그니까 친 친족뜰 하나 그삼 자그나부지, 외삼

촌 이런분들 혹씨 상하신분 읻쓰세요?

- 응 그레 자...

- 내가 그 이를 당헐라다 참 다잉이[45] 목표럴[46] 힏쩨:, 목미널[47] 헫써.

- 훌려널 인자 그 작쩐 훌려늘 다녇써.

- 저:: 노푼 사느로 그 고창으서 뒤로 사너로 댕긴는디.

- 나도 거기에 인자 그사라만테 뽑뻬[48] 가지고, 그사라미 경찰써를 자

기 큰집까치 드러댕긴 사래미여.

— 아 이제 치안이 되었거든, 이미 정치를 했어 응?

그때 치안이란 말은

 — 인민공화국이 되어있었어.

응.

 — 응, 정치를 했어.

응.

 — 그런데 어 그래 놓기 때문에, 이제 그때 당시 그전에 나기 전에, 아버님이

어르신

 — 이장을 하시고, 나는 그때 육이오 나기 전에, 학교 다닐 때 학도대란 것이 편성이 되어, 학도대.

 — 편성이 되어가지고 어, 거기에 참...

 — 다른 학교에서 전학 온 강세원이라는 사람이 있었어.

 — 조그만 했어도 그 사람이 아주.

 — 그러니까 저 이북에 협조를 하는 민학이라고 그랬거든, 그리고 이 대한민국에 그 단체는 학련이라고 했었고, 민학 학련이라고 이.

응.

 — 그랬는데 그 사람이 와가지고 학도대를 조직하는데...

 — 조직해가지고 이제...

응, 직접 이렇게 직계로 뭐 그러니까 친 친족들 하나 그 삼 작은아버지, 외 삼촌 이런 분들 혹시 상하신분 있으세요?

 — 응, 그래 이제...

 — 내가 그 일을 당하려다 참 다행히 목표를 했지, 모면을 했어.

 — 훈련을 이제 그 작전 훈련을 다녔어.

 — 저 높은 산으로 그 고창에서 뒤로 산으로 다녔는데.

 — 나도 거기에 이제 그 사람한테 뽑혀 가지고, 그 사람이 경찰서를 자기 큰집같이 들어다닌 사람이야.

- 그리가지고 그때 그사라멀 따라 다녈써끄던, 다니다가.

- 나중으 학꾜럴 작파해버레농개, 작파해버레농개, 그 인자 유기오로 이내가지고 인자 작파히부럳따 그마리여.

응.

- 인자 그때넌 학꾜럴 아직 으:: 보칵떨토 앙코 인자 유기오가 되야버려, 그때넌 학꾜럴 다 응 안댕긴 때라 그마리여.

- 그레머넌 그때 당시 또 지방에서넌 치안대라고 헤가지고...

치안대.

- 응, 치안대라고 헤가지고,

응.

- 금:무럴49) 섣써, 열랑망50), 금무럴.

- 각 부라게 우리 인자 장소럴 딱 정에노코, 각 동네에 거 가서, 그 무신 지라리덩가 아무 금:무럴 헤, 모에노코51) 금무럴 스넌디52).

- 인자 유기오 되기 저네 우리 아분니먼 이장 부랑니럴53) 바썯꼬.

아::

- 그레가지고, 그때 또 부랑닐 바따고 허머는 또,

그러니까

- 그 사람더리 지저건 그때라 그마리여.

- 긍개 언제나 아부니미고 나허고 가치 응 인자 금무럴 나 댕깅깨이?

응.

- 부재가네 한 동네에 방 하나럴 정헤노코 그 주민더리 싹 와가지고 인자 모여가지고 교대저그로 인자, 그 주민더리...

- 하레넌 하레쩌녀그는 인자 인자 딱 인자 금무럴 스고 나와 잇쓰니까.

- 저 멀리서 인자 전지 후라시,54) 부리 바짝바짝 비치드라 그마리여.

응.

- 금서 요리 도라서드라고 그게 업뜨라 그마리여.

- 그래가지고 그때 그 사람을 따라 다녔었거든, 다니다가.
- 나중에 학교를 작파해버려 놓으니까, 작파해버려 놓으니까, 그 이제 육이오로 인해가지고 이제 작파를 해버렸다 그 말이야.

응.

- 이제 그때는 학교를 아직 으 복학들도 않고 이제 육이오가 되어버려, 그때는 학교를 다 응 안 다니는 때라 그 말이야.
- 그러면 그때 당시 또 지방에서는 치안대라고 해가지고...

채안대.

- 응, 치안대라고 해가지고,

응.

- 근무를 섰어, 연락망, 근무를.
- 각 부락에 우리 이제 장소를 딱 정해놓고, 각 동네에 그 가서, 그 무슨 지랄이라든가 아무 근무를 해, 모아놓고 근무를 서는데.
- 이제 육이오 되기 전에 우리 아버님은 이장 부락일을 봤었고.

아.

- 그래가지고, 그때 또 부락일 보았다고 하며는 또,

그러니까

- 그 사람들이 지적하는 그때라 그 말이야.
- 그러니까 언제나 아버님하고 나하고 같이 응 인자 근무를 나 다니니까 이?

응.

- 부자간에 한 동네에 방 하나를 정해놓고 그 주민들이 싹 와가지고 이제 모여가지고 교대로 이제, 그 주민들이...
- 하루는 하루 저녁에는 이제 딱 이제 근무를 서고 나와 있으니까.
- 저 멀리서 이제 전지 손전등, 불이 반짝반짝 비치더라 그 말이야.

응.

- 그러면서 이리 돌아서더라고 그것이 없더라 그 말이야.

응.

－ 그레 봉개 발써 인자 분 그때넌 분주소여요[55] 분주소.

－ 인자 거그서 나오든 모냥이라 그마리여.

－ 그리서넌 참 공기가 이상허기에 내가 아번니만테 인자 방에 드러가서 열라글 힘써.

－ 아마 그리서 나온 모냉이라고[56].

－ 그리 나가서 인자 들모그 이씽개 오드라 그마리여.

응.

－ 그때 당시넌 또 인자 그 금무::허는 방시기가 '부리야!' 허고 소리칠꺼 아니여 그레 방소게서 다 아라드럳써.

응.

－ 그리 딱 허더니 나럴 보더~이 발써 날 지목허드라 그마리여, 딱 잡떠니 인자 모여인는 실래 방아:느로 가더니, 봉개 아버니미 거가 이씽개 아버니럴 인자 또 잡뜨라 그마리여.

애.

－ 나와가지고넌 인자 무꺼가지고, 새내끼[57] 무꺼가지고 인자 분 즈그 그날쩌녀게 인자 분주소까지 가넌 파니라 그마리여.

치안대에 자펴가신거요?

－ 응, 치안대.

치안대한테?

－ 마니 그치 암 저 분주소, 분:서 인자 마러자먼 지그무로 허자먼 지서제 지서.

그러니까.

－ 용케 가다 쥐길찌[58] 아랃따 그마리여.

응.

－ 그 가다 쥐기는 디가 일썯써.

응.

－ 그래서 보니까 벌써 이제 분 그때는 분주소야 분주소.

－ 이제 거기에서 나오던 모양이라 그 말이야.

－ 그래서는 참 공기가 이상하기에 내가 아버님한테 이제 방에 들어가서 연락을 했어.

－ 아마 그래서 나온 모양이라고.

－ 그래 나가서 이제 들목에 있으니까 오더라 그 말이야.

응.

－ 그때 당시는 또 이제 그 근무하는 방식이 '불이야!' 하고 소리칠 것 아니야, 그래 방속에서 다 알아들었어.

응.

－ 그래 딱 하더니 나를 보더니, 벌써 날 지목하더라 그 말이야, 딱 잡더니 이제 모여 있는 실내 방안으로 가더니, 보니까 아버님이 거기에가 있으니까 어버지를 이제 또 잡더라 그 말이야.

예.

－ 나와가지고는 이제 묶어가지고, 새끼로 묶어가지고 이제 분 자기 그날 저녁에 이제 분주소까지 가는 판이라 그 말이야.

치안대에 잡혀가신 거예요?

－ 응, 치안대.

치안대한테?

－ 말이 그렇지 암 저 분주소, 분서 이제 말하자면 지금으로 하자면 지서지 지서.

그러니까.

－ 용케 가다 죽일지 알았다 그 말이야.

응.

－ 그 가다가 죽이는 데가 있었어.

예 예.

- 그릉깨 아조.

- 지여그서 쥐긴 디가.

치안대라먼 지금 구닌 아니여 군인 우리나라 구닌?

- 구니니 아니가 그저느 분주소...

아아 분주소.

-...라니까 분주소, 분주소 분주소

예에.

아이구!

- 인자 겨우 도중에 사살 앙코 인자 분주소까지 드르간써.

아! 다행이네.

- 어, 분주소까지 드르강개 발써 그때 분주소 소:장이 머라공고니[59], 아 아무개 드르오냐고 마리여이?

아 아션쓰니까.

- 아 인자 나넌 앙코, 아번님보고 인자 가면서 나중에 혼자 분주소다 느:코넌 유치장 소그다 느쿠넌 와가지고 인자, 아! 아무개넌 이장허멘서 부랑미널 착뽁히먹꼬 마리여이 이 부랑미널 마니 착뽀걸 허고 몯 쌀게 만드럳따고 마리여 그런 죄가 읻따고 마 엥 어그리로[60] 하드라 그마리여.

- 그리 드르가보니까 거:기서도 드르강개 발써[61] 어 어떤 인자 내가 아넌 사람 두 형제가니 드루완넌디[62], 그부니도 지저글 당헌 사라미라 그 마리여.

- 그런데 지나가넌디 한 저녁 한 열두시쯤 너뭉개...

- 인자 분주소지귀니 인자 인자 산 결싸대가 읻꺼등 인자, 쥐기는 그때 한참 쥐기는 때라 그마리여.

- 딱 드러오더~이 딱 하나 데리꼬 나가드만.

예 예.

‐ 그러니까 아주.

‐ 지역에서 죽이는 데가.

치안대라면 지금 군인 아니야 군인 우리나라 군인?

‐ 군인이 아니라 그전에 분주소...

아아 분주소.

‐...라니까 분주소, 분주소 분주소

예예.

아이고!

‐ 이제 겨우 도중에 사살 않고 이제 분주소까지 들어갔어.

아! 다행이네.

‐ 어, 분주소까지 들어가니까 벌써 그때 분주소 소장이 뭐라고 하는가 하니, 아 아무개 들어오냐고 말이야 이?

아 아셨으니까.

‐ 아 이제 나는 않고, 아버님보고 이제 가면서 나중에 혼자 분주소에다 넣어놓고는 유치장 속에다 넣고는 와가지고 이제, 아! 아무개는 이장하면서 부락민을 착복해먹고 말이야 이 부락민을 많이 착복을 하고 못 살게 만들었다고 말이야, 그런 죄가 있다고 마 에 억지로 하더라 그 말이야.

‐ 그리 들어가 보니까 거기에서도 들어가니까 벌써 어 어떤 이제 내가 아는 사람 두 형제간이 들어왔는데, 그분도 지적을 당한 사람이라 그 말이야.

‐ 그런데 지나가는데 한 저녁 한 열두시쯤 넘으니까...

‐ 이제 분주소 직원이 이제 이제 산 결사대가 있거든 이제, 죽이는 그때 한참 죽이는 때라 그 말이야.

‐ 딱 들어오더니 딱 하나 데리고 나가더구먼.

- 그렁개 그 참 동생이 아 심도[63] 조코 아조 거시건 사라미여.

- 아 우리 형님 인자 중넌다고 마리여이.

- 에, 이러고 이씽개 그냥 벌써 데리쿠 가데~이, 나 인자 가따 읍쌔버렌쩨이.

- 델꾸가서 읍쌔버리고 한:참 한시간 이상 이씽개 한시간도 더 이썰쩨이.

- 긍개 또 두루와 또 두루와서넌 그 사라멀 자버간단 마리여, 인자 동생.

  아.

- 긍개 동생이 인자 발써 나가문 중넌디 마리여 갈라굴꺼시여[64] 인자, 씨잘떼기음는[65] 인자 발 최후 바라기제.

- 음, 베기다 대고 앙갈라고 형개, 그냥 그 창때 총개머리 그냥 대창으로 그냥 마구 그냥 헤면서 데꼬 나가드만, 나가니까 인자 그 사무실 일짜네 그 나가는데 부추장써[66] 나가면 인자 거 사무실 일꼬.

- 인자 무끌라 허껀 아니여 이, 데꼬 갈라고 긍개 그 튀여버럳써.

  아!

- 튀여버링개 그 뒤에 아 긍개 뒤여로[67] 가면 인자 그 도망가넌 데가 일써, 그 지서 그때 인자 지서 뒤여로 가넌데가 일써.

  응.

- 아깐 주근디까지 거 거그서 그냥 총쏘리가 나드만, 그 사라먼 거그서 주거버런는 모양이구.

  아이쿠!

- 그러자 저러자 허다가 인자 그때넌 인자 나 역씨도 우라부지나[68] 나나 인자 인재넌 숨버니[69] 마레 내가 아닝가 내가 아닝가 인자 절저히 고 인는 파닌디.

- 나리 새버럳써, 나리 새버링개.

- 그러니까 그 참 동생이 아 힘도 좋고 아주 거시기한 사람이야.

- 아 우리 형님 이제 죽는다고 말이야 이.

- 예, 이러고 있으니까 그냥 벌써 데리고 가더니, 나 이제 갖다 없애버렸지 이.

- 데리고 가서 없애버리고 한참 한 시간 이상 있으니까 한 시간도 더 있었지 이.

- 그러니까 또 들어와 또 들어와서는 그 사람을 잡아간다 말이야, 이제 동생.

아.

- 그러니까 동생이 이제 벌써 나가면 죽는데 말이야, 가려고 할 것이야 이제, 쓸데없는 이제 발 최후 발악이지.

- 음, 벽에다 대고 안 가려고 하니까, 그냥 그 창대 총개머리 그냥 대창으로 그냥 마구 그냥 하면서 데리고 나가더구먼, 나가니까 인자 그 사무실 있잖아, 그 나가는 데 유치장에서 나가면 이제 그 사무실 있고.

- 이제 묶으려고 할 것 아니야 이, 데리고 가려고 하니까 그 튀어버렸어.

아!

- 튀어버리니까 그 뒤에 아 그러니까 뒤로 가면 이제 그 도망가는 데가 있어, 그 지서 그때 이제 지서 뒤로 가는 데가 있어.

응.

- 아까 죽은 데까지 그 거기서 그냥 총소리가 나더구먼, 그 사람은 거기에서 죽어버렸던 모양이고..

아이고!

- 그러자 저러자 하다가 이제 그때는 이제 나 역시도 우리 아버지나 나나 이제 이제는 순번이 말이야 내가 아닌가 내가 아닌가 이제 절절하고 있는 판인데.

- 날이 새버렸어, 날이 새버리니까.

- 그러자 우리 지비서넌 모르제 우리 조분님도 게시는디.

- 인자 나:중에서 인자 아랄써.

- 알고넌, 그때도 인자 나허고 인자 아버지 드러가 잇쓰니까.

- 인자 무장과 인자 그 분주소 거시기 인자, 어트게 인자 글 아:르미 잇썰껀[70] 아니여.

- 인자 조분님 도라가세서 누구보고 이애기허고 누구허고 이애기 헌다 이런 파닌디.

- 그때 당시에 분주소 소장이 인자 교대허넌 파니라 그마리여.

예.

- 그리머넌 그 교대허는 분주소 소장언 아부지허고, 어 형님허고 그 조부 조분니머고, 인자 아조 친저런 사이고, 아부지허고도 친저런 사이라 그말이여.

- 그부니 분주소 소장으로 드론 때라 그마리여.

- 그 여야튼[71] 나 역씨도 그날 저녀게 안주걷쓰개 좌우간 무슨 인자 그 사유가 잇쓰꺼시고, 인자 그 요세말로 문:쭝[72] 이 조:사랑거시 이썰껀 아녀?

그러치요.

- 인자 주그문 오너리먼 그케 할 꺼시다, 난 아무 죄가 업끄덩.

- 아부지는 그 인자 이장헌 죄라도 잇찌마넌, 나넌 머 아무런 죄도 음넌 사라미라 그마리여, 그때 수무살 머걷꾸나.

- 오데~이 한 분주소 소:워니 인자 오더니 나보고 처:리[73] 아 누가 오, 쩌:리 가보라고.

- 강개 거기 인자 그 한 쉬께마러자먼 분주소 지궈니제이, 하나 잇뜨만 간떠니.

- 나보고 그려 강세워니란 사라머고 멛뻬니나 열라걸 허고 그렏썬냐고 마리여.

- 그러나 우리 집에서는 모르지 우리 조부님도 계시는데.

- 이제 나중에야 이제 알았어.

- 알고는, 그때도 이제 나하고 이제 아버지 들어가 있으니까.

- 이제 무장에가 이제 그 분주소 거시기 이제, 어떻게 이제 그 알음이 있을 것 아니야.

- 이제 조부님 돌아가셔서 누구보고 이야기하고 누구하고 이야기 한다 이런 판인데.

- 그때 당시에 분주소 소장이 이제 교대하는 판이라 그 말이야.

예.

- 그러면 그 교대하는 분주소 소장은 아버지하고, 어 형님하고 그 조부 조부님하고, 이제 아주 친절한 사이고, 아버지하고도 친절한 사이라 그 말이야.

- 그분이 분주소 소장으로 들어온 때라 그 말이야.

- 그 하여튼 나 역시도 그날 저녁에 안 죽었으니까 좌우간 무슨 이제 그 사유가 있을 것이고, 이제 그 요사이 말로 물증 이 조사란 것이 있을 것 아니야?

그렇지요.

- 이제 죽으면 오늘이면 그렇게 할 것이다, 난 아무 죄가 없거든.

- 아버지는 그 이제 이장한 죄라도 있지마는, 나는 뭐 아무런 죄도 없는 사람이라 그 말이야, 그때 스무살 먹었구나.

- 오더니 한 분주소 소원이 이제 오더니 나보고 저리 아 누가 오, 저리 가보라고.

- 가니까 거기 이제 그 한 쉽게 말하자면 분주소 직원이지 이, 하나 있더구먼 갔더니.

- 나보고 그래 강세원이란 사람하고 몇 번이나 연락을 하고 그랬었냐고 말이야.

응.
- 그 열라건 이리 읍끄덩.
응.
- 또 일따 할찌라도 상과니 읍꼬.
- 아 열락헌 이리 읍따고 마리여 헝개, 귀퉁머리74) 한번 쌔리드만75)
그짐말헌다고 마리여.
- 그러데~이 어찌 대:허넌 거시 조끔 따뜯헤.
응.
- 그정도가 아닐꺼신디.
응.
- 그러데이 저 분주소 소장실, 분주소 소장실로 가라고 마리여.
- 그길로 떠만76) 강개 아번니미 거가 서일뜨라 그마리여.
응.
- 근디, 예::
- 그전 소장허고 인자 분주소가 교체허는 파니여.
응.
- 아버지 칭구가 거가 안절뜨라 그마리여.
응.
- 그전 소장언 딴 디가 일꼬.
응.
- 소장 자리에 그 사라미 그리멘서 나중에넌, 이 그대로, 조사한 결과
큰 가오가 업 읍따고 마리여이, 그러더니 나가가지고 우리으 어 아군게
협쪼럴 마니 허고. 열:여리 나와달라고 마리여.
응.
- 그리멘서 나가라고 마리여인, 도려보낸 그런 이리 일써는디.
- 그리가지고

응.

- 그 연락한 일이 없거든.

응.

- 또 있다 할지라도 상관이 없고.

- 아 연락한 일이 없다고 말이야 하니까, 귀퉁머리 한번 때리더구먼 거짓말한다고 말이야.

- 그러더니 어찌 대하는 것이 조금 따뜻해.

응.

- 그 정도가 아닐 것인데.

응.

- 그러더니 저 분주소 소장실, 분주소 소장실로 가라고 말이야.

- 그 길로 갔더니만 가니까 아버님이 거기가 서있더라 그 말이야.

응.

- 그런데, 예...

- 그전 소장하고 이제 분주소가 교체하는 판이야.

응.

- 아버지 친구가 거기에가 앉아있더라 그 말이야.

응.

- 그전 소장은 다른 데가 있고.

응.

- 소장 자리에 그 사람이 그러면서 나중에는, 이 그대로, 조사한 결과 큰 과오가 없 없다고 말이야, 그러더니 나가가지고 우리의 어 아군에게 협조를 많이 하고. 열렬이 나와달라고 말이야.

응.

- 그러면서 나가라고 말이야 이, 돌려보낸 그런 일이 있었는데.

- 그래가지고

－ 참, 우리 아분니미 사라잍쩨.

참::!

－ 그리가지고 인자 살앋썬는디.

참!

지난 애기니까 그러치이 그때는...

－ 아 그레가지고넌 학꾜고 머시고 인자 상과니읍쩨이, 인자 그때넌 정
신도 읍고 또.

응.

－ 가정이 또 이러케 되고...

얘.

그:: 그리구 나서 그때가 지금 어:: 치안::니 치아니 드러온 때가[77) 그때
가 여름 지나고 가을 겨울.

－ 가을.

가으리 그 무려비죠?

－ 어, 가으레사.

가으레 그렏썬찌요?

그리고 인제 나:간 때는 또 언제요?

－ 어, 그리가지고 또 유기요 나:가지고 그해:: 또 두루와끄덩, 그해 또 이?

응.

－ 예:: 일싸후퇴때, 일싸후퇴때가 읻쩨.

응응응.

－ 일싸후퇴지.

－ 또 인자 징격헤 헤서 헤갇꼬, 어, 빨찌산 다 올라갇쩨이, 올라가서
또 떠러진놈 읻꼬 인자 그릳따가.

얘.

－ 그때 당시...

- 참, 우리 아버님이 살아있지.

참!

- 그래가지고 이제 살았었는데.

참!

지난 이야기니까 그렇지 그때는…

- 아 그래가지고는 학교고 무엇이고 이제 상관이 없지 이, 이제 그때는 정신도 없고 또.

응.

- 가정이 또 이렇게 되고…

예.

그, 그리고 나서 그때가 지금 어 치안이 치안이 들어온 때가 그때가 여름 지나고 가을 겨울.

- 가을.

가을 그 무렵이지요?

- 응, 가을에.

가을에 그랬었지요?

그리고 이제 나간 때는 또 언제여요?

- 어, 그래가지고 또 육이오 나가지고 그해 또 들어왔거든, 그해 또 이?

응.

- 예, 일사후퇴 때, 일사후퇴 때가 있지.

응응응.

- 일사후퇴지.

- 또 이제 진격해 해서 해가지고, 어, 빨찌산 다 올라갔지 이, 올라가서 또 떨어진 놈 있고 이제 그랬다가.

예.

- 그때 당시…

- 여 학또대랑게 또 조직되얐써.

음, 학또대.

- 학또대.

음.

- 그리서, 어: 그레자 아 그러자...

- 인자 그때넌 일싸후퇴가 잍꼬 인자 나중에 징겍헫쓸때, 그때.

- 구시월따른:: 되얐쓰꺼시여, 한 시월, 시월딸 시이월딸 쯤 되야쓸꺼
시여.

응.

- 그때 또, 인자 우리 대함밍구기 두루왍짜네.

응.

- 두루와가지고 또 주두널 또 헤따 그마리여.

음.

- 그링개넌 그때넌 또 그냥 다: 피안댕긴다고 날::리를 펴, 그릉개 여
기는 바메넌 공산당이요, 나제넌 대함밍구기라 그마리여.

- 나:제 인자 경찰써 인자 지권덜 인자 전투대더리 왍따가 드러가먼
또 바:메넌 또 인자 빨찌산더리[78] 와가지고 그냥 날리럴 채버리고, 이린
때라 그마리여.

- 그리구 인자 또 빨찜만 아르먼 다: 피해라고 도망가라고 마리여, 긍
개 다: 도망가라고.

- 그리가지고넌 이 지방 싸람더리 무장언 마러자먼 수보기 되얐찌마
넌 이 시골 이이른데넌 그 나제넌 그냥 도망허제이.

음.

- 나즌 다 피란나가[79].

어디로 가셔?

- 나무깍찌로넌[80] 사네로 그냥 마구 그냥 다라가곤,[81] 여기 읻떨 모데

- 이 학도대라는 것이 또 조직되었어.

응, 학도대.

- 학도대.

응.

- 그래서, 어 그러자 아 그러자...

- 이제 그때는 일사후퇴가 있고 이제 나중에 진격했을 때, 그때.

- 구시월달은 되었을 것이야, 한 시월, 시월달 십이월달 쯤 되었을 것이야.

응.

- 그때 또, 이제 우리 대한민국이 들어왔잖아.

응.

- 들어와가지고 또 주둔을 또 했다 그 말이야.

응.

- 그러니까 그때는 또 그냥 다 피난 다닌다고 난리를 펴, 그러니까 여기는 밤에는 공산당이요, 낮에는 대한민국이라 그 말이야.

- 낮에 이제 경찰서 이제 직원들 이제 전투대들이 왔다가 들어가면 또 밤에는 또 이제 빨찌산들이 와가지고 그냥 난리를 쳐버리고, 이런 때라 그 말이야.

- 그리고 이제 또 빨찌산만 알면 다 피해라고 도망가라고 말이야, 그러니까 다 도망가라고.

- 그래가지고는 이 지방 사람들이 무장은 말하자면 수복이 되었지마는 이 시골 이런 데는 그 낮에는 그냥 도망하지.

응.

- 낮에는 다 피란 나가.

어디로 가셔?

- 나무산으로 그냥 마구 그냥 달려가고는, 여기 있지를 못해 그러니까 빨

긍개 빨찌산더리 와가지곤.

응.

- 반:쯤 나가제.

- 그른디 그러게 허넌디, 우리 조분니미 절:때로 나가지 말라, 그때넌 한참 누놔 누놔씰 때그만, 나가지 말라.

- 긍개 인자 어디가 빨찌사니 와따:: 인자 마러자먼 경찰관더리 전투대더리 왇따 허며넌 다: 그냥 나가라고 헝거여.

응.

- 절:때 몬나가게 조분님 말쓰미, 그때 어뜨게 헨냐며넌 집터메 지벌 한텀썩 가따노코 새내키럴 꽈라.

응.

- 그리가지고 인자 아무튼 인자 그 경찰관덜 오면서 그냥 총 그냥 빵 쏘면서 인자 그 쐐고 다닐 때거덩.

응.

- 그냥 새내키럴 꼬고 읻씽개, 짝:: 짝:: 경찰과니 전투대더리 나왇뜨라 그마리여.

음.

- 나와서넌.

- 그때도 참 경찰관덜또 그냥 무조껀 그냥 인넌사람언 그냥 데리꼬 간 씽개.

- 그 나도 인자 재페가지고 인자 가서, 또 인자 그때넌 또 가가지곤 영 또 인자 가가지고선 인자 쥐긴 때도 읻꼬, 겡찰관덜또.

- 마냐게 어쩐따고허면 쥐긴 때도 읻고, 용케 쥐기든 앙코 여기서 한 서넌 스:싱가 델꾸가서넌 인자 데레다가 지서에다 또 유치럴 시키제이?

응.

- 한 일쭈일간 거가 읻썬따 그마리여.

찌산들이 와가지고는.

응.

– 반쯤 나가지.

– 그런데 그렇게 하는데, 우리 조부님이 절대로 나가지 말라, 그때는 한참 눈 와 눈 왔을 때구먼, 나가지 말라.

– 그러니까 이제 어디가 빨지산이 왔다 이제 말하자면 경찰관들이 전투대들이 왔다 하며는 다 그냥 나가라고 하는 거야.

응.

– 절대 못 나가게 조부님 말씀이, 그때 어떻게 했냐면 짚덤에 짚을 한 덤씩 갖다 놓고 새끼를 꽈라.

응.

– 그래가지고 이제 아무튼 이제 그 경찰관들 오면서 그냥 총 그냥 빵 쏘면서 이제 그 쏘고 다닐 때거든.

응.

– 그냥 새끼를 꼬고 있으니까, 짝 짝 경찰관이 전투대들이 나왔더라 그 말이야.

음.

– 나와서는.

– 그때도 참 경찰관들도 그냥 무조건 그냥 있는 사람은 그냥 데리고 갔으니까.

– 그 나도 이제 잡혀가지고 이제 가서, 또 이제 그때는 또 가가지고 여기도 이제 가가지고서는 이제 죽인 때도 있고, 경찰관들도.

– 만약에 어쩐다고 하면 죽인 때도 있고, 용케 죽이든 않고 여기서 한 서넛 셋인가 데리고 가서는 이제 데려다가 지서에다 또 유치를 시키지 이?

응.

– 한 일주일간 거기가 있었다 그 말이야.

응.

- 나중에는 취주헤받씬들[82] 아무 혀미가 읍끼때미네...

응.

- 내가 나와가지고 인자 학또대가 인는디, 인자 긍개 인자 구창중 동창놈드리 와가지고 인자 학또대럴 조지게가지고 인자, 학또대랑거설 그리서 거기서 인자 학또대럴 드르간써.

예.

- 인자 학또대럴 드르가가지고, 학또대 생활허면서 인자 또 작쩌널 가치, 경찰과나니 전투대원드른 전투대원, 또 인자 학또대원 다녇짜네[83].

응.

- 어, 그리가지고 참! 가서 사람 쥐기능거또 보고, 가치 수새게 가지고 그때넌 우리넌 총두 읍씨 그냥 학꾜로 인자 섬발때로 인자 그 경찰관더리나 가::치 인자 짐만 아르케 주먼 또 학또대원 그냥 되기만 허제...

- 그리가지고 여러꼴 반넌디, 그러고 댕기다가 나중에 인자 일싸후퇴 때 또 인자 진:주로 마리여이, 다: 인자 절문 사람덜 그냥 씨러서 가넌 때가 일썯짜녀.

- 그때 어 나가서 인자 그 절문사라멀[84] 두르와[85] 다 델꾸가, 데따 농개 너도 가라능거시여.

응.

- 그때 인자, 학또대도 인자 좀 큰사람덜 싹 가찌 가:치 인자 어 진:주까지 간따완써.

- 진:주까지 몯 몯까고 도로 도라와버렏쩨.

아::.

- 그 안도라온 사람 꺼들도 신체검사에 합껴건 에들.

- 인자 구니네도 가버리고, 나넌 그냥 가다가 몯까게 생게서 도망헤서 그냥 도라와버리고.

응.

─ 나중에는 취조해보았던들 아무 혐의가 없기 때문에...

응.

─ 나가 나와가지고 이제 학도대가 있는데, 이제 그러니까 이제 고창중 동창놈들이 와가지고 이제 학도대를 조직해가지고 이제, 학도대란 것을 그래서 거기서 이제 학도대를 들어갔어.

예.

─ 이제 학도대를 들어가가지고, 학도대 생활하면서 이제 또 작전을 같이, 경찰관이나 전투대원들은 전투대원, 또 이제 학도대원 다녔잖아.

응.

─ 어, 그래가지고 참! 가서 사람 죽이는 것도 보고, 같이 수색해가지고 그때는 우리는 총도 없이 그냥 학교로 이제 선발대로 인자 그 경찰관들이나 같이 이제 집만 가르쳐 주면 또 학도대원 그냥 되기만 하지...

─ 그래가지고 여러 꼴 보았는데, 그렇게 다니다가 나중에 이제 일사후퇴 때 또 이제 진주로 말이야 이, 다 이제 젊은 사람들 그냥 쓸어서 가는 때가 있었잖아.

─ 그때 어 나가서 이제 그 젊은 사람을 들어와 다 데리고 가, 데려다 놓으니까 너도 가라는 것이야.

응.

─ 그때 이제, 학도대도 이제 좀 큰 사람들 싹 갔지 같이 이제 어 진주까지 갔다 왔어.

─ 진주까지 못 못 가고 도로 돌아와버렸지.

아.

─ 그 안 돌아온 사람 것들도 신체검사에 합격한 애들.

─ 이제 군인에도 가버리고, 나는 그냥 가다가 못 가게 생겨서 도망해서 그냥 돌아와버리고.

응.

참, 여러세상 사심니다.

- 그리서 그때 시비월 음:녁 운녁86) 음려그로난써.

- 한달간 아무래도 슫딸 그믐날 지부로 드르왇쓰니까.

그러면 여기서 슫딸그믐날이면, 시비월따레 출발헫따가...

- 아! 시월따레.

시비월따레 도라오셷껀네.

도라오시면서는 이러케 머 특뼈리 어려운 이를 당하시거나...

- 큰:어려운 이른 안당힏쩨.

응.

그럼 바비랑은 어떠케 해결하셷써요, 오실 때?

- 올때?

응.

- 올때는, 갈때는 인자 인소레가지고, 인자 인소레가지고 여그서 정:읍
꺼서, 정읍써 바:메 나서가지고, 고창써 바메 나서가지고 정:읍써 하룯쩌
넉 자고, 거러서 가니까.

응.

- 정읍써 또 전주 안산동까지87) 히가지고, 그때 어느 학꾜빵인가 거가
서 자고, 거그서 자고 또 임실, 또 임실 까서 자고.

응.

- 나:면88), 나면까서 저 움봉 또 움봉가서 자고.

- 거그서 또 인자 함양, 산청...

응, 어:: 히야!

- 가다가 인자 어:: 움봉까지 가가지고넌 거그서 배치럴 히가지고 바
번 잘 머건써.

응.

응.

참, 여러 세상 사십니다.

- 그래서 그때 십이월 음력 음력 음력으로 났어.

- 한달간 아무래도 섣달 그믐날 집으로 들어왔으니까.

그러면 여기서 섣달 그믐날이면, 십일월달에 출발했다가...

- 아! 십일월달에.

십일월달에 돌아오셨겠네.

돌아오시면서는 이렇게 뭐 특별히 어려운 일을 당하시거나...

- 큰 어려운 일은 안 당했지.

응.

그럼 밥이랑은 어떻게 해결하셨어요, 오실 때?

- 올 때?

응.

- 올 때는, 갈 때는 이제 인솔해가지고, 이제 인솔해가지고 여기서 정읍 가서, 정읍에서 밤에 나서가지고, 고창에서 밤에 나서가지고 정읍에서 하루저녁 자고, 걸어서 가니까.

응.

- 정읍에서 또 전주 완산동까지 해가지고, 그때 어느 학교 방인가 거기 가서 자고, 거기서 자고 임실, 또 임실 가서 자고.

응.

- 남원, 남원 가서 저 운봉 또 운봉 가서 자고.

- 거기서 또 이제 함양, 산청...

응, 어 히야!

- 가다가 이제 어 운봉까지 가가지고는 거기서 배치를 해가지고 밥은 잘 먹었어.

응.

- 인자 하먕으로 드러감서보통[89] 그냥 또 인자 수라장이옐써.

그러체.

- 그렁개 왜냐하머넌 인자 또 일싸 또 다시 평택까지 왇따넌 그런 머시 읻썯써.

응.

- 평택까지 몰고 올라갇써.

응.

- 그리기 때미네 인자 앞써 가던 사람더리 어쩌 이상허게 오넌 사람도 읻꼬, 이미 그냥 인쏠짜도 웁써져버리고 그냥 긍개, 개:이니 그냥 마구 가다봉개, 가다가 저물면 드르가 동네 드르가서 밥 어'더먹고, 또 가고.

- 가다가 진:주 다 가가지고 거운[90] 가가지고넌 몯까걷써.

- 그건 여기서도 인자 우리 자근아버지랑 메'시 한 대여서시 간는디.

응.

- 몯까걷따고, 몯까고 그레가지고.

- 그때 다시 인자 되도라서 오넌 파닌디.

- 거그서 어디로 왇냐, 하동으로히서 되도라오넌디.

야!

- 인자, 하동 지내서 어딩가넌 모르겓끄만, 거그 드르간 드르가딴 마리여.

- 바미먼 인자 동네로 드르가양개[91], 이장 반장 차저 드르가서.

응.

- 인자 아긍개 웬저 그때넌 어떠케 헨냐머넌, 진주에 가다가 제이궁미니라고 그때 그릳 그리쓸꺼시여.

응.

- 신체검사에 떠:러저가지고, 건강이 안조아가지고 지비로 도라가라게서 온다고 마리여.

— 이제 함양으로 들어가면서부터 그냥 또 이제 수라장이었어.

그렇지.

— 그러니까 왜냐하면 이제 또 일사 또 다시 평택까지 왔다는 그런 무엇이 있었어.

응.

— 평택까지 몰고 올라갔지.

응.

— 그렇기 때문에 이제 앞서 가던 사람들이 어째 이상하게 오는 사람도 있고, 이미 그냥 인솔자도 없어져버리고 그냥 그러니까, 개인이 그냥 마구 가다보니까, 가다가 저물면 들어가 동네 들어가서 밥 얻어먹고, 또 가고.

— 가다가 진주 다 가가지고 거의 가가지고는 못 가겠어.

— 그것은 여기서도 이제 우리 작은아버지랑 몇이 한 대여섯이 갔는데.

응.

— 못 가겠다고, 못 가고 그래 가지고.

— 그때 다시 이제 되돌아서 오는 판인데.

— 거기서 어디로 왔냐, 하동으로 해서 되돌아오는데.

야!

— 이제, 하동 지나서 어딘가는 모르겠구먼, 거기 들어가 들어갔단 말이야.

— 밤이면 이제 동네로 들어가야 하니까, 이장 반장 찾아 들어가서.

응.

— 이제, 아 그러니까 왜 저 그때는 어떻게 했냐면, 진주에 가다가 제이국민이라고 그때 그랬 그랬을 것이야.

응.

— 신체검사에 떨어져가지고, 건강이 안 좋아가지고 집으로 돌아가라고 해서 온다고 말이야.

응.

- 그러케 헝개 잘:: 배치럴 잘 헤주드만, 배치럴 잘 히쳐서 먹고 허는디, 거기서 처:메 드르간는디.

- 함버는 그 동네가 참! 어떤 그 이튼날 아치메 어떤 쪼그만 한 여남사리나 나마 머근 애가 집씬 집씬 열컬레, 그거보고 한 주기라고 허거등, 열커레럴 가지고 와서, 다 나눠준다 그마리여.

- 긍개 시니 그만 한 이시빌가늘 거:러씽개.

그러치.

- 다 떠러저비리, 나 운동와 ***가틍거 다 떠러저버리고 양발도 다 떠러저버리고 그냥 이리 버렫써.

- 긍개 서로 사라굴걷 아니여.

응.

- 에, 긍개 이건 살꺼시 아니고 이...

- 그때 근 한 칠썸노이니 노:이니 아들하나 이걸 말려네 난는디 이러케 적써늘 헌다능거시여.

아!

- 바벌 항:그르설 한사람 바벌 허라구면 두사람 밥 허고, 어 이레가 적써늘 아 한 일쭈일가널 이러케 집씨늘 사머서 항커리씩92) 다 준다 그마리여.

- 그서 거그서 집씬 항커리 어더 싱꼬, 아 거그서 또 오넌디.

- 또 한 동네 드르강개 또 거가서 그르케 이애기흰쩨, 신체검사에 떠러저가지고 온다궁개93), 어딘디 건 지서로 인자 보고럴 헤야한다능거시여.

- 이건 지서에서 알며넌 이건 거:짐말 힌는디 마리여.

- 그나저나 하튼 거그서 저녁 어더먹꼬넌 인자 합쑤그로 인자 큰 회:과네서 잠 자고 인넌디.

- 이장 반장이 인자 가서 지서에 가서 보고허고 올란다고 그래...

응.

- 그렇게 하니까 잘 배치를 잘 해주더구먼, 배치를 잘 해줘서 먹고 하는데, 거기서 처음에 들어갔는데.

- 한번은 그 동네가 참! 어떤 그 이튿날 아침에 어떤 조그만 한 여남은살이나 나마 먹은 아이가 짚신 짚신 열컬레, 그것보고 한 죽이라고 하거든, 열컬레를 가지고 와서, 다 나누어준다 그 말이야.

- 그러니까 신이 그만 한 이십일간을 걸었으니까.

그렇지.

- 다 떨어져버리, 나 운동화 ***같은 것 다 떨어져버리고 양말도 다 떨어져버리고 그냥 이래 버렸어.

- 그러니까 서로 사려고 할 것 아니야.

응.

- 예, 그러니까 이것 살 것이 아니고 이...

- 그때 근 한 칠십 노인이 노인이 아들 하나 이것을 말년에 낳았는데 이렇게 적선을 한다는 것이야.

아!

- 밥을 한 그릇을 한 사람 밥을 하라고 하면 두 사람 밥 하고, 어 이렇게 적선을 아 한 일주일간을 이렇게 집신을 삼아서 한 컬레씩 다 준다 그 말이야.

- 그래서 거기서 짚신 한 컬레 얻어 신고, 아 거기서 또 오는데.

- 또 한 동네 들어가니까 또 거기 가서 그렇게 이야기했지, 신체검사에 떨어져가지고 온다고 하니까, 어딘데 그 지서로 이제 보고를 해야 한다는 것이야.

- 이것 지서에서 알면 이것 거짓말 했는데 말이야.

- 그러나 저러나 하여튼 거기서 저녁 얻어먹고는 이제 합숙으로 이제 큰 회관에서 잠을 자고 있는데.

- 이장 반장이 이제 가서 지서에 가서 보고하고 오겠다고 그래...

- 그럼 보고허라고.

- 아, 그러데이 물론 지서에 오먼 인자 이건 도망온다능거시 틀림음넌디, 아 그러데~이 가따오더니 마리여 머라공고니.

- 에, 그분들 잘 대접해서 잘 보내라고.

- 아: 이 소리럴 드릉개, 아 인자 머 인자 문제 읍뜨라 그마리여.

- 인자 거그서보톤94) 맘:노코 인자 오넌 파니제.

응.

- 오다가 저물머넌 인잔 지서로 드러가.

응.

- 어디 배치히도라고.

음.

- 그럼 지서에서 인자 이장 동네다 배치히가지고 거그서 인자 아침 저녁 어더먹꼬 나중에 하루종:일 걸꼬95).

- 또 인자 오다가 인자 나중에는 인자 또 인자 이꼴 나가지고넌 점:심까지 또 어더먹꼬 완제.

흐흐.

- 이래가지고 슨딸그:음날96) 여기 완넌디.

허허허.

- 이 이 금방써도 사라멀 데리다가 마:이 주게버렏끄덩.

그레껀찌.

- 그러자, 여:기 저기서 드릉개, 그때 당시 와가지고넌 내 바레 그양 어리미 드러부럳써97).

응.

- 슨딸그뭄날 드롸가지고 한 두달 읻따가, 그 아네 이자 동:네서 머 아번니멀 또 추천히가지고, 부랑니럴 타햐마니98) 살쑤가 읻따.

응.

- 그러면 보고하라고.
- 아, 그러더니 물론 지서에서 오면 이제 이것은 도망온다는 것이 틀림없는데, 아 그러더니 갔다 오더니 말이야 뭐라고 하는가 하니.
- 에, 그분들 잘 대접해서 잘 보내라고.
- 아 이 소리를 들으니까, 아 이제 뭐 이제 문제없더라 그 말이야.
- 이제 거기서부터는 마음 놓고 오는 판이지.

응.

- 오다가 저물면 이제 지서로 들어가.

응.

- 어디 배치해달라고.

응.

- 그러면 지서에서 이제 이장 동네에다 배치해가지고 거기서 이제 아침 저녁 얻어먹고 나중에 하루 종일 걷고.
- 또 이제 오다가 이제 나중에는 이제 또 이제 이골이 나가지고는 점심까지 또 얻어먹고 왔지.

흐흐.

- 이래 가지고 섣달그믐날 여기 왔는데.

허허허.

- 이 이 근방에서도 사람을 데려다가 많이 죽여 버렸거든.

그랬겠지.

- 그러자, 여기 저기서 들으니까, 그때 당시 와가지고는 내 발에 그냥 어름이 들어버렸어.

응.

- 섣달그믐날 들어와가지고 한 두달 있다가, 그 안에 이제 동네에서 뭐 아버님을 또 추천해가지고, 부락 일을 해야만이 살 수가 있다.

응.

- 그리가 그냥바니 인자 무장으루 드러가가지고 소재지 드러가가지고 인자 와따가따 이장방 그러고 인넌디.

- 하레[99] 쩌녀그넌 그냥 며딜[100] 가따 여기 주게버렜써.

- 그리구 아번니면 여가서 드러오시들 안체, 나제만 드로고, 바메넌 무장가서 자고.

- 그 소리럴 듣꼬넌 몯씨걷따고.

- 그리가지고넌 우리집 식꾸덜 싹 데리고 무장으 드르간써[101].

으.

- 여기는 인자, 하라버지허고 조부 조부몬님 노:인양반 둘:만 여따 게시라고 허고넌, 우리 자근집 식꾸덜 싹:: 델꾸가가지고 무장 한참 일썰쩨.

으.

- 그리가지고 한참 무장써 살다가...

- 되간는디[102] 그날 저녀게 빨쩌산러리 드롸가지고 숟까지 나락까지 싹: 머글껃 싹 가지고 가버렜써.

- 마냐게 그안 그날 안간써며넌 그냥

잘몯됃쓸찌도...

- 어: 잘몯되얃쩨.

- 근디 가미, 우리 아번니미 무장까 일끼 때미네 당여니 그 가족떨 여가 일끄덩.

으.

- 마냐 하나 그 싹 주거버렜씨면 안심허지마넌 하나 쥐게받뜬들 지기도 피해가 일끼 때미네, 요:는 인자 목쩌건 우리 아분니민디, 아:분니멀거시 머 해꼬지할[103] 머 안헤농개, 이 미테싸람덜 해꼬지 헐쑤가 읍끄덩, 그리가지고 무장까가 드르가가지고 참 부지헫쩨.

- 그레 우리지번 아이 참 머 히생당헌 사라미 읍시 지낻써요.

아이고 그냥...

- 그래가지고 그 양반이 이제 무장으로 들어가 가지고 소재지 들어가 가지고 이제 왔다갔다 이장방 그러고 있는데.

- 하루 저녁에는 그냥 몇을 갖다 여기서 죽여 버렸어.

- 그리고 아버님은 여기에 가서 들어오시들 않지, 낮에만 들어오고, 밤에는 무장 가서 자고.

- 그 소리를 듣고는 못쓰겠다고.

- 그래가지고는 우리집 식구들 싹 데리고 무장으로 들어갔어.

응.

- 여기는 이제, 할아버지하고 조부 조부모님 노인 양반 둘만 여기에다 계시라고 하고는, 우리 작은집 식구들 싹 데리고 가가지고 무장 한참 있었지.

응.

- 그래가지고 한참 무장에서 살다가...

- 도로 갔는데 그날 저녁에 빨치산들이 들어와 가지고 솥까지, 나락까지 싹 먹을 것 싹 가지고 가버렸어.

- 만약에 그 그날 안 갔으면 그냥

잘 못 되었을지도...

- 잘 못 되었지.

- 그런데 감히, 우리 아버님이 무장가 있기 때문에 당연이 그 가족들이 여기 있거든.

응.

- 만약 하나 그 싹 죽어버렸으면 안심하지마는 하나 죽여보았던들 자기도 피해가 있기 때문에, 이것은 이제 목적은 우리 아버님인데, 아버님을 거시 뭐 해코지할 뭐 안 해놓으니까, 이 밑에 사람들 해코지 할 수가 없거든, 그래가지고 무장가서 들어가 가지고 참 부지를 했지.

- 그래 우리 집은 아니 참 뭐 희생당한 사람이 없이 지냈어요.

아이고 그냥.

부랭중 다행이네요.

— 아:: 부랭중 다행이제.

그 그저네 더글 마니 싸으선능갑따.

— 그때 당시 내가 바리 어르미 드러가지고 어디 가도 모더고 상당이 애로가 읻썬써.

응:.

— 그때 인자 무장 가가지고.

— 우리가 또 내성쩌기기 때미네...

응:.

— 운:동언 잘힌는디 어찌기 그 내성쩌기엳썬써.

— 인자 초등학교 인자 교:원시험 채용헌다고 마리여.

응:.

— 교원시허멀 보로104) 간넌디.

— 그때 우리 지방에서 서넏 간썯찌.

— 또: 그때도 근디 그때 내가...

— 신체검사 임물고사에105) 떠러졛써, 틀렫찌.

— 그때 그냥 아:퍼가지고, 먼 실력또 실려기지만 먼 머들106) 다지 여다소 떠드러보고 히야는디, 그런거시가 업쓰개 그냥 느다덥씨 그냥 서류만 내가지고 간썯따 그마리여.

— 근디 거개107) 다 돼얀는디 나만 또 떠러전네.

— 머냐 그때 함번 실패핻썯꼬.

— 그러고는 갈쑤락108) 인자 발거지기 때무네, 그런 실력까지고 인자, 그:때 어트게 드러간따 허며는 조끔 교편생화를 좀 헤:쓸런지도 모르지.

— 나:허고 가튼 사람드른 마:니 교편생활 계속 헫:쩨이.

— 그 후로 인자 그맅따가.

— 경:차리109) 재피간써 경:차레.

불행 중 다행이네요.

- 아, 불행 중 다행이지.

그 그전에 덕을 많이 쌓으셨는가보다.

- 그때 당시 내가 발에 얼음이 들어가지고, 어디 가지도 못하고 상당히 애로가 있었어.

응.

- 그때 이제 무장에 가가지고.

- 우리가 또 내성적이기 때문에...

응.

- 운동은 잘했는데, 어떻게 그 내성적이었었어.

- 이제 초등학교 이제 교원 시험 채용한다고 말이야.

응.

- 교원 시험을 보러 갔는데.

- 그때 우리 지방에서 서넛이 갔었지.

- 또, 그때도 그런데 그때 내가...

- 신체검사, 인물고사에 떨어졌어, 틀렸지.

- 그때 그냥 아파가지고, 뭔 실력도 실력이지만 뭔 뭣을 다 여 다소 떠들어보고 해야하는데, 그런 것이 없으니까 그냥 느닷없이 그냥 서류만 내가지고 갔었다 그 말이야.

- 그런데 거의 다 되었는데 나만 또 떨어졌네.

- 뭐냐 그때 한번 실패했었고.

- 그렇게 하고는 갈수록 이제 밝아지기 때문에, 그런 실력 가지고 이제, 그때 어떻게 들어갔다 하면 조금 교편생활 했을런지도 모르지.

- 나하고 갔던 사람들은 많이 교편생활 계속 했지.

- 그 후로 이제 그랬다가.

- 경찰에 잡혀갔어, 경찰에.

아! 그러셑꾸나.

- 경차레 드러가가지고, 그때도 또 하: 참.

- 사:낙찌구 전:투대로만 다녇찌 또.

응:.

- 토벨작쩐.

응 응.

- 그래서 아까 내가 언:진가 그린는디 지:난 장:수 거가 마니 주거 땅거.

얘:.

- 오륭년간.

응.

- 수물한 사레 가가지고 수물일고베 드루완씅개.

응:.

- 다이다가 나도 겨:우 발령을 바다가지고, 정:읍써에 와가지고 정:읍 써 이년 근무허다가.

응.

- 그때 어:트게 되얃냐먼 또 다니면서.

- 여:네 생녀너리를 인자 위조히가지고 주민등로걸 인자 경차레 읻쓰 멘서 주민등로걸 가지고 댕겓따 그 마리여:.

- 나중에 좀 발견, 인자 질:써가 재펭개 인자 가:먼서리 읻써 가지고.

응.

- 가:먼 대상에 걸려버렫써.

아:.

- 그리가지고 정읍써 이:년, 일년 한 멛깨월 핻쑤로 이년 근무허다 또 가:먼 대상에 걸리가지고 가:머니 되야버렏쩨.

응.

아! 그러셨구나.

- 경찰에 들어가가지고, 그때도 또 하 참.

- 산악지구 전투대로만 다녔지 또.

응.

- 토벌작전.

응 응.

- 그래서 아까 내가 언젠가 그랬는데, 진안 장수 거기가 많이 죽었다는 것.

예.

- 오륙년간.

응.

- 스물한 살에 가가지고, 스물일곱에 들어왔으니까.

응.

- 다니다가, 나도 겨우 발령을 받아가지고, 정읍서에 와가지고 정읍에서 이년 근무하다가.

응.

- 그때 어떻게 되었느냐하면 또 다니면서.

- 연해 생년월일을 이제 위조해가지고 주민등록을 이제 경찰에 있으면서 주민등록을 가지고 다녔다 그 말이야.

- 나중에 좀 발견, 이제 질서가 잡히니까 이제 감원설이 있어 가지고.

응.

- 감원 대상에 걸려버렸어.

아.

- 그래가지고 정읍에서 이년, 일년 한 몇개월 햇수로 이년 근무하다 또 감원 대상에 걸려가지고 감원이 되여버렸지.

응.

- 가:먼 되야가지고 그때사 지비 와가지고 수물일고베 지비 와가지고, 수물야다레 겨론허고, 쭉:..

그 후로 여기서 인제 사신...

- 살게 되야땀마리여 농사짇코[110].
- 그때 당시 요건니: 이런 사라면, 용:역 그때 구니네 앙가가지고, 재정도 나보다 낟꼬[111].
- 대학꼬럴, 여 점북때럴 오:녕간 다녀쓸꺼시여.
- 조럽 아:너고 또 다녈써.

응:.

- 연장헤가지고.
- 아마 그럳따군 쏘리 드렏써.
- 그럳쓸 꺼시여.
- 그리가지고 어디 취지글 모텅개.
- 참 벨로 아:넌 일 업씨 그 사람도 이를 헌 헌 사라미제.
- 그리가지고 나중에...
- 에: 잘 정부 인자 그, 병역뼈비 그리 되야가지고 인자 자수허고, 국토방위대랑가 뭔 머 잇썯써.
- 두:달간.
- 거 간따오며는 구닌 봉무기간 면:제헤준다능거여.
- 나보고 가자고 허드만, 가치 가새.
- 내:가 인자 가서, 자네 대학교라도 다녀스먼 가따 여망이라도[112] 잋찌마는, 인제는 난 그런 여망도 어:꼬 뭘, 작파헤불라네.
- 나:는 앙가고 그대로 그냥.

응.

- 응.
- 농사지코 지금.

- 감원되어가지고 그때에 집에 와가지고 스물일곱에 집에 와가지고, 스물여덟에 결혼하고, 쭉.

그 후로 여기서 이제 사신…

- 살게 되었다는 말이야 농사짓고.
- 그때 당시 요건이[113] 이런 사람은, 용역 그때 군인에 안 가가지고, 재정도 나보다 낫고.
- 대학교를, 이 전북대를 오년간 다녔을 것이야.
- 졸업 안하고 또 다녔어.

응.

- 연장해가지고.
- 아마 그랬다고 하는 소리 들었어.
- 그랬을 것이야.
- 그래가지고 어디 취직을 못하니까.
- 참 별로 안 한 일 없이 그 사람도 일을 한 한 사람이지.
- 그래가지고 나중에…
- 예, 잘 정부 이제 그, 병역법이 그렇게 되어가지고 이제 자수하고, 국토방위대란가 뭔 뭣이 있었어.
- 두달간.
- 거기 갔다오면 군인 복무기간 면제해준다는 것이야.
- 나보고 가자고 하더구먼, 같이 가세.
- 내가 이제 가서, 자네는 대학교라도 다녔으면 갔다 여망이라도 있지만, 이제는 나는 그런 여망도 없고 뭘, 작파해버리겠네.
- 나는 안 가고 그대로 그냥.

응.

- 응.
- 농사짓고 지금.

- 그 사람 가따와가지고 이:년간.
- 아니 이:년가니 두:달간 간따와서, 그때 인자, 인자 구닌 봉무기간 마치고 인자, 병:녁 으무럴 다: 헫따고, 그 그리서, 그러케 되야 됄 쓰꺼시여.
- 그리가지고 인자 어트게 어트게 취직헤가지고.

응.

- 남성:고 인자 금무허다가.
- 더 오래 사라야 헐꺼신디 그 사라미.
- 간써.

응.

- 참, 점:자년 얌저년 사라민디.
- 우리가 지금 오늘 날짜를...

허허허허.

- 그래서 외지 생화를 한... 음, 한 오년 칠:년...
- 한 융:년 힏써 융:년.

융:년 정도.

그 후로는 인제 계속 여기서 사시면...

- 예 그레.

농사만 지시면서.

- 고생 마니힏쩨 농작도 벨로 웁꼬, 그때 이, 마저가지고 그냥.
- 가진...
- 그래도.

자제부는 칠남매를 두센는데 어떠케 다: 여우셌써요? 그 농사로?

- 응. 다 여욉써.
- 그 여우니라고[114] 욕:빧쩨:에[115].
- 그리서 갈:치도 다 모더고.

- 그 사람 갔다와가지고 이년간.

- 아니, 이년간 아니, 두달간 갔다와서, 그때 이제, 이제 군인 복무기간 마치고 이제, 병역 의무를 다 했다고, 그 그래서, 그렇게 되었 되었을 것이야.

- 그래가지고 이제 어떻게 어떻게 취직해가지고.

응.

- 남성고, 이제 근무하다가.

- 더 오래 살아야 할 것인데 그 사람이.

- 갔어.

응.

- 참, 점잖은 얌전한 사람인데.

- 우리가 지금 오늘 날자를...

하하하하.

- 그래서 외지 생활을 한... 음, 한 오년 칠년...

- 한 육년 했어, 육년.

육년 정도.

그 후로는 이제 계속 여기에서 사시면...

- 예 그래.

농사만 지시면서.

- 사실 말 했잖아 농작도 별로 없고, 그때 이, 맞아가지고 그냥.

- 갖은...

- 그래도.

자제분은 칠남매를 두셨는데 어떻게 다 여우셨어요? 그 농사로?

- 응. 다 여웠어.

- 그 여우느라고 욕봤지.

- 그래서 가르치지도 다 못하고.

응.

- 응.

- 그저 고등학꾜, 아들 세:노미지마는, 크:나들 두채아들 점문대 보내고, 셀:채아덜만 점북때 나와가지고.

- 그때 바로 가가 조금 공부를 잘 헫써, 해 가지고.

- 할:라기업.

응, 건설회사?

- 건설회사 아니고 부품회사.

- 안:성가[116] 일따가.

- 이.

- 대전로 와따가, 대전써 그 회사가 그냥 그런타넝게[117].

- 강원도 원주가서[118] 일따가.

응.

- 장:년 유월마레 유월따레.

- 인도로 갇꾸만, 인도로.

- 인도 지사에 거 가가지고, 거그 금무허고 인는디.

- 아덜 두런 다 부산까[119] 일써.

응.

응.

- 응.

- 그저 고등학고, 아들 세놈이지만, 큰아들 둘째아들 전문대 보내고, 셋째아들만 전북대 나와가지고.

- 그때 바로 그 아이가 조금 공부를 잘 했어, 해 가지고.

- 한라기업.

응, 건설회사?

- 건설회사 아니고, 부품회사.

- 안성에 있다가.

- 이.

- 대전으로 왔다가, 대전에서 그 회사가 그냥 그렇지 아니하니까.

- 강원도 원주에 가서 있다가.

응.

- 작년 유월달에 유월달에.

- 인도로 갔구먼, 인도로.

- 인도 지사에 그 가가지고, 거기 근무하고 있는데.

- 아들 둘은 다 부산에 가서 있어.

응.

2.3 제보자 2의 출생과 성장

- 우리지비 시방 시째아드리[120], 우리집 아저씨 아드리여요.
- 우리집 아저씨 아들, 시째아드린디.

음.

- 가가 학꾜를 나올쩌게 내가 가서 봉개 머글 꺼또 우꼬, 식꾸가 아홉 씩꿍가 멘 씩꿍가 된디.
- 혼합꼭쌀, 보리쌀허고 싸러고 서꺼진 거 쪼끔석 팔머는, 쪼끔 바벌 허먼뇨, 식구대로 박끄르글 이르케 쭈르르르 놔요.

음.

- 노코는 인자 이르케 바불 다무머는, 아부지는 쪼끔 잡쫘도 이해를 헝개 놔노코, 이때 크나는[121] 아그더런 한 수꾸락 더 머거야지.

음 그러치.

- 커낭개[122].

어!

- 그러다보면 또 미테 자근노믄 쪼께 들 다머져.

음.

- 이런 소리도 드런네요.
- 거시기, 츠메 강개 애기드리 아홉쌀 머건는디 엄마라고 아내요. 엄마라고 아너고.
- 서기허고 서기리성한테는 이뿜바들라고야 잉 밥또 마니 주고, 우리는 밥또 째까[123] 준다잉.

허허허.

- 그래요.
- 너그가 언젱가는 철들면 그거슬 깨다를 때가 이껟찌.

- 우리 집에 시방 셋째아들이, 우리 집 아저씨 아들이에요.
- 우리 집 아저씨 아들, 셋째아들인데,

음.

- 그 애가 학교를 나올 적에 내가 가서 보니까 먹을 것도 없고, 식구가 아홉 식구인가 몇 식구가 되는데.
- 혼합곡식 쌀, 보리쌀하고 쌀하고 섞어진 거 조금씩 사면은, 조금 밥을 하면요, 식구대로 밥그릇을 이렇게 주르르르 놔요.

음.

- 놓고는 이제 이렇게 밥을 담으면, 아버지는 조금 잡숴도 이해를 하니까 놓아 놓고, 이때 커나가는 아이들은 한 숟가락 더 먹어야지.

음 그렇지.

- 커나가니까.

어!

- 그러다보면 또 밑에 작은놈은 조금 덜 담아져.

음.

- 이런 소리도 들었네요.
- 거시기, 처음에 가니까 아이들이 아홉살 먹었는데 엄마라고 안 해요. 엄마라고 안 하고.
- 석이하고, 석일이 형한테는 예쁨 받으려고 밥도 많이 주고, 우리는 밥도 조금 준다.

허허허.

- 그래요.
- 너희가 언젠가는 철들면 그것을 깨닫는 때가 있겠지.

음.

- 그르케 해서 인자 그르케 바불 주다가, 담따 보머는 뭐던때는[124] 내 바번 업써요.

음.

- 업쓰면 인자 소테 누룽지라도 쪼까 홀터먹꼬 장에를 가까 허머는, 그러다저러다 어쩌다가 보머는 즈그드른 얼른 밤 먹꼬 나는 인자 늗께 인저 밥 채비를 허머는, 누른밥 내가, 딸 하나 인는디, 따리 하나 이써써요, 큰딸허고, 큰따른 나가서 살고, 딸 하나 인능거, 열뚜살쟁이가 내가 누룽지[125] 머그께 그래요.

- 그러먼 인자 그때는 나는 인자 누룽지 천신도[126] 모대.

- 모더고 인제 시장어를 가요.

- 가서 싸를 파라서 이르케 쌀 보따리를 여나르고 뭐더고 그러고 허고 나머는 그때만 해도 돈 삼시버니 아까서 주강 그르글[127] 몯 싸머걷써요.

- 그러머는 시버너치나:: 이시버너치는 여슬 사요.

- 여슬 사먼, 우리 친정엄니는[128] 주글 안 잡쑹개, 죽또 몯 먹꼬, 여슬 사먼 인자, 죽 항 그륵깝씨 삼시버너치나 히서 여슬 사머는...

- 옌나레 이르케 가랑년 이르케 빼가꼬 이르케 꼰놈, 그런놈도 주고, 요만써거게 짜른 놈도 주고 허먼, 열 그노므로 거시기를 때워요.

참!

- 정식, 정식, 아침부터 때워요.

- 때우고 우리 재성이, 가를 나든 해, 가든 해에 애기를 나가지고 억꼬[129], 그러고 댕기먼, 억꼬 장으덜 보고 이쓰머는 하루 점드락[130] 업꼬 이쓰면 애기가 발뚱거리도[131] 수부기 분는 때도 이꼬.

- 엄마가 무어슬 제대로 안 머그니 모유가 나유?

- 그누문 배고파서 우는 때도 이꼬, 그러면 우유라도 머그먼 애기가 우유를 바더드려서 지가 사리 찌면 허는디, 애기가 우유를 몯빠더드레요.

음.

― 그렇게 해서 이제 그렇게 밥을 주다가, 담다 보면 어떤 때는 내 밥은 없어요.

음.

― 없으면 이제 솥에 누룽지라도 조금 훑어먹고 장에를 갈까 하면은, 그러다저러다 어쩌다가 보면은 자기들은 얼른 밥 먹고 나는 이제 늦게 이제 밥 차비를 하면은, 눌은밥 내가, 딸 하나 있는데, 딸이 하나 있었어요, 큰딸하고, 큰딸은 나가서 살고, 딸 하나 있는 거, 열두살쟁이가, 내가 누룽지 먹을게, 그래요.

― 그러면 이제 그때는 나는 이제 누룽지 차지도 못해.

― 못하고 이제 시장에를 가요.

― 가서 쌀을 팔아서 이렇게 쌀 보따리를 이어 나르고 뭣하고 그러고 하고 나면은, 그때만 해도 돈 삼십 원이 아까워서 죽 한 그릇을 못 사먹었어요

― 그러면은 십원 어치나 이십원 어치는 엿을 사요.

― 엿을 사면, 우리 친정어머니는 죽을 안 잡수니까, 죽도 못 먹고, 엿을 사면 이제, 죽 한 그릇 값이 삼십원 어치나 해서 엿을 사면은…

― 옛날에 이렇게 가락엿 이렇게 빼갖고 이렇게 꼰 것, 그런 것도 주고, 요만씩 하게 짧은 것은 주고 하면, 엿 그것으로 거시기를 때워요.

참!

― 점심, 점심, 아침부터 때워요.

― 때우고 우리 재성이, 그 애를 나던 해, 가던 해에 애기를 나가지고 업고, 그러고 다니면, 업고 장을 보고 있으면 하루 저물도록 업고 있으면 아기가 발등도 수북이 붓는 때도 있고.

― 엄마가 무엇을 제대로 안 먹으니 모유가 나와요?

― 그 놈은 배고파서 우는 때도 있고, 그러면 우유라도 먹으면 아기가 우유를 받아들여서 제가 살이 찌면 하는데, 아기가 우유를 못 받아들여요.

음.

― 쌩:이루132) 소화도 몬 시기고 대벼니루 나오고, 위에로 토해 버리고. 아이고!

― 그래 지금도 그거시 걸려서...

어:!

― 지금도 그르케 보면 안씨러요.

어!

― 근디 우리 망내는 애기때 내가 그때 고창으로 나가가지고 이씀서, 그때는 싸래기를 파라다 머건써요, 또. 싸래기. 쌀지비서 싸래기를 파라다가.

― 그리도 보리마는 해멍는눔보다 나승개, 인저 보리허고 싸래기허고 그누머고133) 써꺼서.

― 그리도 그거시라도 끄니는 안 거르고 바번 머긍개.

음.

― 우리 망내는 낭개, 애기가 이 키로쑤가 정냥이얻써요.

― 병워네 가서 어디 키로쑤나 재봐요? 그럴 틈도 업찌. 근디 이 팔뚜기랑 토도록토도록134) 허더라구요.

음.

― 근디 우리 재성이 그 크내는 낭개요, 가주기 이리 밀리고 저리 밀리고 해요. 엄마 배쏘게서부터 영양실쫑135) 되야가지고 이르케 이르케.

― 그래가지고 너럴 지대로 엄마 배쏘게서부터 머기들 모더고 영양실쫑 걸려가지고 니가 지금도 힘든 이를 헝개, 그기 뭐던 때는 오면 그르케 짜내요.

음.

― 짜내서, 망내보다 뭐시라도 더 하고, 주고작꼬136).

― 하이구! 그런 세상을 사랃써요.

음.

- 생으로 소화도 못 시키고 대변으로 나오고, 위에로 토해 버리고.

아이고!

- 그래 지금도 그것이 걸려서...

어!

- 지금도 그렇게 보면 안쓰러워요.

어!

- 그런데 우리 막내는 아기 때 내가 그때 고창으로 나가 있으면서, 그때는 싸라기를 사다 먹었어요, 또. 싸라기. 쌀집에서 싸라기를 사다가.

- 그래도 보리만을 해 먹는 것보다 나으니까, 이제 보리하고 싸라기하고 그것하고 섞어서.

- 그래도 그것이라도 끼니는 안 거르고 밥은 먹으니까.

응.

- 우리 막내는 낳으니까, 아기가 이 킬로수가 정량이었어요.

- 병원에 가서 어디 킬로수나 재봐요? 그럴 틈도 없지. 그런데 팔뚝이랑 포동포동하더라구요.

음.

- 그런데 우리 재성이 그 큰애는 낳으니까요, 가죽이 이리 밀리고 저리 밀리고 해요. 엄마 뱃속에서부터 영양실조 되어가지고 이렇게 이렇게.

- 그래가지고 너를 제대로 엄마 뱃속에서부터 먹이들 못하고 영양실조 걸려가지고 네가 지금도 힘든 일을 하니, 그것이 어떤 때는 오면 그렇게 마음이 짠해요.

음.

- 짠해서 막내보다 무엇이라도 더 하고, 주고 싶고.

- 하이고! 그런 세상을 살았어요.

- 그래써도, 그런 세상을 사랃써도 애기더리 그렁 거슬 아:라서 그러
는지 어쩌는지 안직까지는 눈 함번 부릅뜨고 이르고저러고 말대답허는,
허고 뭐더고 허는 애기드른 업써요.

참:!

- 긍개 나는 그거슬 참 감사하게 알지요.

- 으디 가서 쌈박찔해서 지비로 돈 뜨드러 오는 놈 웁:꼬, 웁:써.

- 근디 시째아들 그, 그거슬 인자 공부럴 허얀디, 중학꾜럴 가서 인자
고등학꾜를 가야 허는디, 고등학꾜 갈 도니 업써요.

음.

- 고등학꾜 갈 도니 업승개 인자 지비서 공부를 해요.

- 영성고등학꾜를 가야하는디.

- 지비서 공부럴 허더니 어치게 검정고시로 고등학꾜 자격쯩을 따더
라고요.

음.

- 그더니 인자 군대 갈쩌기 되얀는디, 오토캐써 예비구니로[137) 빠:졌
써요.

음.

- 그래인자 무장 지서에서 인자 예비 금무럴 나제도 허고, 바메 허는
때도 이꼬 나제 허는 때도 이꼬 인자, 교대가 이떠만요.

음.

- 그르케 하면서 인자 공부도 지가 핻써요.

음.

- 책 싸다가 노려글 해서 공부를 허더라고요.

- 저는 인자 꾸미 대학꾜 갈 꾸무로 인자 공부를 해요.

음.

- 허는디.

- 그랬어도, 그런 세상을 살았어도 아이들이 그런 것을 알아서 그러는 지 어쩌는지 아직까지는 눈 한 번 부릅뜨고 이러고저러고 말대답하는, 하고 뭐하고 하는 아이들은 없어요.

참!

- 그러니까 나는 그것을 참 감사하게 알지요.

- 어디 가서 싸움해서 집으로 돈 뜯으러 오는 놈 없고, 없어.

- 그런데 셋째아들 그, 그것을 이제 공부를 해야 하는데, 중학교를 가서 이제 고등학교를 가야 하는데, 고등학교 갈 돈이 없어요.

음.

- 고등학교 갈 돈이 없으니까 이제 집에서 공부를 해요.

- 영선고등학교를 가야하는데.

- 집에서 공부를 하더니 어떻게 검정고시로 고등학교 자격증을 따더라고요.

음.

- 그러더니 이제 군대 갈 적이 되였는데, 어떻게 해서 예비군으로 빠졌어요.

음.

- 그래 이제 무장 지서에서 이제 예비군 근무를 낮에도 하고, 밤에 하는 때고 있고 낮에 하는 때도 있고 이제, 교대가 있더구먼요.

음.

- 그렇게 하면서 이제 공부도 자기가 했어요.

음.

- 책 사다가 노력을 해서 공부를 하더라고요.

- 저는 이제 꿈이 대학교 갈 꿈으로 이제 공부를 해요.

음.

- 하는데.

- 그때만 해도 내가 교회를 안 대닝개[138], 하도 애통 터지거덩[139].

음.

- 어디 인자 이루 글꿰로 푸러서 헌다는 사람 인자, 그 글로 보는 사라미 이써써, 거그럴 가서 봉개.

- 아이고! 이 학쌩이 대학꾜 붙끼는 부터요.

음.

- 근디 노적**삘**누리[140] 시: 개면 시 개, 두 개면 두 개, 이 사람 똥꾸녀 그로[141] 다 드러가야 허요.

아:!

- 그라너고는 이 푸러머글[142] 기리 업쏘. 그래요.

- 이누무 소리를 어치케 허꼬, 지네 아빠하고 두리 가서 무러봉, 드러봉개 그러케 허니 어치케 허꼬.

- 그러고는 그리서 인자 최서늘 다핻쬬.

- 최서늘 다하고 도니 거시건다거먼 무장 거그, 즈그 아빠 살던 지베 방이 세 카니어요, 가게 딸린 방이.

음.

- 그렁개 두 카는 인자 사글쎄로 내놔요.

음.

- 사글쎄로 내놔가꼬 아그덜 거그서 쪼까썩 꺼서 먹꼬 그눔 될 대주고, 인자 그러고 그러고 어츠게 해가꼬, 인자 성제가네[143] 또 돈 조까썩 모태서 거두고 해가꼬 인자 부틍 거시 법때를 부터써요.

어::!

- 하낭대 법때럴.

아이고!

- 그리서 인자 거그럴 학꾜를 다님서, 그르케 인자 힘들게 학꾜를 다넏써요.

－ 그때만 해도 내가 교회를 안 다니니까, 하도 애가 터지거든.

음.

－ 어디 이제 이루 글귀로 풀어서 한다는 사람 이제, 그 글로 보는 사람이 있었어, 거기를 가서 보니까.

－ 아이고! 이 학생이 대학교 붙기는 붙어요.

음.

－ 그런데 노적 낟가리 세 개면 세 개, 두 개면 두 개, 이 사람 똥구멍으로 다 들어가야 해요.

아!

－ 그렇지 않고는 이 풀어먹을 길이 없소. 그래요.

－ 이놈의 소리를 어떻게 할고, 저희 아빠하고 둘이 가서 물어보니까, 들어보니까 그렇게 하니 어떻게 할꼬.

－ 그러면은 그래서 이제 최선을 다했죠.

－ 최선을 다하고 돈이 부족하다고 하면 무장 거기, 자기 아빠 살던 집에 방이 세 칸이에요, 가게 딸린 방이.

음.

－ 그러니까 두 칸은 이제 사글세로 내놔요.

음.

－ 사글세로 내놓아가지고 아이들 거기서 조금씩 꺼서 먹고 그놈 뒤 대주고, 이제 그리고 그리고 어떻게 해가지고, 이제 형제간에 또 돈 조금씩 모아서 거두고 해갖고 이제 붙은 것이 법대를 붙었어요.

어!

－ 한양대 법대를.

아이구!

－ 그래서 이제 거기를 학교를 다니면서, 그렇게 이제 힘들게 학교를 다녔어요.

음.

- 학꾜를 다년는디, 그거이 그르케 안될라고렁가.

- 거시기를 보머는, 시허물 보머는 학껴글 모대요.

음, 고시?

- 애, 고시 시여물 보머넌.

- 그러머는 지가 인자 미테 인자 딴 사람드를 데리꼬 갈친 사라먼 합껴글 허는디, 야는 합껴글 모대요.

- 그렁개 지비 식꾸가 총 기대를 걸기럴 가 하나에다 거러찌요.

그러케따.

- 가 하나에다가, 니가 그래도 법때래도 나와서 고시 합껴거고 저거 허고 허머는 그리도 안 거식 허건냐. 느그 형제가는 어치게, 다 히멀 피고 안 사건냐[144] 이?

- 돈 물찔쩌그로 힘 피능 거뽀다도 사라미 어깨 피고 사능 거시 큰 히 밍개, 안 살건냐 핸는디, 그거설 모대써요.

참!

- 아이! 그러더니 인자는 어디가 인는지 종문소시그로 소식조차 업써 져 버려써요, 지금.

- 비시[145] 지고, 먼 무어슬 어치게 하다가 비시 곁뚱가 바요.

- 그렁개 그 비설 지고 두째 성이 암당[146]을 핸써요.

- 즈그 두째 성은 먼저 대우자동차 회사에 가 이썬써요.

- 그 회사에 드러갈 쩌게, 엄마 이러구이러구 헌디 회사에를 드러가야 는디 내가 도니 피료헌디 어째, 허고 고창까지 쪼차와떠라구요.

- 그래서 얼마먼 피료허냐 형개, 얼마를 이쓰야는디, 나 장으 가꼬 댕 기는 돈 쭈마니를[147] 다 터러도 그 도네서 쪼까 모지랟써요[148].

- 아나, 시번짜리까지 이늠 이르케 다 터러중개 이늠 가꼬 가서 어트 케 해라.

음.

- 학교를 다녔는데. 그것이 그렇게 안 되려고 그런가.

- 거시기를 보면, 시험을 보면 합격을 못해요.

음, 고시?

- 고시 시험을 보면.

- 그러면 자기가 이제 밑에 이제 다른 사람들을 데리고 가르친 사람은 합격을 하는데, 이 애는 합격을 못해요.

- 그러니까 집의 식구가 총 기대를 걸기를 그 애 하나에다 걸었지요.

그렇겠다.

- 그 애 하나에다가, 네가 그래도 법대라도 나와서 고시 합격하고 저 거하고 하면은 그래도 안 거시기 하겠느냐, 너희 형제간은 어떻게 다 힘을 펴고 안 살겠냐?

- 돈 물질적으로 힘 펴는 것보다도 사람이 어깨 펴고 사는 것이 큰 힘이니까, 안 살겠냐 했는데, 그것을 못했어요.

참!

- 아이 그러더니 이제는 어디 가 있는지 종무소식으로 소식조차 없어져 버렸어요, 지금.

- 빚이 지고, 무엇을 어떻게 하다가 빚을 졌던가 봐요.

- 그러니까 그 빚을 지고 둘째 형이 감당을 했어요.

- 자기 둘째 형은 먼저 대우자동차 회사에 가 있었어요.

- 그 회사에 들어갈 적에, 엄마 이러고이러고 하는데 회사에를 들어가야 하는데 내가 돈이 필요한데 어떻게 해, 하고 고창까지 쫓아왔더라고요.

- 그래서 얼마가 필요하냐 하니까, 얼마가 있어야 하는데, 나 장에 갖고 다니는 돈주머니를 다 털어도 그 돈에서 조금 모자랐어요.

- 아나, 십원짜리까지 이거 이렇게 다 털어주니까 이것 갖고 가서 어떻게 해라.

- 내가 이꼬 안 주는 건 아니고, 내 힘끈[149] 이르케 해도 이르케 댕개, 인자 나는 힘끈 너한테 도와줘쑹개 너는 너 힘껏 어치케 해 봐라 해떠니, 어트케 해가꼬 그 대우자동차 회사로 드러가더라고.

참 자랜네.

- 그래가꼬 도늘 버러가꼬 아빠트도 사고, 어쩌고 핸는디.

- 그때 대우자동차 회사에 또 뭘 큰 베랑[150] 마저짜나요, 날리 나썰짜나요.

- 그때 거그서 또 짤려버럳써요.

아이구!

- 그래가꼬는 선운산 풍천장아럴 헌다고, 여과늘 헌다고 뭐슬 어쩌고 어쩌고 허더니, 뭐시 안되얀능가봐요.

음.

- 그래가지고 제 동생 빈 떠앙꼬, 워쩌고 해가꼬는 시방, 거시기 거가 도미니카? 인 인도라거덩가 도미니카라거덩가 거그, 시방 외구게 나가서 이써요.

- 아이고, 그렁개 사람사는 거시 쌍둥이 두런: 그대로 여그서 살고 인는디, 또 막뚱이 쌍둥이는 애기랑 남매 난는디, 거그도 또 이 여자가 나가버리고.

- 그르케 얌전허던 거시, 내 누네 그르케 들고, 칭차늘 헌 메누리가 그르케 나가버려써요.

허이고!

- 크나딜 메누리 업씨, 무장 또 그 아저씨 크나딜 메누리 나가버럳찌.

- 아그, 딸 슫, 아들 하나 노코[151], 나코 나가버럳찌.

- 또 쌍둥인디, 막뚱이 쌍둥이가 아들 딸 남매 나노코[152], 아 세상에 어느 남자허고 바람 나가꼬, 그러코 댕기등갑뜨만.[153]

- 아드른 이 생수 배다럴 핻때요.

－ 내가 있고 안 주는 것 아니고, 내 힘껏 이렇게 해도 이렇게 되니까, 이제 나는 힘껏 너한테 도와줬으니까 너는 네 힘껏 어떻게 해 봐라 했더니, 어떻게 해서 그 대우자동차 회사로 들어가더라고.

참 잘 했네.

－ 그래가지고 돈을 벌어갖고 아파트도 사고, 어쩌고 했는데.

－ 그때 대우자동차 회사에 또 무슨 큰 벼락 맞았잖아요, 난리 났었잖아요.

－ 그때 거기서 또 잘려버렸어요.

아이고!

－ 그래서 선운산 풍천장어를 한다고, 여관을 한다고, 무엇을 어쩌고 어쩌고 하더니, 무엇이 안 되었는가봐요.

음.

－ 그래서 제 동생 빚 떠안고, 어쩌고 해서는 시방, 거시기 거기가 도미니카? 인도라고 하든가 도미니카라고 하든가 거기, 시방 외국에 나가서 있어요.

－ 아이고 그러니까 사람 사는 것이 쌍둥이 둘은 그대로 여기서 살고 있는데, 또 막둥이 쌍둥이는 애기랑 남매 났는데, 거기도 또 이 여자가 나가버리고.

－ 그렇게 얌전하던 거시, 내 눈에 그렇게 들고, 칭찬을 한 며느리가 그렇게 나가버렸어요.

아이고!

－ 큰아들 며느리 없이, 무장 또 그 아저씨 큰아들 며느리 나가버렸지.

－ 아이, 딸 셋, 아들 하나 놓고, 낳고 나가버렸지.

－ 또 쌍둥이인데, 막둥이 쌍둥이가 아들 딸 남매 낳아 놓고, 아 세상에 어느 남자하고 바람 나갖고 그렇게 다녔던가 보더구먼.

－ 아들은 이 생수 배달을 했대요.

- 이르케 새파란 물통 요마능거, 거그다 해가꼬 배다를 허머는, 에르
벨타[154] 인는디는 에레베타로 가는디 에레베타 음는디는 항상 여그다 영
꼬 한나 들고 그 게다늘 올라댕기고 내라댕기고.

- 새봉[155] 나가서 그르케 허머는 뭐던 때는 저녀게 두로머는 읍씨머
는 애기들뽀고 엄마 어디 간냐? 허면, 엄마 직짱 가따겅개 그런 줄만 아
라때요.

- 그래떠니 바람 나가꼬 그러고 댕겨뜽가봐요.

- 그러고 버러서 인자 아파뜨랑 산는디.

하이고!

- 그러고 써도 몰란는디,

- 그 바람난 남자 아부지가 아드란티, 야 이 사라마 자네는 살리멀 어
치케 허간디 자네 마누라 바람 난지도 모링가[156]?

음.

- 우리 아드러고 이르고 이르고 해서 바람 나서 우리 메누리가 나가게
생겨씨니 이거 어찌할 꺼싱가?

음.

- 자네 마누래 단속 쪼까 허소.

음.

- 그거시 발각 됭개 기양, 두리, 우리 메누리허고 그 남자하고 그양,
어디로 간지온지 모르게 나가버려때요.

참!

- 그렁께 애기드리 시방 남매거뜨리 인는데, 머시마가 그래요.

- 즈그 엄마가 승이 유씨대요.

음.

- 근데 유씨는 어쩌고어쩌고 헌다거먼.

- 할머니, 유씨 말도 허지 마세요.

- 이렇게 새파란 물통 요만한 거, 거기다 해갖고 배달을 하면은, 엘리베이터 있는 데는 엘리베이터로 가는데, 엘리베이터 없는 데는 항상 여기다 얹고 하나 들고 그 계단을 올라다니고 내려다니고.

- 새벽 나가서 그렇게 하면은 어떤 때는 저녁에 들어오면 없으면 애기들보고 엄마 어디 갔냐? 하면, 엄마 직장 갔다고 하니까 그런 줄만 알았대요.

- 그랬더니 바람 나갖고 그렇게 다녔던가 봐요.

- 그렇게 벌어서 이제 아파트랑 샀는데.

아이고!

- 그러고 있어도 몰랐는데,

- 그 바람난 남자 아버지가 아들한테, 야 이 사람아 자네는 살림을 어떻게 하기에 자네 마누라 바람 난 줄도 모르는가?

음.

- 우리 아들하고 이렇고 이렇고 해서 바람나서 우리 며느리가 나가게 생겼으니 이거 어찌할 것인가?

음.

- 자네 마누라 단속 좀 하소.

음.

- 그것이 발각되니까 그냥, 둘이, 우리 며느리하고 그 남자하고 그냥 어디로 간지 온지 모르게 나가버렸대요.

참!

- 그러니까 아이들이 시방 남매가 있는데, 남자애가 그래요.

- 자기 엄마가 성이 유 씨래요.

음.

- 그런데 유 씨 어쩌고 어쩌고 한다고 하면.

- 할머니, 유 씨 말도 하지 마세요.

- 유씨 징그러요.
- 즈그 엄마 성짜도 내노치 마라개요, 가는 또.

아이쿠!

- 긍개 지금 세상이, 지금 여우[157], 겨론식 해서 올려서 보내는 거시 아니라, 사:능게 문제예요.

그렁개.

- 얘, 사능게.

- 긍개 우리 목싸님 밤나 지금 시대가 막창[158] 시대가 완써요, 완써요, 그러더니.

- 지그믄 너무나 여자가 민주화가 되야가꼬 남자를 이겨멍는 세상이라

- 옌날가치 여자가 어디 추립또 안 안허고 사는 세상이 도라와야 할랑가 바요.

아이고! 아이고 참!

- 유 씨 징그러워요.

- 자기 엄마 성 자도 내놓지 말라고 해요, 그 애는 또.

아이고!

- 그러니까 지금 세상이, 지금 여우, 결혼식 해서 올려서 보내는 것이 아니라, 사는 게 문제예요.

그러니까.

- 예, 사는 게.

- 그러니까 우리 목사님 밤낮 지금 시대가 마지막 시대가 왔어요, 왔어요, 그러더니.

- 지금은 너무나 여자가 민주화가 되어가지고 남자를 이겨먹는 세상이라.

- 옛날같이 여자가 어디 출입도 안 하고 사는 세상이 돌아와야 하려나 봐요.

아이고! 아이고 참!

2.4 제보자 1의 출생과 성장 3

부사느로 중학꾜 마치고 부사느로 갇따니까요, 그 사람 생기기 갑짜기 나네.

- 크게 거기선...

- 한 또 역시 가가지고 지가 그때 인자 중하걸 마치고...

예: .

- 또 역씨 고등학꾜까지 어트게 마치고...

혼자서 그러케 하신거여?

- 네.

- 그리고 머...

- 인자 그레가지고 기공:: 이럴 배왇써요.

야: :!

- 그리가지고 기공사 일 허다가 인자 자기가 경:영얼[159] 허고.

예.

- 그 지금 부사네 에, 기공 여납페가 읻끄덩,

응응응.

- 그레가지고 인자 참 거그서...

- 뭐 여 여기서 호나메서 머처[160] 혼자 가가지고 거그서 참 채금자까지[161] 허고, 채그자까지 허고 그저 그대:로 인자 그대로 유지허고 읻써요.

- 기공소럴 채레가지고 기공소까지 허고...

아: :!

- 그 인자, 그저느 개인 기공소가 읻뜨니 지그먼 그냥 또 종합...

응: :.

- 기공소가 읻뜨만.

그러체 얘 그러체.

부산으로 중학교 마치고 부산으로 갔다니까, 그 사람 생각이 갑자기 나네.

─ 크게 거기에선...

─ 한 또 역시 가가지고 지가 그때 이제 중학을 마치고...

예.

─ 또 역시 고등학교까지 어떻게 마치고...

혼자서 그렇게 하신 거예요?

─ 예.

─ 그리고 뭐...

─ 이제 그래가지고 기공 일을 배웠어요.

야!

─ 그래가지고 기공사 일 하다가 이제 자기가 경영을 하고.

예.

─ 그 지금 부산에 예, 기공 연합회가 있거든,

응응응.

─ 그래가지고 이제 참 거기서...

─ 뭐 여, 여기서 호남에서 먼저 혼자 가가지고 거기서 참 책임자까지 하고, 책임자까지 하고, 그저 그대로 이제 그대로 유지하고 있어요.

─ 기공소를 차려가지고 기공소까지 하고...

야!

─ 그 이제, 그전에 개인 기공소가 있더니, 지금은 그냥 또 종합...

응.

─ 기공소가 있더구먼.

그렇지 예 그렇지.

‒ 거기서 인자 한 칠팔씸명 데리고 그...

칠팔씸명?

‒ 에.

‒ 으, 기공 은...

그럼 크나든님도 거기서 이라시는 거에요?

‒ 아! 그란체[162] 별또.

‒ 저 별또로 또 인자...

또.

‒ 어 개인 거시기 허고 일쩨.

하이구!

‒ 정년 마즌 동생, 그 정년 퇴지걸 헫써.

아, 동생부는?

‒ 어, 그래가지고 인자 개:이니 괄리럴 채리고 일쩨, 기공소럴.

아!

‒ 긍개 여그덜 지덜 개인쩌그로 인자 기공소럴 채리고.

그럼 크나든님도 그:: 동생분 영향을 바다서...

‒ 아, 영향얼 바다가지고 그러지 이.

그러케 하신거네요?

‒ 어.

‒ 최고 학뿌넌 안나완쓰도 만자면,[163] 기공꽈.

응, 부사네서?

‒ 으, 부산써.

‒ 기공꽈럴 나와가지고 인자 그 사어벌 동생이 마러자면 둘따.

그거 도니 괜찬타고 하더라고.

‒ 애, 그거:이 마 그 버:리는 괜차넌 모양인디...

응응응.

- 거기서 이제 한 칠팔십명 데리고 그...

칠팔십명?

- 예.

- 응, 기공은...

그럼 큰아드님도 거기서 일하시는 것이에요?

- 아! 그렇지 않지 별도.

- 저 별도로 또 이제...

또.

- 어, 개인 거시기 하고 있지.

아이고!

- 정년 맞은 동생, 그 정년퇴직을 했어.

아, 동생분은?

- 응, 그래가지고 이제 개인이 관리를 차리고 있지, 기공소를.

아!

- 그러니까 여기들 자기들 개인적으로 이제 기공소를 차리고.

그러면 큰아드님도 그 동생분 영향을 받아서...

- 아, 영향을 받아가지고 그렇지 이.

그렇게 하신 것이네요?

- 응.

- 최고 학부는 안 나왔지만 말하자면, 기공과.

응, 부산에서?

- 응. 부산에서.

- 기공과를 나와가지고 이제 그 사업을 동생이 말하자면 둘 다.

그것 돈이 괜찮다고 하더라고.

- 예, 그것이 뭐 그 벌이는 괜찮은 모양인데...

응응응.

- 건강상 그거시 축:: 안저서만 그걸 허고읻쓰니까 그거 쫌 머...

물론 물론 그러쵸, 그러기는 허지마는 버리로는 괜차능걷 가터라고.

- 기 *** 내 동생, 참 기공 허고 읻쩨.

응.

- 내 아덜 그러제 둘, 두 세시나 기공어벌 허고 읻쩨.

그러니까.

- 어.

아치메 오늘 아치메 사진 보면서 사시른 아이구! 그냥 보는 검마느로도...

- 또 이상허게 또.

- 우리 두:채 또 그런 성껴기 읻써.

응::.

- 어떤 나:서가지고, 채김자 안 자기가 아페서 그런 그, 어:떠게 히가 지고[164] 또.

- 어: 기공 여나쭤[165] 지금 회장으로 읻쩨.

어.

- 그거또 이상허게 되야써.

부사네서?

- 응.

- 네, 인자 기공:: 그거또 선출허드만...

어.

- 투표대로.

- 다 기공:사더리.

그:려요.

- 그레가지고 또 선추레가지고 회:장지걸 맏꼬 읻씽개.

- 그걸 볼라, 머덜[166] 볼라, 쫌 바뿌제.

- 그렁걸 또 성께기 또 그런 성께기 또 읻써.

- 건강상 그것이 쭉 앉아서만 그것을 하고 있으니까 그것 좀 뭐...

물론 물론 그러지요, 그렇기는 하지만 벌이로는 괜찮은 것 같더라구요.

- 기 *** 내 동생, 참 기공하고 있지.

응.

- 내 아들 그렇지 둘, 둘 셋이나 기공업을 하고 있지.

그러니까.

- 응.

아침에 오늘 아침에 사진 보면서 사실은 아이구! 그냥 보는 것만으로도...

- 또 이상하게 또.

- 우리 둘째 또 그런 성격이 있어.

응.

- 어떤 나서가지고, 책임자 안 자기가 앞에서 그런 그, 어떻게 해가지고 또.

- 응, 기공 연합회 지금 회장으로 있지.

응.

- 그것도 이상하게 되었어.

부산에서?

- 응.

- 예, 이제 기공 그것도 선출하더구먼...

응.

- 투표대로.

- 다 기공사들이.

그래요.

- 그래가지고 또 선출해가지고 회장직을 맡고 있으니까.

- 그것을 보랴, 뭣을 보랴, 좀 바쁘지.

- 그런 것을 또 성격이 또 그런 성격이 또 있어.

- 지기[167] 성언[168] 그런 성께기 아닌디.

- 또 한동안 또 이: 호:남...

사진좀 보면서, 사지늘 가져오께요 저방에 읻떠만.

- 그 또 한동안언 또 호:남 향우회 에: 회장얼 또 허고 읻쩨.

가가?

- 허다가 그건 내노코 인자 기공 여나뭐 지금 회장이지.

이 양반?

- 응, 야가.

- 이 내 또 이거 크나고, 이건 내 세채고...

허허허.

임물도 다: 그냥 휙:너시고, 아이고.

- 그리서 내가 이...

보먼 볼쑤로 즐거워.

- 내가 그 담:배럴 끄는 워니니 또 읻쩨.

아!

- 그전부터 아 인자 담배럴 끄너야건따.

응.

- 내가 챙피헤서 다 에기서 먼 그거 하:급초 피능건또 그러코...

응.

- 내가 인제 이걸 이 고:급 땀배...

응응응.

- 필 정도가 된다며넌 그런 헹페니 읻씨며넌 오:심 너머서 그런 생가 걸 가젇써.

예.

- 피리: 허고 읻따가 아:무리도 안되걷뜨라 그마리여, 피안[169].

응.

- 자기 형은 그런 성격이 아닌데.

- 또 한동안 또 이 호남...

사진 좀 보면서, 사진을 가져올게요, 저 방에 있더구먼.

- 그 또 한동안은 또 호남 향우회 에, 회장을 또 하고 있지.

그 애가?

- 하다가 그것은 내놓고 이제 기공 연합회 지금 회장이지.

이 양반?

- 응, 이 아이가.

- 이 내 또 이것은 큰 애고, 이것은 내 셋째이고...

허허허.

인물도 다 그냥 훤하시고, 아이고.

- 그래서 내가 이...

보면 볼수록 즐거워.

- 내가 그 담배를 끊은 원인이 또 있지.

아!

- 그전부터 아 이제 담배를 끊어야겠다.

응.

- 내가 창피해서 다 여기서 뭔 그것 하급초 피우는 것도 그렇고...

응.

- 내가 이제 그것을 이 고급 담배...

응응응.

- 피울 정도가 된다면 그런 형편에 있으면, 오십 넘어서 그런 생각을 가졌어.

예.

- 피우리라 하고 있다가 아무리해도 안 되겠더라 그 말이야, 피면.

응.

‒ 절초럴 안돼, 내 담배럴 몯끙껃써.

응.

‒ 근디 함버넌 인자 고등학꾜 인자 지나걸 허넌디.

응.

‒ 학꾜서 통지가 완뜨라 그마리여.

응.

‒ 인자 중학꾜럴 마치고, 그 학꾜에서 어! 에기서 인자 시골 학꾜니까 딴디로 가깜시,170) 멜뻔 나보고 오라게서 여따 지나걸 시키쑈 시키쑈, 다 님선생이 이런 일도 읻썯꼬.

예.

‒ 그 인자 고등학꾜 인자 그려 그려 그려 기양 내 헹페니도 나 헹페니 몯뙤제, 딴 데로 갈 헹페니 몯뙤야.

응.

‒ 지방에서.

= 행이나 또 딴데로 보내깨미171).

응.

‒ 그 인자 고등학꾜럴 지낙 헨는디.

‒ 시걸 보메 허는디, 어! 함번 교:장이 오라게서 통지럴 헤서 갇떠니.

응.

‒ 인자 두:럴 가따 인자 장학쌩 수여시걸 헌다 그마리여.

음.

‒ 그러멘서 인자 삼년간, 긍개 인자 드러간는디, 인자 장학끄멀 받께 되야읻써.

참::.

‒ 고등학꾜 때.

‒ 그레서 그걸 다 받꼬...

- 절초를 안 돼, 내 담배를 못 끊겠어.

응.

- 그런데 한 번은 이제 고등학교 이제 진학을 하는데.

응.

- 학교에서 통지가 왔더라 그 말이야.

응.

- 이제 중학교를 마치고, 그 학교에서 어! 여기에서 이제 시골 학교니까 다른 곳으로 갈까봐, 몇 번 나보고 오라고 해서 여기에다 진학을 시키세요 시키세요, 담임선생이 이런 일도 있었어.

예.

- 그 이제 고등학교 이제 그래 그래 그래 그냥 내 형편에도 나 형편이 못 되지, 다른 곳으로 갈 형편이 못 돼.

응.

- 지방에서.

= 행여나 또 다른 곳으로 보낼까봐.

응.

- 그 이제 고등학교를 진학 했는데.

- 식을 봄에 하는데, 어! 한번 교장이 오라고 해서 통지를 해서 갔더니.

응.

- 이제 둘을 가져다 이제 장학생 수여식을 한다 그 말이야.

음.

- 그러면서 이제 삼년간, 그러니까 이제 들어갔는데, 이제 장학금을 받게 되어 있어.

참.

- 고등학교 때.

- 그래서 그것을 다 받고...

삼년간?

― 애.

― 그날 그해 그해만.

응.

― 가게 생긴따 그마리여.

― 근디 또 인자 인자 칭구가 일쩨, 그 사람하 가:하고172) 두:리.

응.

― 인자 허넌디, 가마니 그걸 교장선생니만테 인자 추앙얼 허고, 야가 참 공부도 잘허고 성실허고 근다고.

― 그 교장이 누구냐며넌 나으 일런 섬배열써.

― 고창고등학꾜 일런 섬배.

― 근데 치:니 허던 안는 페넌디 내 또 차이가 일끼 때무네.

응.

― 그 사람 다 고등학꾜 나와가지고 대:학까지 간, 학꾜 교장인디.

응.

― 인자 칭구넌 아녀도 그 사라미 섬밴디 일:넌 섬배열써.

응.

― 긍개 그때, 에! 장학끄멀 타넝거설 보고 도라서 오넌디.

― 가고럴 흰쩨 내가.

응응.

― 허! 도와는 몯쭐찌언정 마리여 이, 그 시먼173) 몯뛸찌언정, 이 씨잘 띠엄넌174), 이 연초랑거선 백:캐무해허거던, 이거시 피어받뜬들 한 습꽌:: 제기제.

― 그리서 그때부터 담밸 끄느리.

― 차라리 그걸 가지고 허다모데 공채기라도 하나 다 사준다든지 마리 여 이?

삼년간?

― 예.

― 그날 그해 그해만.

응.

― 가게 생겼다 그 말이야.

― 그런데 또 이제 이제 친구가 있지, 그 사람하고 그 애 하고 둘이.

응.

― 이제 하는데, 가만히 그것을 교장선생님한테 이제 추앙을 하고, 이 애가 참 공부도 잘하고 성실하고 그런다고.

― 그 교장이 누구냐 하면 내 일년 선배였어.

― 고창고등학교 일년 선배.

― 그런데 친하게 하지는 않는 편인데, 내 또 차이가 있기 때문에.

응.

― 그 사람 다 고등학교 나와 가지고 대학까지 간, 학교 교장인데.

응.

― 이제 친구는 아니어도, 그 사람이 선밴데 일년 선배였어.

응.

― 그러니까 그때, 예! 장학금을 타는 것을 보고 돌아서 오는데.

― 각오를 했지 내가.

응응.

― 허! 도와는 못 줄지언정 말이야 이, 그 힘은 못 될지언정, 이 쓰잘머리 없는, 이 연초라는 것은 백해무익하거든, 이것이 피워보았던들 한 습관적이지.

― 그래서 그때부터 담배를 끊으리.

― 차라리 그것을 가지고 하다못해 공책이라도 하나 사준다든지 말이야 이?

응.

- 내가 담배라 허다모데 땅:거라도 협쪼헤줄마넌 그런 늘 대채기 일써, 마:으미라도 일써야 허걷뜨라 그마리여.

- 그레 그 담배럴 끈는다.

- 그리가지고 그때 끈:코, 해:리에 볼리리 일썯따 그마리여.

응.

- 그때 인자 볼리리 일썬는디, 그때 지검씨[175] 인자 부사:닝가 갇쓸때고, 근디 그때 또 어, 가가지고 그때 머시냐며넌, 인자 갑:계가 일써가지고 거게:: 자녀 게론시기라고 저 참서글 모더게서, 내가 대:리로 참서건 때라 그마리여.

응.

- 근디 강개 아넌 사람도 잍꼬 그런디, 인자 첟 순서가, 인자 만나머넌 술짜썩 아니면 담배한대 피라고 이런 인자 그거시 인사그던.

음.

- 서로 그런디 그때부터 담배럴 끈끼 시작헫써.

야::!

- 거 누가 담배럴 궈:너드라고, 듣떨[176] 앙코.

- 그레 지비 안 도라 왇써요.

- 하:따! 도라오넌디 몹빠우걷써[177].

- 어, 중되기[178] 되야가지고 이건 담베럴 꼭 피야씨건넌디.

- 그런디 자우간 가고럴 헫따 그마리여.

- 그건 내 월래 또 승:껴기 저녀그 담:배럴 담배까어고 라이타허고 머리다 두고 피넌 사라미여.

- 그레머넌 내가 수멩이[179] 짤릅틈니다[180] 이.

예.

- 너무나도 공상이[181] 마네서, 아버지어고 잘 때, 아버지 게:실 때도,

응.

— 내가 담배라 하다못해 다른 것이라도 협조해줄만한 그런 늘 대책이 있어, 마음이라도 있어야 하겠더라 그 말이야.

— 그래 그 담배를 끊는다.

— 그래가지고 그때 끊고, 해리에 볼 일이 있었다 그 말이야.

응.

— 그때 이제 볼 일이 있었는데, 그때 저희 어머니 이제 부산인가 갔을 때고, 그런데 그때 또 어, 가가지고 그때 무엇이냐 하면, 이제 갑계가 있어가지고 거기에 자녀 결혼식이라고 저 참석을 못하게 되어서, 내가 대리로 참석한 때라 그 말이야.

응.

— 그런데 가니까 아는 사람도 있고 그런데, 이제 첫 순서가, 이제 만나면 술좌석 아니면 담배 한대 피우라고 이런 이제 그것이 인사거든.

음.

— 서로 그런데 그때부터 담배를 끊기 시작했어.

아!

— 그 누가 담배를 권하더라도, 듣지를 않고.

— 그래 집으로 안 돌아 왔어요.

— 아따! 돌아오는데 못 배기겠어.

— 어, 중독이 되어가지고 이것은 담배를 꼭 피워야 되겠는데.

— 그런데 좌우간 각오를 했다 그 말이야.

— 그것은 내 원래 또 성격이 저녁에 담배를 담배갑하고 라이터하고 머리에다 두고 피는 사람이야.

— 그러면, 내가 수명이 짧습니다, 이.

예.

— 너무나도 공상이 많아서, 아버지하고 잘 때, 아버지 계실 때도

내 나가서 자다가 담배럴 피넌 사라미여.

어.

- 자미 아노:치가.

어::.

- 이건 쩌건 인자 기아지벌 짇따가...

- 그마만치 지:그밍개 자멀 잘자요.

- 절머쓸쩨 더 몬 잔쩨, 자미 아놔.

응.

- 모등걸 내 압낄, 내가 이러케 되얃따능거, 이렁걸 생가걸 때, 가정이 위낙 참 쪼달리기182) 때미네.

응.

- 저녀게도 꼭 담배집까걸 내 노코 피:지 담배까걸.

- 근디 아: 이놈 담배가, 또 안시끄나 잉씨면 또 무시라도 허면 인자, 지금 담배 끈는 사람드런 벨:걸 다, 끄:멀 가따노코도 끈:네 먼 은:다널 노코 기렌디.

- 이거 그때 농초네 허다모데 어, 콩:이라도 보까서 마리여 이, 그거라도 집쩍꺼리고183) 이렏씨면 씨건는디184).

- 아: 이건 이건 텅:: 비연는디, 혼자 잉쓰서.

- 그레 멥뼈널 일라따 드레다 머럴 하나 머글꺼 머글꺼 인능가 엄능가 도라댕기다가 자고 인자.

- 자멀 쎄기 자야넌디, 안저씨머넌 그냥 미치걷써.

- 그래선 머 정심뻥자쪼라가185) 도라다니제 차라리.

- 시간쩌그로 그냥 도라다녀.

- 이리가지고 잍쭈일가널 견딛따 그마리여.

- 아 그리서 견덴는디...

허허허.

내가 나가서 자다가 담배를 피우는 사람이야.

어.

― 잠이 안 오니까.

어.

― 이것 저것 이제 기와집을 짓다가…

― 그마만치 지금이니까 잠을 잘 자요.

― 젊었을 때 더 못 잤지, 잠이 안 와.

응.

― 모든 것을 내 앞길, 내가 이렇게 되었다는 것, 이런 것을 생각을 할 때, 가정이 워낙 참 쪼들리기 때문에.

응.

― 저녁에도 꼭 담배집 곽을 내 놓고 피지, 담배갑을.

― 그런데 아 이놈 담배가, 또 안식구나 있으면 또 무엇이라고 하면 이제, 지금 담배 끊는 사람들은 별것을 다, 껌을 갖다놓고도 끊네, 뭔 은단을 놓고 그랬는데.

― 이것 그때 농촌에 하다못해 어, 콩이라도 볶아서 말이야 이, 그것이라도 지범거리고 이랬으면 쓰겠는데.

― 아! 이것은 이것은 텅 비었는데, 혼자 있으면서.

― 그래 몇 번을 일어났다 들었다 무엇을 하나 먹을 것 먹을 것 있는가 없는가 돌아다니다가 자고 이제.

― 잠을 세게 자야하는데, 앉아있으면 그냥 미치겠어.

― 그래서는 뭐 정신병자처럼 돌아다니지 차라리.

― 시간적으로 그냥 돌아다녀.

― 이래 가지고 일주일간을 견뎠다 그 말이야.

― 아 그래서 견뎠는데…

허허허.

− 견디곤 일쭈일간 지냉개 쪼끔 날떠만.

− 근디 담배럴 끄니면서 그때 단:[186] 사라먼 나이타럴 드러어 내비리고[187], 피:던 담배럴 그냥 뿌서버리고 내:비리고 아조 그릴따넌디 나넌 절때 그레먼 업써.

응.

− 담:배 그:대로 가지고 다녈써요.

야::!

− 저녀그도 그저 노코자고, 왜냐하며넌 그걷도 웁쓰먼 더어시걷떠라[188] 그마리여.

− 와서 필라고 이러섣따가 아! 그냥 주저앙꼬.

응.

− 담:배럴 태:서 무럳따가 도로 노코, 어:디 나갈때 꼭 담배럴 느코[189] 댕겓써이[190].

= 허허허.

− 느코 댕:임서[191] 끄녈써.

하하하.

− 내안자 그레기 여그 싸람덜, 나넌 담:배럴 가지고 댕김선 끄녇따.

히야!

− 지가 끈꺼시 참 마:으미 그냥 금방 이시면 읻씨야 더 살건넌디.

− 그리서 담:배까, 냄:새라도 맏꼬 그냥 내려노코 그냥 도로 끼우고.

− 이레가지고 나넌 담:배 가지고 댕김서 담배럴 끄녈써.

허허허허허허.

− 그리서 인자 담배럴 끄닌는디[192].

− 가장 그때 담배 끄녀가지고 더걸 봉거선, 그때 당시 우리 안시꾸가 네조양으로 음 어 전주 에:수병어네서 수수럴[193] 때라 그마리여.

응.

- 견디고는 일주일간 지내니까 조금 낳더구먼.

- 그런데 담배를 끊으면서 그때 다른 사람은 라이터를 들어 내버리고, 피던 담배를 그냥 부셔버리고 내버리고, 아주 그랬다는데 나는 절대 그런 것 없어.

응.

- 담배 그대로 가지고 다녔어요.

야!

- 저녁에도 그저 놓고 자고, 왜냐하면 그것도 없으면 더하겠더라 그 말이야.

- 와서 피려고 일어섰다가 아! 그냥 주저 않고.

응.

- 담배를 태워서 물었다가 다시 놓고, 어디 나갈 때 꼭 담배를 넣고 다녔어.

= 허허허.

- 넣고 다니면서 끊었어.

하하하.

- 내 이제 그렇기에 여기 사람들, 나는 담배를 가지고 다니면서 끊었다.

이야!

- 제가 끊은 것이, 참 마음이 그냥 금방 있으면 있어야 더 살겠는데.

- 그래서 담배갑, 냄새라도 맞고 그냥 내려놓고 그냥 다시 끼우고.

- 이래 가지고 나는 담배 가지고 다니면서 담배를 끊었어.

허허허허허.

- 그래서 이제 담배를 끊었는데.

- 가장 그때 담배 끊어가지고 덕을 본 것은, 그때 당시 우리 안식구가 뇌종양으로 음 어 전주 예수병원에서 수술할 때라 그 말이야.

응.

– 그런디, 가:장 조응거시, 거개 가조:로[194] 온 사람덜 보걸 배우자가 마리여 보호자더리, 그냥: 하:장시레 가서 담배 피우고 여:가도 담배 피우고 그냥 썬 그러니까.

– 근디 나넌 그렁 거시 읍썰뜨라 그마리여 끄너버릳쓰니까.

응.

– 그게 함번 참 큰 더글 보고, 거기에넌 인자 신경얼 안쓰니까.

– 아! 이릳썬는디.

= 그때 나 육깨월배끼는[195] 몯싼다겓써요.

세:상에!

– 그리가지고...

= 이:심 지금 이심녀니 넘언넌디요.

– 야!

= 하하하하.

– 일:년 그리서 한...

= 이심녀니 너멀써.

– 일:개월 일개월 치료럴 받꼬.

– 음녁, 양:녁...

= 그렁개 육깨월도 몯싼단 소리럴 듣꼬넌 나넌...

– 시비월 삼시빌날 퇴워널 핻쩨.

= 그때넌 눔:물 나오더라고.

= 내가 육깨월배끼 몯싼다구.

– 시비럴 시비럴 퇴원허넌디.

– 인자 처으메넌 이:: 그거시 그러더만, 인자 거...

– 그 머리럴 그건 무:시라고[196] 허냐, 머 치료럴 허넌디.

– 먼: 치료라고허제?

에말아이?

- 그런데, 가장 좋은 것이, 거개 가족으로 온 사람들 보기 배우자가 말이야 보호자들이, 그냥 화장실에 가서 담배 피우고, 여기 가도 담배 피우고 그냥 헌 그러니까.

- 그런데 나는 그런 것이 없었더라 그 말이야 끊어버렸으니까.

응.

- 그게 한 번 참 큰 덕을 보고, 거기에는 이제 신경을 안 쓰니까.

- 아! 이랬었는데.

= 그때 나 육 개월밖에는 못 산다고 했어요.

세상에!

- 그래 가지고...

= 이십 지금 이십년이 넘었는데요.

- 야!

= 하하하하.

- 일년 그래서 한...

= 이십년이 넘었어.

- 일 개월 일 개월 치료를 받고.

- 음력, 양력...

= 그러니까 육 개월도 못 산다는 소리를 듣고는 나는...

- 십이월 삼십일 날 퇴원을 했지.

= 그때는 눈물 나오더라고.

= 내가 육 개월밖에 못 산다고.

- 십이월 십이월 퇴원하는데.

- 이제 처음에는 이 그것이 그렇더구먼, 이제 그...

- 그 머리를 그것은 무엇이라고 하냐, 뭐 치료를 하는데.

- 뭔 치료라고 하지?

엠알아이?

- 에말아이넌 차자지이고.

응.

- 댕기멘서 저 나 이노무 정시니...

항암...

- 항암치료럴 허는디.

- 방:사선 치료, 그걸 히얀다는[197] 거여.

독커지.

- 그링개 저 나오넌디 또 방:을 어더야 헌다 그마리여.

- 저:우[198] 인자, 봄삐가 대갈 터긴디, 으그 늘 여그서 그까지 댕길쑤
도 읍꼬.

- 방얼 어더야 허넌, 흘 게호그[199] 히야 한단 쏠 드러따 그마리여.

- 방 어꼬, 거그서 인자 방사선 치료럴, 그때넌 항:암치료가 아니라
방:사선치료라구렌써.

응.

- 어이! 나:중에 퇴원헌날, 퇴원허라군디[200] 그건또 퇴워늘 모:더게 생
겐따 그마리여, 그리서는.

- 그때 돈, 그때또너로 오:마눠잉가 담당 과장얼 가따 쥣써.

응.

- 일쭈일겸만 더 치료럴 받께 헤달라.

응.

- 그리가지고는 그때 참 오:마너럴 인자 쥣끄만.

응.

- 누구 시케서 오마눠늘 드리라고 마리여.

- 그러고 인자 일쭈일간 더: 연기럴 힏쩨.

- 그 치료를 바든쩨[201].

- 그때 담당 과장 슬가장 참 잘 만낟썬써요.

- 엠알아이는 ***고.

응.

- 다니면서 저 나 이놈의 정신이...

항암...

- 항암 치료를 하는데.

- 방사선 치료, 그것을 해야 한다는 거야.

독하지.

- 그러니까 저 나오는데 또 방을 얻어야 한다 그 말이야.

- 겨우 이제, 봄비가 되어갈 턱인데, 여기 늘 여기서 거기까지 다닐 수도 없고.

- 방을 얻어야 하는, 할 계획을 해야 한다는 소리를 들었다 그 말이야.

- 방 얻고, 거기서 이제 방사선치료를, 그때는 항암치료가 아니라 방사선치료라고 그랬어.

응.

- 어이! 나중에 퇴원한 날, 퇴원하라고 하는데 그것도 퇴원을 못하게 생겼다 그 말이야, 그래서는.

- 그때 돈, 그때 돈으로 오만원인가 담당 과장을 갖다 줬어.

응.

- 일주일간만 더 치료를 받게 해 달라.

응.

- 그래가지고는 그때 참 오만원을 이제 주었구먼.

응.

- 누구 시켜서 오만원을 드리라고 말이야.

- 그리고 이제 일주일 간 더 연기를 했지.

- 그 치료를 받았지.

- 그때 담당 과장 설 과장 참 잘 만났어요.

― 아 그리가지고넌 인자 퇴언 헐때 긍개, 지비서 한 처으메넌 일:쭈마네 지비가 읻따가, 일쭈일마네 함번썩 오라구더~이, 나중에 인자 보:룸마네 옹개, 아! 그말만 드러도...

응.

― 어 갠찬게따니[202], 아! 그럼 갠차너걷따구 헤가지고, 움:넌 헹페네[203] 거 방얼 어더야 되제, 댕김선 날:마다 거저 항:암치료 인자넌 방:사선치료 바들쑤가 읍뜨라 그마리여.

― 그리가지고 지비럴 안왇씁띠여[204], 완넌디.

― 그링개 거름도 겨:우 걸:쩨.

― 근디, 지금가트며는 거러오꺼시요.

― 오며는 차로 옹개, 무장써넌 인자 택씨럴 타고 와야할 파닌디.

― 그럴 헝:페니 몯뙤거덩.

― 전주서 인자, 그 교통펴네 인자 차럴 타고, 일반 차럴 타고 인자 무장까지 오면, 거그서 거러:온다 그마리라.

야!

수술허고?

― 겨:우 인자 지펭이를[205] 집꼬 거러간다 그마리여.

아이구!

― 지그미야 어디 가드니[206] 거:러올꺼시여.

― 그리기도 허고 또...

= 내가 모동개 업꼬도 오고 업꼬도 오고 그렏써.

― 치료 받따가 받따가 그땐 날 쫀땐 조운:디.

― 그땐 이걷 도:로가 지리[207] 진디고, 아조[208] 포장 아넌 비포장 도론디 마리여 이.

응.

― 어:떠게 거러댕기도 모데 인자 시아네 거 뻘걱뻘 눈 녹꼬 허면 그냥,

- 아 그래가지고는 이제 퇴원할 적에, 그러니까 집에서 한 처음에는 일주일만에 집에 있다가, 일주일만에 한번씩 오라고 하더니, 나중에 이제 보름만에 오니까, 아! 그 말만 들어도...

응.

- 어 괜찮겠다고 하니, 아! 그럼 괜찮겠다고 해가지고, 없는 형편에 그 방을 얻어야 되지, 다니면서 날마다 그 항암치료 이제는 방사선치료 받을 수가 없더라 그 말이야.

- 그래가지고 집에를 안 왔습디여, 왔는데.

- 그러니까 걸음도 겨우 걷지.

- 그런데, 지금 같으면 걸어올 것이요.

- 오면 차로 오니까, 무장에서는 이제 택시를 타고 와야 할 판인데.

- 그럴 형편이 못 되거든.

- 전주에서 이제, 그 교통편에 이제 차를 타고, 일반 차를 타고 이제 무장까지 오면, 거기서 걸어온다 그 말이야.

야!

수술하고?

- 겨우 이제 지팡이를 짚고 걸어간다 그 말이야.

아이구!

- 지금이야 어디 가든지 걸어올 것이여.

- 그렇기도 하고 또...

= 내가 못 오니까 업고도 오고, 업고도 오고 그랬어.

- 치료 받다가 받다가 그때는 날 좋은 때는 좋은데.

- 그때는 이것 도로가 길이 진 데고, 아주 포장 안한 비포장도로인데 말이야.

응.

- 어떻게 걸어 다니지도 못해 이제 시한에 그 벌컥벌컥 눈 녹고 하면 그냥,

한달 지낸 두에, 하이구! 데리고 오넌디 거러올쑤 인능가.

　－ 이런디 가트먼 머 손잡꼬라도 충:부니 거러오제.

　응.

　－ 그때 겨으린디[209] 누:년 와따가 인자 노긍개 사람 댕깅개 질컥질컥
그냥 이 이 모냥인디.

　－ 어! 아:푼사라미 한 뎅이 짝:떼기[210] 지구 댕긴 사라미 올쑤 읻깐디[211].

　－ 그리서 인자 붇짭꼬, 겨우 머덜때넌 다 움반헤서 인자 건너오고 이
러게 댕겐는디, 그때 다 전주서 다니면서 거:러서 무장까지 댕게 거:러가
지고 차타고 전주까지 댕김서 치료럴 바닫쏘.

　－ 그걸 생가걸 때 고생 마니 헫쩨.

한 달 지낸 뒤에, 아이고! 데리고 오는데 걸어올 수 있는가.

— 이런데 같으면 뭐 손잡고라도 충분히 걸어오지.

응.

— 그때 겨울인데 눈은 왔다가 이제 녹으니까 사람 다니니까 질컥질컥 그냥 이 이 모양인데.

— 어! 아픈 사람이 한 덩이 작대기 짚고 다니는 사람이 올 수 있관데.

— 그래서 이제 붙잡고, 겨우 뭣할 때는 다 운반해서 이제 건너오고 이렇게 다녔는데, 그때 다 전주에서 다니면서 걸어서 무장까지 다녀 걸어가지고, 차 타고 전주까지 다니면서 치료를 받았소.

— 그것을 생각할 때 고생 많이 했지.

2.5 환갑잔치

옌나레 환가븐 어트게 하셔써요?

환가븐 옌나레 좀 상당히 큰, 큰니리얻쬬?

- 그러체 큰니리제, 큰 잔치제.

예: .

- 부모잔치로서는 환갑 잔치가 젤 크제.

음.

그럼 이제 그거슨, 환갑 때:는 무어슬 어떠케 준비를 하션나?

- 처채 인자, 철째, 이 시고레서는 이 뒤ㅑ지를 자버야제.

- 뒤ㅑ지를 두 마리나 자벋써.

그래요?

- 뒤ㅑ지를 자버야, 뒤ㅑ지 안 잡꼬, 한자깝212), 시고레서 잔치하다보 면 뒤ㅑ지 안 자부먼 잔치가 아닝게.

상당히 크구나.

- 암 큰 잔치제잉213)?

돼지면, 동네 사람 전체를 다. 그리고요?

= 이가214) 친척뜰 아 오고.

- 그리고 젤 허능 거시 인자, 철째 이 절라도, 절라북또에서는 엥가너 먼 뒤ㅑ지 자버야허고.

응.

- 저 홍어회평을215) 히야돼216).

- 그게이 빠지면 잔치가 안 되야217).

- 뒤ㅑ지 안 잡꼬 홍어회를 안내머는, 홍어를 안 사며는 잔치가 안 뒤야.

- 그인자사 수리, 수리 뭐시고 철째.

옛날에 환갑은 어떻게 하셨어요?

환갑은 옛날에 좀 상당히 큰, 큰일이었죠?

- 그렇지 큰 일이지. 큰 잔치지.

예.

- 부모잔치로서는 환갑 잔치가 제일 크지.

음.

그럼 이제 그것은, 환갑 때는 무엇을 어떻게 준비를 하셨나?

- 첫째 이제, 첫째, 이 시골에서는 이 돼지를 잡아야지.

- 돼지를 두 마리나 잡았어.

그래요?

- 돼지를 잡아야, 돼지 안 잡고, 환갑, 시골에서 잔치하다 보면 돼지 안 잡으면 잔치가 아니니까.

상당히 크구나.

- 암 큰 잔치지 응?

돼지면, 동네 사람 전체를 다. 그리고요?

= 일가 친척들 오고.

- 그리고 제일 하는 것이 이제, 첫째 이 전라도, 전라북도에서는 웬만하면 돼지 잡아야 하고.

응.

- 저 홍어회를 해야 돼.

- 그게 빠지면 잔치가 안 돼.

- 돼지 안 잡고 홍어회를 안 내면은, 홍어를 안 사면은 잔치가 안 돼.

- 그 이제야 술이, 술이 뭣이고 첫째.

- 술허고 그 안주, 인자 그 외 인자 가일 가틍 거 자여니 따라 가는
거싱개. 에 그건 드러가야되야.

- 잔치 허는디 수리 읍꼬[218] 안주가 업쓰면 안 되제잉?

에:.

- 술.

홍어회를 홍어회평이라고도 하시능가요?

- 아 회평.

= 회평.

회평이라는 마른 무슨 뜨시여?

= 무칭게여[219].

- 무칭게.

= 사스미라고[220] 헝 거슨 그냥 안 무치고...

- 회회.

= 쓰러서 사스미라고.

**그렁 거슬 에: 자제분들끼리 이러케 줌비를 허능가요? 아니면 동네에서 뭐
계 가틍 거시 인나요?**

- 그걸 인자 자제자,

= 아들떠리[221]

- 아들뜨리 허제.

= 자식뜨리 제워서[222]

- 허제.

- 그러면 인자 동네에서 그거또 계가 일쩨.

음:.

- 아들뜰 인자 회갑짠치 하든지, 부모 회갑때 쓰는 그 인자 또 계가
일써.

그 계는 그 무슨 계라고 허션써.

- 술하고 그 안주, 이제 그 외에 이제 과일 같은 것은 자연히 따라 가는 것이니까. 이제 그건 들어가야 돼.

- 잔치 하는데 술이 없고 안주가 없으면 안 되지 응?

예.

- 술.

홍어회를 홍어회평이라고도 하시는가요?

- 아 회평.

= 회평.

회평이라는 말은 무슨 뜻이여?

= 무친 것이야.

- 무친 것.

= 사시미라고 하는 것은 그냥 안 무치고...

- 회회.

= 썰어서 사시미라고.

그런 것을 에 자제분들끼리 이렇게 준비를 하는가요? 아니면 동네에서 뭐 계 같은 것이 있나요?

- 그것을 이제 자제들,

= 아들들이

- 아들들이 하지.

= 자식들이 준비해서

- 하지.

- 그러면 이제 동네에서 그것도 계가 있지.

음.

- 아들들 이제 회갑잔치 하든지, 부모 회갑 때 쓰는 그 이제 또 계가 있어.

그 계는 무슨 계라고 하셨어?

- 회갑께라능 거 읻써쩨.

아:!

- 부친 회갑께라고.

- 예, 크지.

회갑께는 그저네는 어트게, 도늘 모아요?

- 인저 추리비223) 이꼬, 추립 헐 쩌게 그건 인자 계, 인자 계그미 읻꼬. 추루멀 머 인자. 어 대략 계그문 거시기 안 쓰지.

- 약깐, 그건 인자 그건 회가비 닥쳗따, 아무개 회가비 닥쳗따 허먼 추루멀 허제.

- 추굼224) 헤서, 그때 인자 도느로 디린다든지...

- 엔나렌 그냥 나라그로 준다든지, 벼.

음.

- 그러치 아느먼 인자 술로, 술 멛똥썩 디린다든지 이런.

= 먼 나라그로 뭐 막 거시건데는 보머는.

지베서 다머가지고?

- 아니.

- 술 가틍 거슨 인자,

= 사다가

- 지베서 쓰는, 인자 그거슨 수를 도느로 줘 그냥. 술까브로 멛똥 으깝225).

- 싹 허머는, 지금 그 저네는 회갑짠치 허면 지비서 마니 헤끄덩.

응:.

- 바드다226) 허는 잔치는 저걷써.

- 우리야두 인자 지비서 인자 공력때로 인자 가주러 만드러서 인자 잔치지.

- 바더다가, 주자~에서 갇따가 회갑짠치 허는 사람 드무럳쩨.

- 회갑계라는 거 있었지.

아!

- 부친 회갑계라고.

- 예, 크지.

회갑계는 그 전에는 어떻게, 돈을 모아요?

- 이제 추렴이 있고, 추렴 할 적에 그건 이제 계, 이제 계금이 있고. 추렴을 뭐 이제. 어 대략 계금은 거시기 안 쓰지.

- 약간, 그건 이제 회갑이 닥쳤다, 아무개 회갑이 닥쳤다 하면 추렴을 하지.

- 추렴을 해서, 그때 이제 돈으로 드린다든지...

- 옛날엔 그냥 나락으로 준다든지, 벼.

음.

- 그렇지 않으면 이제 술로, 술 몇 동이씩 드린다든지 이런,

= 뭔 나락으로 뭐 막 거시기한 데는 보면.

집에서 담아가지고?

- 아니.

- 술 같은 것은 이제,

= 사다가

- 집에서 쓰는, 이제 그것은 술을 돈으로 줘 그냥. 술값으로 몇 동이 값.

- 싹 하면은, 지금 그 전에는 회갑잔치 하면 집에서 많이 했거든.

음.

- 받아다 하는 잔치는 적었어.

- 우리도 이제 집에서 이제 공력대로 이제 가용주로 만들어서 이제 잔치지.

- 받아다가, 주장에서 갖다가 회갑잔치 하는 사람 드물었지.

어르시는 회갑짠치 하셛써요?

— 어, 핻쩨.

어디서 하셔, 여기 대게서 하셛써?

= 예. 지비서227) 핻찌.

— 그때는, 지그밍게 이자 예식짱이 가서 허고, 식땅이 가서 허고 그러제. 다 지비서 다힌쩨228) 잔치를 허고.

= 뒤ㅑ지 두 마리나 자바서 헤트라 놀떠니229) 검나드라고230).

= 거 뒤ㅑ지 두 마리를, 함 마리는 그냥 거시기루 유기쳐서231) 먹꼬.

유기 친다는 마리 무슨 마리여?

— 그냥 고기로만

= 쌩이로

— 인자 무쳐.

= 고기로만

— 양님해서 무쳐.

= 양님헤가지고.

— 회.

아: 유퀘?

— 유쾌, 유쾌. 예, 소 유쾌. 소고기 유쾌가 이꼬 뒤ㅑ지 유쾌가 읻써.

돼지 유퀴도 읻써요?

— 그럼, 뒤ㅑ지 인자 산 눔 막 자바서.

= 잘 머거요.

= 쌩고기럴덜232) 얼매나 잘 멍는다고 동네 싸람덜.

— 딴디는 안 자바도 그쪼그 싸람드른 소 잡쩨.

그러니까, 소 가튼 건 유쾌가 이쓸 꺼 가튼데, 돼지도 유쾌가 인네.

— 그럼, 뒤ㅑ지는 마니 잡꼬, 소 잠는 거슨 인자 약깐 드물고.

= 야깐 드물제.

어르신은 회갑잔치 하셨어요?

- 어. 했지.

어디서 하셔, 여기 댁에서 하셨어?

= 예. 집에서 했지.

- 그때는, 지금이니까 이제 예식장에 가서 하고, 식당에 가서 하고 그러지. 다 집에서 다했지 잔치를 하고.

= 돼지 두 마리나 잡아서 헤뜨려 놨더니 겁나더라고.

= 그 돼지 두 마리를, 한 마리는 그냥 거시기로 회쳐서 먹고.

회친다는 말이 무슨 말이여?

- 그냥 고기로만

= 생으로

- 이제 무쳐.

= 고기로만

- 양념해서 무쳐.

= 양념해 가지고.

- 회.

아 육회?

- 육회, 육회. 예, 소 육회. 소고기 육회가 있고 돼지 육회가 있어.

돼지 육회도 있어요?

- 그럼, 돼지 이제 산 놈 막 잡아서.

= 잘 먹어요.

= 생고기들을 얼마나 잘 먹는다고, 동네 사람들.

- 다른 데는 안 잡아도 그쪽의 사람들은 소 잡지.

그러니까, 소 같은 것은 육회가 있을 것 같은데, 돼지도 육회가 있네.

- 그럼, 돼지는 많이 잡고, 소 잡는 것은 이제 약간 드물고.

= 약간 드물지.

히:! 소 잠는 건 진짜 큰 거다.

— 그럼! 소 자바서 잔치를 허고 그려,

= 참: 거스건233) 지비나 소 잡쩨, 소 몰 짜버요.

음.

황갑쌍은 어트게 차려요? 상?

= 인자, 제사쌍 차리드끼.

음.

— 다 그러케.

— 삼실과234) 다 노코.

삼실과를 놔요? 거기다가?

= 나, 나는 저 방으로 갈란디?

— 상차리물 내가 몰라.

= 가일 노코,

— 가일 노코.

과일 노코.

맨 아페다가 과일, 어떤 과일들 노으세요. 과일 놀 때는?

— 근 여뜨가거나235) 삼실과라는 걸 논능 거싱게.

삼실과라는 거슨?

— 삼실과는 초, 율, 이,

아:!

— 그거슬 삼실과, 지난번 전236) 초랑 거슨 대추.

대추.

— 밤.

음.

= 꼬깜.

— 마라자먼 감 시짜.

히! 소 잡는 것은 진짜 큰 거다.

– 그럼! 소 잡아서 잔치를 하고 그래.

= 참 거시기한 집이나 소 잡지, 소 못 잡아요.

음.

환갑상은 어떻게 차려요? 상?

= 이제 제사상 차리듯이.

응.

– 다 그렇게.

– 삼실과 다 놓고.

삼실과를 놓아요? 거기다가?

= 나, 나는 저 방으로 가려고 하는데?

– 상차림을 내가 몰라.

= 과일 놓고,

– 과일 놓고.

과일 놓고.

맨 앞에다가 과일, 어떤 과일들 놓으세요. 과일 놓을 때는?

– 그것은 어떻게 하거나 삼실과라는 것을 놓는 것이니까?

삼실과라는 것은?

– 삼실과는 초, 율, 이,

아!

– 그것을 삼실과, 지난번 그것은 초라는 것은 대추.

대추.

– 밤.

음.

= 곶감.

– 말하자면 감 시자.

＝ 꼬깜.

－ 감, 꼬까미제이?

－ 또 인자 꼬깜 놀 때는, 대칠[237) 때는 인자, 여르메는 인자 가물 노턴지.

＝ 배.

－ 이거시 삼실과라고 그리써.

음˸.

그리고?

－ 그리고는 인자 그 외 꺼슨 별또로, 삼실과에 안 드러강게.

－ 가일 가튼 건 별또로 인자 더 논는 거시지.

그리고 과일 말고 또 뭐 노세요? 과일 말고?

－ 그거또 인자 해물.

＝ 사과 사과도 노코.

－ 아 그건 과일잉게 해무를 노치.

그 다으메 인제, 맨 아페다가 과일 노코, 그다으메 인제 해물 노코요.

－ 해물 노코.

해물 노면 대개 어떵 걸 노세요?

－ 거시거지. 논는 거슨 젤 아페다가이, 과이를 노코, 그 다메 채소를 노코, 과일 다메, 채소를 노코, 그 다으메 인자 어…

해물 노코?

＝ 해물 노코.

－ 해물 노치.

－ 또 전 가틍 거또, 부치기[238) 가틍 건 노코.

－ 다 잔 잔 잔치쌍에 쓰능 거슨 다 논능 거싱게.

－ 제일 큰 택[239) 칭게[240).

＝ 고기 고기 돼지고기도 노코, 쌀마서.

음.

= 곶감.

- 감, 곶감이지 이?

- 또 이제 곶감 놓을 때는, 대체할 때는 이제, 여름에는 이제 감을 놓던지.

= 배.

- 이것이 삼실과라고 그랬어.

음.

그리고?

- 그리고는 이제 그 외 것은 별도로, 삼실과에 안 들어가니까.

- 과일 같은 것은 별도로 이제 더 놓는 것이지.

그리고 과일 말고 또 무엇을 놓으세요? 과일 말고?

- 그것도 이제 해물.

= 사과 사과도 놓고.

- 아 그것은 과일이니까 해물을 놓지.

그 다음에 이제, 맨 앞에다가 과일 놓고, 그 다음에 이제 해물 놓고요.

- 해물 놓고.

해물 놓으면 대개 어떤 것을 놓으세요?

- 거시기하지. 놓는 것은 제일 앞에다가, 과일을 놓고, 그 다음에 채소를 놓고, 과일 다음에 채소를 놓고, 그 다음에 이제 어...

해물 놓고?

= 해물 놓고.

- 해물 놓지.

- 또 전 같은 것도, 부침개 같은 건 놓고.

- 다 잔칫상에 쓰는 것은 다 놓는 것이니까.

- 제일 큰 턱 치는 것이.

= 고기 고기 돼지고기도 놓고, 삶아서.

음.

- 돼:지도 저꼬지[241] 노아뜽가 어쩔뜽가 난 모르건네.

채소는 대개 어떵 걸 노아야 돼요? 그 뭐 상관업써요?

= 예. 채소하고.

- 콩나물 인자, 그렁 거슨...

= 너물깜[242].

- 채소요.

- 제사쌍이나 마찬가지지, 산 제상게 그거시.

= 그게 산 제사여 산 제상게.

- 회갑짠치라능 거시...

회갑짠치가?

- 암 산 제사제.

그러네요, 상당이 크겐네.

- 암, 제일 크지.

그럼 인저 다른 사람 환가베 초대를 바드셔써요. 그런 때는 이제 어뜨케 하세요?

뭘 준비를 해서?

초대를 바다서 가실 때는?

- 초대를 바드먼, 그 저네는 초대 바들 때는, 지그문 지그미나 마창가지제이? 인자. 추기그물 내지, 추카그물.

음.

- 추카그물 가져가고.

- 동네에서는 엔나레는 인자, 아 너물 가틍 거또 인자 콩너물 가틍 거 또 질러[243] 가고, 인자 그렁 걸 헤가썬디, 지그문 그걸 야카고, 지금 그냥 다 도느로, 도느로 다 이러제.

- 그 저네는 동네 허머는 호닌대사나 큰 잔치가 일뜬지, 항갑짠치 이따고 그러머는 가정에서 인자 반찬, 인자 그 반찬 될 꺼슬...

─ 돼지도 적꼬치 놓았든가 어쨌든가 난 모르겠네.

채소는 대개 어떤 것을 놓아야 돼요? 그 뭐 상관없어요?

= 예. 채소하고.

─ 콩나물 이제, 그런 것은...

= 나물감.

─ 채소요.

─ 제삿상이나 마찬가지지, 산 제사이니까, 그것이.

= 그것이 산 제사이지, 산 제사이니까.

─ 회갑잔치라는 것이...

회갑잔치가?

─ 암, 산 제사이지.

그러겠네요, 상당히 크겠네.

─ 암, 제일 크지.

그럼 이제 다른 사람 환갑에 초대를 받으셨어요. 그런 때는 이제 어떻게 하세요?

뭘 준비를 하셔?

초대를 받아서 가실 때는?

─ 초대를 받으면, 그 전에는 초대 받을 때는, 지금은 지금이나 마찬가지지? 이제. 축의금을 내지, 축하금을.

음.

─ 축하금을 가져가고.

─ 동네에서는 옛날에는 이제, 아 나물 같은 것도 이제 콩나물 같은 것도 길러 가고, 이제 그런 걸 해갔었는데, 지금은 그걸 생략하고, 지금은 그냥 다 돈으로, 돈으로 다 이러지.

─ 그 전에는 동네 하면은 혼인대사나 큰 잔치가 있던지, 환갑잔치 있다고 그러면은 가정에서 이제 반찬, 이제 그 반찬 될 것을...

= 묵또 쑤어가고...

─ 쉽게 마래서 간장, 간장, 간장도 가쥬고 가고. 마니 소모댕게[244], 콩너물 질러서도 가쥬가고.

─ 이제는 지그문 그 다 제허고. 쌀도...

= 옌나레가.

─ 쌀도 가쥬고 가고, 지그문 그렁 거 다 제허고 인제 도느로 가져가제.

= 인저 그 지그문 돈 암 바더요.

지금 항갑짠치 암 받찌.

= 예, 암 바더요.

그러면...

─ 나 칠쑨 때도 암 바단는디.

아, 그러셔꾸나. 자라션네.

─ 그렁게 칠쑨 때는 암 바다서 잘 혀따구덜. 딸덜도 그러더라구.

자제분드리 오히려 그게 욕 암 멍는 이리여.

= 에.

쪼끔 힘들긴 해도.

─ 그 돈 암 바더써요.

음, 자라션네.

그러면 인제 환갑잔치 때는 뭘 하시는가? 잔친날?

잔친나레는 이제 뭘 하셔?

─ 으 잔친나른 인자 그 때는 참 요샌 말로 인저 인는 사람 인자, 구가 긴 노래 자르는 사람도 초청도 허고...

아!

─ 더 허제이.

─ 초청도 허고, 더 초청도 허고 인자.

─ 지바니 또 그런디 댕기는 사라미 또 잇써.

= 묵도 쑤어가고…

— 쉽게 말해서 간장, 간장, 간장도 가지고 가고. 많이 소모되니까, 콩
나물 길러서도 가지고 가고.

— 이제는 지금은 그 다 제하고. 쌀도…

= 옛날에가.

— 쌀도 가지고 가고, 지금은 그런 거 다 제하고 이제 돈으로 가져가지.

= 이제 그 지금은 돈 안 받아요.

지금 환갑잔치 안 받지.

= 예, 안 받아요.

그러면…

— 나 칠순 때도 안 받았는데.

아, 그러셨구나. 잘 하셨네.

— 그러니까 칠순 때는 안 받아서 잘 했다고들. 딸들도 그러더라고.

자제분들이 오히려 그게 욕 안 먹는 일이에요.

= 예.

조금 힘들기는 해도.

— 그 돈 안 받았어요.

음, 잘 하셨네.

그러면 이제 환갑잔치 때는 뭘 하시는가? 잔칫날?

잔칫날에는 이제 뭘 하셔?

— 응 잔칫날은 이제 그 때는 참 요새 말로 있는 사람 이제, 국악인 노
래 잘 하는 사람도 초청도 하고…

아!

— 더 하지.

— 초청도 하고, 더 초청도 하고 이제.

— 집안에 또 그런데 다니는 사람이 또 있어.

- 뺀드부 가튼, 가정에, 지방에 가도 그런 사람이 읻꼬, 그런 사람 데려다인자 놀기도 허고. 근자 가족끼리 인자 객뜰도 와서 일촌싸람드리 와서 노래도 불르고.

음.

- 거스건 지번 인자 가수덜, 구가기늘 어디서, 지방 구가기늘 초청히다가 불고.

- 하루 종일 그냥 잔친나른 먹꼬 노능 거시여, 바메까지.

= 허허허허.

인제 지금, 지금하고 옌날하고 쫌 달버진 거시 인능가요? 똑까틍가요?

- 지그문 지바네서 허들 안네, 아네기²⁴⁵⁾ 때무네 인자...

지금 인자 회과느로...

- 식땅이, 식땅이 가서 형게, 식짱이 가서 형게 멷 씨간 지정이 이꺼덩.

음: :.

- 뭐 네시까지하든 다섣씨까지. 멛씨부터 멛씨까지 가든지 이러구는인자.

= 그러구 갈려버려²⁴⁶⁾.

- 갈려버려.

예나레는요?

- 옌나레는, 아 기양 바미 되더락까지...

= 바미 되드락까지 노랃땅개요.

- 논디.

아 긍게 워디서 어트케 노능 거여, 놀 때?

= 마당이서인자, 마당이서인자 모닥뿔 피워노코.

= 허허허.

그러면 아무라도 망 노래를 불러?

= 암, 아무라도 술 잡쑤머는 그냥, 술 치머는, 우 우순²⁴⁷⁾ 사라미 쌔버려써²⁴⁸⁾.

－ 밴드부 같은, 가정에, 지방에 가도 그런 사람이 있고, 그런 사람 데려다 이제 놀기도 하고. 그 이제 가족끼리 이제 객들도 와서 일촌 사람들이 와서 노래도 부르고.

음.

－ 거시기 한 집은 가수들, 국악인을 어디서, 지방 국악인을 초청해다가 부르고.

－ 하루 종일 그냥 잔칫날은 먹고 노는 것이야, 밤에까지.

＝ 허허허허.

이제 지금, 지금하고 옛날하고 좀 달라진 것이 있는가요?

－ 지금은 집안에서 하들 안 해, 안 하기 때문에 이제...

지금 이제 식당으로...

－ 식당에, 식당에 가서 하니까, 식장에 가서 하니까 몇 시간 지정이 있거든.

음.

－ 뭐 네 시까지 하든 다섯 시까지. 몇 시부터 몇 시까지 가든지 이러고 이제.

＝ 그러고 헤어져.

－ 헤어져버려.

옛날에는요?

－ 옛날에는 아 그냥 밤이 되도록까지...

＝ 밤이 되도록까지 놀았다니까요.

－ 노는데.

아 그러니까 어디서 어떻게 노는 거요, 놀 때?

＝ 마당에서 이제, 마당에서 이제 모닥불 피워놓고.

＝ 허허허.

그럼 아무라도 막 노래를 불러?

＝ 암, 아무라도 술 잡수면은 그냥, 술 취하면은 우 우스꽝스러운 사람이 많았어.

- 지금도 식땅이 가서도 식짱이 가서도 아무고 노래를 불르는 거시지 누가 불르는 사라미... 가족뜨리 부르고, 칭구들또 와서 불르고.

그럼 계:속 노래 부르고 춤 추고 술 마시고 그러시겐네?

= 그러제.

음.

- 나중에는 인자 술찌메들[249]. 식짱에 가서는인자 예의저그로다 불르고 나오지마는, 느께까지 인능가 술끼메 그냥 부르지.

지그문 노래방 기계라도 이쓰니까 그런데 옌나레는 노래방 기계도 업짜나?

- 암 노래방 기게가...

= 그렁개 술만 치가꼬 그냥...

- 노래방 기게랑 거슨 그건 재미가 업쩨이?

아:!

- 그건 와서 마이크다 대고 노래부르는디.

예예.

- 그저네는 기양 뛰고 그냥.

재믿써써요?

- 지바니 인자 장구라도 일씨면 장구를...

장구로? 아:!

- 장구도 뚜드린 사람 일꼬. 함 번씩 가따노코.

음:.

- 그럼 인자 첟째 그러면 그러기 저네 인자 처메, 채려노코.

= 저로고.

- 헌수로 헌수를 드리제.

아:!

- 자식뜨리 다

= 절 절하고.

－ 지금도 식당에 가서도 식장에 가서도 아무나 노래를 부르는 것이지 누가 부르는 사람이... 가족들이 부르고 친구들도 와서 부르고.

그럼 계속 노래 부르고 춤 추고 술 마시고 그러시겠네?

＝ 그러지.

음.

－ 나중에는 이제 술김에들. 식장에 가서는 이제 예의상으로 부르고 나오지마는, 늦게까지 있는가? 술김에 그냥 부르지.

지금은 노래방 기계라도 있으니까 그런데, 옛날에는 노래방 기계도 없잖아?

－ 암 노래방 기계가...

＝ 그러니까 술만 취해가지고 그냥...

－ 노래방 기계라는 것은 그건 재미가 없지?

아!

－ 그건 와서 마이크에다 대고 노래 부르는데.

예예.

－ 그전에는 그냥 뛰고 그냥.

재미있었어요?

－ 집안에 이제 장구라도 있으면 장구를...

장구로? 아!

－ 장구도 두드리는 사람 있고. 한 번씩 가져다놓고.

음.

－ 그러면 이제 첫째 그러면 그러기 전에 이제 처음에, 차려놓고.

＝ 절하고.

－ 헌수로 헌수를 드리지.

아!

－ 자식들이 다

＝ 절 절하고.

－ 사진 찍꼬 그러고는 인자 손님들 대접 허고 인자 또 놀지.

음.

－ 노리도 허고, 순서로.

오저녜는 좀 사진 찍꼬, 저러고 인제 그러고.

－ 오후에.

점심때부터는 인제 재믿께 노셔서 밤새도록 노시는 거에요?

－ 아 밤새도록 놀제.

＝ 밤새도록 놀제.

아:! 음 그럼 인제...

＝ 그렁게 엥간치250) 장만해가꼬는 그날 몬, 인저 모지라요.

그러건네, 그러게쎠. 그럼 인자 환갑 당하신 분들또 함께 이르케 노시능거야?

－ 암, 함께 노라야지.

얘:.

＝ 가족떨또 항꼬251) 놀고. 하하하.

그날 아주 정말 큰 잔치네?

－ 그럼, 젤 큰 잔치지.

예.

－ 항갑짠치.

그 조은 이리고, 또.

－ 암, 마주막252) 지내는 거시 산 지사라겨253), 산 지사.

참!

근디 지그문 저 환갑뜰 아너시지?

＝ 항갑또

－ 지금 앙코 인자,

허허허 오래 사시니까.

＝ 칠쑤니나

- 사진 찍고 그러고는 이제 손님들 대접 허고 이제 또 놀지.

음.

- 노래도 하고, 순서대로.

오전에는 좀 사진 찍고, 절하고 이제, 그렇게 하고.

- 오후에.

점심때부터는 이제 재미있게 노셔서 밤새도록 노시는 거예요?

- 아 밤새도록 놀지.

= 밤새도록 놀지.

아! 음 그럼 이제...

= 그러니까 웬만치 장만해 가지고는 그날 못, 이제 모자라요.

그러겠네, 그러겠어. 그럼 이제 환갑 당하신 분들도 함께 이렇게 노시는 거야?

- 암, 함께 놀아야지.

예.

= 가족들도 함께 놀고. 하하하.

그날 아주 정말 큰 잔치네?

- 그럼, 제일 큰 잔치지.

예.

- 환갑 잔치.

그 좋은 일이고, 또.

- 암, 마지막 지내는 것이 산 제사라고 해, 산 제사.

참!

그런데 지금은 저 환갑들 안 하시지?

= 환갑도

- 지금 않고 이제,

허허허 오래 사시니까.

= 칠순이나

- 칠쑨 팔쑨.

칠쑨 팔쑨?

여기서도 칠쑨, 팔쑨 그르케 지베서 하시는 분들 계세요?

- 이제는 더러 허는 사람 잍쩨.

= 더러 허는 사람 잍써요.

음음음.

- 돈좀 쫌 즉께254) 들고.

음.

= 머 내 칠쑨 때도, 저 서누사서 핸는디, 육빽마뉜 드러가따고더라고요.

칠쑨때?

= 우리 아그드리. 애.

육빽마뉘니먼 마~이 드러간네.

= 시고레서는 마~이니 드러간써요.

마이 드러갇써. 어디 어디 회관? 식땅?

= 식땅.

- 서눈사.

= 식, 아 저 식땅이지아네, 거그가255) 어디지 홀...

- 호테리라고 허제. 호테리라고.

= 호텔 호테레서 힌는디.

음음.

- 거시기 또 다 선무를, 우산 선무를 또또또...

다 주고?

= 음.

야! 허허허.

= 그랟써요.

잘허셌네.

- 칠순 팔순.

칠순 팔순?

여기서도 칠순, 팔순 그렇게 집에서 하시는 분들 계세요?

- 이제는 더러 하는 사람 있지.

= 더러 하는 사람 있어요.

음음음.

- 돈 좀 조금 적게 들고.

음.

= 뭐 내 칠순 때도, 저 선운사에서 했는데, 육백만 원 들어갔다고 하더라고요

칠순 때?

= 우리 아이들이. 예.

육백만 원이면 많이 들어갔네.

= 시골에서는 많이 들어갔어요.

많이 들어갔어. 디 어디 회관? 식당?

= 식당.

- 선운사.

= 식, 아 저 식당이 아니라, 거기가 어디지? 홀...

- 호텔이라고 하지. 호텔이라고.

= 호텔 호텔에서 했는데.

음음.

- 거시기 또 다 선물을, 우산 선물을 또또또...

다 주고?

= 응.

야! 허허허.

= 그랬어요.

잘 하셨네.

2.6 장례 절차

이렁거 여쭤보기가 쫌 그러타만, 또 사라미 도라가시면 장례를 치러야 되자
나요. 근데 그건 또 마을마다 좀 다르고 지반마다 좀 다르고 그러치요?
 — 달부지요256). 거개257) 간찌만.
여기는 어뜨케 하세요?
 — 거지바는258) 가틀 꺼여.
엔나레 장례 치르실 때는 어트게 하셔써?
 — 인자 장례 치를 때.
음.
 — 일딴 상을 당허면 인자 부서를259) 다 내제 이?
여기서 지붕 위에 올라가서 이르케 하고.
 — 어, 그거 일쩨.
그걸 뭐라고 하셔써요? 어트게 하셔써요? 그렁 거슬?
 — 그걸 인자,
 = 오설 올링가?
 — 오설 올리지.
 = 오 오도리옹가?260)
 — 어 지붕이다 오슬 올리제.
음.
 — 그러면 상 당헌 질 알고.
지붕이다 오슬 올린다는 말씀, 어트게 하시는 거예요? 지붕에 사라미 올라
가요?
 = 아뇨, 아뇨.
 — 땡기지261).

이런 것 여쭤보기가 좀 그렇지만, 또 사람이 돌아가시면 장례를 치러야 되
잖아요. 그런데 그건 또 마을마다 좀 다르고 집안마다 좀 다르고 그렇지요?

― 다르죠. 거개 같지만.

여기는 어떻게 하세요?

― 거지반은 같을 것이여.

옛날에 장례 치르실 때는 어떻게 하셨어?

― 이제 장례 치를 때.

음.

― 일단 상을 당하면 부서를 다 내지 이?

여기서 지붕 위에 올라가서 이렇게 하고.

― 어, 그거 있지.

그걸 뭐라고 하셨어요? 어떻게 하셨어요? 그런 것을?

― 그걸 이제.

= 옷을 올리는가?

― 옷을 올리지.

= 옷 올리는가?

― 응 지붕에다 옷을 올리지.

음.

― 그러면 상 당한 줄 알고.

지붕에다 옷을 올린다는 말씀, 어떻게 하시는 거예요? 지붕에 사람이 올라
가요?

= 아니요, 아니요.

― 던지지.

= 땡기제.

온만?

- 으 땡기지.

아무 말씀도 아나시고?

= 주근 양반 옴만 땡겨.

그냥 옴만, 옴만 올려놔?

= 얘.

음.

- 그러면 인자 그 그 지비 사람 주걷따고 허능 거여.

음.

이제 그 다으메는 어트게 해요? 그게 맨 처으메 그거부터 하는 거여?

- 처으메 그거 허지.

= 처으메.

처으메 옫뿌터 올리고, 그 다으멘 저 어트게 하능 거야?

- 웅, 그다메 인자.

= 인자 주근 사람,

- 거시기를 허제이, 사자빠벌262) 허재.

바로?

- 음, 바불 헤서.

- 사자빠불 히서 인자 바께다가.

= 바께다가

= 인자는 다 그렁 거또 이저머건써263).

- 인자 그저네는, 지그문 안 헝게.

지금 안 하지만, 옌날 옌날 풍스부로. 사자빠불, 사자빠분 뭘 주기 위해서.

= 꼴막채에다가264) 바배노코.

그렁개 바버고,

= 던지지.

옷만?

- 응 던지지.

아무 말씀도 안 하시고?

= 죽은 양반 옷만 던져.

그냥 옷만, 옷만 올려놓아?

= 예.

음.

- 그러면 이제 그 집에 사람 죽었다고 하는 거야.

음.

이제 그 다음에는 어떻게 해? 그게 맨 처음에 그것부터 하는 거야?

- 처음에 그거 하지.

= 처음에.

처음에 옷부터 올리고, 그 다음에는 저 어떻게 하는 거야?

- 응, 그 다음에 이제.

= 이제 죽은 사람,

- 거시기를 하지, 사잣밥을 하지.

바로?

- 응. 밥을 해서.

- 사잣밥을 해서 이제 밖에다가.

= 밖에다가.

= 이제는 다 그런 것도 잊어버렸어.

- 이제 그전에는, 지금은 안 하니까.

지금 안 하지만, 옛날 옛날 풍습으로. 사잣밥을, 사잣밥은 뭘 주기 위해서?

= 골목에다 밥 해 놓고.

그러니까 밥 하고,

= 신 사머서, 신 세커리265) 사머서 노코, 밥 해서 멜끄륵 노코. 그꼬 사자빠비라고 해놔써요.

시는? 시는?

− 집씬.

집씨는 왜 세 커리를 삼능 거야? 먼, 멀리 간다는 뜨신가?

= 모:르건써요. 그거슨 허허허 어찌 된 건지.

세커리 상꼬.

− 세 커리란 마른 한 두어 커리 안, 두 두서너 커리 놀꺼시여.

= 새 커리는 세 커리랑게.

− 세 커리?

그 밥분 뭔 뭔, 밤만 논능 거여? 아니면 반차니랑 가치 논능 거여?

− 그저 반찬 머 보통 반차니... 그때야 은븐266) 반찬

= 반찬 인깐디, 머 저...

− 인는 반찬 그저 너물 가틍 거 히서 그냥,

= 그럼 그러케 해서 노죠.

그 사자빠분 어이따 놔요?

= 껄막267)

− 끌막키다 인자.

그 끌막크다 메치리나 논는 거야, 사자빠분? 상 끈날 때까지?

− 암, 암, 그럼 인자 개, 그저네는

아::!

− 짐승드리 머거버리지이?

그러겐네.

− 읍써저 버리제.

= 업써저부러.

사자빱 올리고 그 다으메 어트게 해요?

= 신 삼아서, 신 세 켤레 삼아서 놓고, 밥 해서 몇 그릇 놓고. 그리고 사잣밥이라고 해 놨어요.

신은? 신은?

− 짚신.

짚신은 왜 세 켤레를 삼는 거야? 멀리 간다는 뜻인가?

= 모르겠어요, 그것은 허허허 어찌 된 건지.

세 켤레 삼고.

− 세 켤레란 말은 한 두 켤레는 아니, 두 두서너 켤레 놓을 것이야.

= 세 켤레는 세 켤레라는 것이.

− 세 켤레여?

그 밥은 뭐 뭐, 밥만 놓는 것이여? 아니면 반찬이랑 같이 놓는 거여?

− 그 저 반찬 뭐 보통 반찬이... 그때야 으레 반찬

= 반찬 있관데, 뭐 저...

− 있는 반찬 그저 나물 같은 것 해서 그냥,

= 그럼 그렇게 해서 놓죠.

그 사잣밥은 어디에다 놓아요?

= 골목

− 골목에다 이제.

그 골목에다 며칠이나 놓는 거야, 사잣밥은? 상 끝날 때까지?

− 암, 그럼 이제 개, 그전에는

아!

− 짐승들이 먹어버리지?

그렇겠네.

− 없어져 버리지.

= 없어져 버려.

사잣밥 올리고 그 다음에 어떻게 해요?

= 그다으메 인자,

- 그때는 인자

= 신체는[268]

- 신체는 인자

= 오슬 이피고, 이베다가 뭐 떠든다는 거, 그거시 뭐시여.

= 싸를 당가놔따가

아: !

- 세 번 떠미기드만.

아, 사를 싸를 당궈따가?

- 애.

= 그러고...

이거시 시가 이써? 시가니 일써?

그러케 한 시가는 일써?

- 그러한 시가니 읍꼬.

시가는 업꼬?

사자빱 사자빱 노코, 그리고 다마 이르케?

그 다으메 어트게 해써요?

온 니피고.

= 아:!

오슬, 오슬 이피기 저네 이러케...

= 그러고는 싸서 묵꺼 묵끄.

씨서내기도 하능가요?

- 암, 인자 인자 온 니필 때, 그리고 인자 입꽈늘 히야지 입꽌.

- 입꽈는 시간두 읍꾸 인자 자식뜰 오들,

= 오 오드락[269]

- 오드락까지, 자식뜨리 오며는 바로 입꽈늘 허제.

= 그 다음에 이제,

‒ 그때는 이제

= 시체는

‒ 시체는 이제

= 옷을 입히고, 입에다가 뭐 떠넣는다는 거, 그것이 무엇이여.

= 쌀을 담가 놓았다가

아!

‒ 세 번 떠먹이더구먼.

아, 쌀을 쌀을 담갔다가?

‒ 예.

= 그리고...

이것이 시가 있어? 시간이 있어요?

그렇게 하는 시간은 있어?

‒ 그러한 시간이 없고.

시간은 없고?

사잣밥 사잣밥 놓고, 그리고 담아 이렇게?

그 다음에 어떻게 했어요?

옷 입히고.

= 아!

옷을, 옷을 입히기 전에 이렇게...

= 그렇게 하고는 싸서 묶어 묶어.

씻어내기도 하는가요?

‒ 암, 이제 이제 옷 입힐 때, 그리고 이제 입관을 해야지 입관.

‒ 입관은 시간도 없고 이제 자식들 오들,

= 오 올 때까지

‒ 올 때까지, 자식들이 오면 바로 입관을 하지.

= 그대로 놔따가 입꽈늘 허제.

− 줌비 히놔따가.

오 오슨 이필 때는 어떤 오슬 이피세요?

= 마포.

− 수이.

= 마포 수이.

수이는 대개 어떵 걸 줌비하셤써요? 옌나레.

− 옌나렌? 옌나렌자 마포 오시제이.

= 옌날 마포 오싱게.

− 지그먼 지그먼

= 가따

− 이러캐 가먼 당모고스로도[270] 허고, 깨끄더니 오스로 이피제.

− 그러자니 마포 오슬 이핀다 그래.

− 수이는 마포 오슬,

마포라능 거슨

= 마포 오슬 이버땅개요.

− 삼베.

삼배?

− 지금 어티게 허든지가네 월래 삼베를 이피능 거시여.

− 그러구서는 입꽌 할 때는 어트게 하세요?

− 입꽈는 인자 염[271] 헌다고 그러지.

− 그거슨 인자 어트게 허능 거보단도.

= 손톱 발톱 다 짤라, 다 짤라서.

− 헐 찌 아는 사라미 허는 거시고.

음:, 여머는 거슨?

− 암.

= 그대로 놨다가 입관을 하지.

- 준비 해 놨다가.

옷 옷은 입힐 때는 어떤 옷을 입히세요?

= 마포.

- 수의.

= 마포 수의.

수의는 대개 어떤 걸 준비하셨어요? 옛날에.

- 옛날엔? 옛날에는 이제 마포 옷이지.

= 옛날 마포 옷이니까.

- 지금은 지금은

= 갖다

- 이렇게 가면 당목 옷으로도 하고, 깨끗하게 옷으로 입히지.

- 그러자니 마포 옷을 입힌다 그래.

- 수의는 마포 옷을,

마포라는 것은

= 마포 옷을 입었다니까요.

- 삼베.

삼베?

- 지금 어떻게 하든지 간에 원래 삼베를 입히는 것이야.

- 그러고서는 입관할 때는 어떻게 하세요?

- 입관은 이제 염 한다고 그러지.

- 그것은 이제 어떻게 하는 거보다도.

= 손톱 발톱 다 잘라, 다 잘라서.

- 할 줄 아는 사람이 하는 것이고.

음, 염하는 것은?

- 암.

- 아무고 허는 거시 아닝게.

= 손톱 발톱 다 짤라서 저기 허고, 주머니 지어서 느코, 오른소는 오른손끼리 느코,

아, 주머니를 만드러서요?

= 애.

- 암, 다 만드러서.

= 다 만드라서, 손톱 발톱 다 짤라서.

발도?

= 예.

양 바레도?

- 그 여먼다고 그러지.

아! 그걸 여미라고 그려?

= 애.

모물 시서내능게 여미 아니고 오슬 이피능 게 여밍가요?

- 입꽌 헐 때, 입꽌 허능 거슬 여미라구 혀.

그거또 소려 소려미 이꼬, 대려미 이꼬?

- 음 소려미꼬, 대려미꼬.

소려문 어떵 걸 소려미라고 허싱가요?

- 소려문 인자 와서 허는 거시고, 대려문 인자 깍 무꺼가지고 가늘 딱 인자, 거시기를 마러자면 우그까지만 이?

- 어트게 딱 누를 인자 모찌래서 딱 인자 아조, 소럼 해쓸 때는 인자 온 니피고 허능 거슨 다 볼 쑤가 인는디, 함 번 대럼 히버리머는...

아:!

- 인저 딱 가더 몯뽀능 거시지 인자.

그러면 대려문 언제 해요?

- 아, 그건 헌 후에 차차차 소럼 대럼 다 허게 되능 거시지.

- 아무 사람이나 하는 것이 아니니까.

= 손톱 발톱 다 잘라서 저기 허고, 주머니 지어서 넣고, 오른손은 오른손끼리 넣고.

아, 주머니를 만들어서요?

= 예.

- 암, 다 만들어서.

= 다 만들어서, 손톱 발톱 다 잘라서.

발도?

= 예.

양 발에도?

- 그 염 한다고 그러지.

아! 그걸 염이라고 그래?

= 예.

몸을 씻어내는 게 염이 아니고 옷을 입히는 게 염인가요?

- 입관 할 때, 입관 하는 것을 염이라고 해.

그것도 소렴 소렴이 있고, 대렴이 있고?

- 응 소렴 있고, 대렴 있고.

소렴은 어떤 걸 소렴이라고 하신가요?

- 소렴은 이제 와서 하는 것이고, 대렴은 이제 꽉 묶어 가지고 관을 딱 이제, 거시기를 말하자면 위에까지만 응?

- 어떻게 딱 누를 이제 못질해서 딱 이제 아주, 소렴 했을 때는 이제 옷 입히고 하는 것은 다 볼 수가 있는데, 한 번 대렴 해버리면...

아!

- 이제 딱 가둬 못 보는 것이지 이제.

그러면 대렴은 언제 해요?

- 아, 그건 한 후에 차차차 소렴 대렴 다 하게 되는 것이지.

= 인자 자손더리 인자 다 온 여네.

스분 언제, 습?

스비라능 거또 인나요?

— 스분 모리겐네.

그럼저 대렴 하고 나며는 인제 상주가 오슬 임능가요?

— 암!

어트게 허능가요?

= 그러치 그러치.

— 인자 완진자[272] 상주 노르슬 허진자.

그때부터?

— 암 인자, 세수 허고, 다 솜발 다 씯꼬,

= 신꼬 가라입꼬.

— 가라입꼬 인자...

음.

— 상보글 입쩨.

= 머리 까머 빋꼬, 다 그러케 허고.

— 그때부터 인자 완저니 상, 상주가 돼.

상주 노르슬?

그 대려물 해쓸 때는 신체를 어디다 모셔요, 대개 옌나레는?

— 대략 보며는 움모기다 모시제. 큰방 움모그다[273].

그때는 인제 이미 입꽈늘 허신 상태고?

— 암! 그러제.

— 그때는 아무도 볼 쑤가 업쩨 인자.

그럼 이제 병풍 가튼 걸 쳐 논데?

— 암! 병풍 다 치고.

= 에 에 병풍 치고.

= 이제 자손들이 이제 다 온 연후에.

습은 언제, 습?

습이라는 것도 있나요?

- 습은 모르겠네.

그러면 대렴 하고 나며는 이제 상주가 옷을 입는가요?

- 암!

어떻게 하는가요?

= 그렇지 그렇지.

- 이제 완전히 이제 상주 노릇을 하지 이제.

그때부터?

- 암 이제, 세수 하고, 다 손발 다 씻고,

= 씻고 갈아입고.

- 갈아입고 이제...

음.

- 상복을 입지.

= 머리 감아 빗고, 다 그렇게 하고.

- 그때부터 이제 완전히 상주가 돼.

상주 노릇을?

그 대렴을 했을 때는 시체를 어디에다 모셔요? 대개 옛날에는?

- 대략 보면은 윗목에다 모시지. 큰방 윗목에다.

그때는 이제 이미 입관을 하신 상태고?

- 암! 그렇지.

- 그때는 아무도 볼 수가 없지 이제.

그러면 이제 병풍 같은 것을 쳐 놓은 데?

- 암! 병풍 다 치고.

= 예 예 병풍 치고.

그러먼 인제 그 그때 상주가 인제 여페 안자 인능거야? 그때부터?

— 그때 인자 안저서 손님 오면 손님 받꼬.

음.

그때::, 그러먼 인제, 옌날가치, 지그문저 다 장례식짱에서 허닌까 그러치만, 옌나레 지베서 헐 때는 방까지 사람들 드러와서 하능 거야?

— 안 그러제.

아:! 그럼 어디서?

— 지금 이루고 이루고 생기따 허머는 인자 바께서 손니물 보고, 시체는 인저 아네가 일꼬.

아!

— 그리고 인자...

＝ 친척 저런 사라먼 신체 아페도 오고,

— 저런데 시체에 절충이[274) 하거든,

음: 그러쵸.

— 근디...

그러먼 어트게 해야돼?

— 인자 방에 드러와서 인자 저를 허제, 시체.

그냥 보통 사람드른 바께서 그양 허고?

＝ 으응. 바께서 인자 산 사람허고 허고.

— 그거또 인자 내:관상이[275) 이꼬, 외관상이[276) 이끄던.

— 여자가 이꼬 남자상이 이꼬 그러기 때무네, 내:관상은 저를 안, 생인 생인게다만 저러제, 멩인게단[277) 절 안능 거시여.

아 그래요!

— 드로들 모대.

— 여자 주거쓸 때는.

— 그럼 월래 인자 장례식짱 가머는 생인만 보제 내관상은 월래 원 규

그러면 이제 그 그때 상주가 이제 옆에 앉아 있는 거야? 그때부터?

─ 그때 이제 앉아서 손님 오면 손님 받고.

음.

그때, 그러면 이제, 옛날같이, 지금은 다 장례식장에서 하니까 그렇지마는, 옛날에 집에서 할 때는 방까지 사람들 들어와서 하는 거야?

─ 안 그러지.

아! 그럼 어디서?

─ 지금 이러고 이러고 생겼다고 하면은 이제 밖에서 손님을 보고, 시체는 이제 안에가 있고.

아!

─ 그리고 이제...

＝ 친척 저런 사람은 시체 앞에도 오고,

─ 절 하는데 시체에 정중히 하거든.

음 그렇지요.

─ 그런데...

그러면 어떻게 해야돼?

─ 이제 방에 들어와서 이제 절을 하지. 시체.

그냥 보통 사람들은 밖에서 그냥 하고?

＝ 응. 밖에서 이제 산 사람하고 하고.

─ 그것도 이제 내간상이 있고, 외간상이 있거든.

─ 여자가 있고 남자상이 있고 그러기 때문에, 내간상은 절을 안, 생인 생인에게만 절하지, 망인에게는 절 않는 것이여.

아 그래요!

─ 들어오들 못해.

─ 여자 죽었을 때는.

─ 그럼 원래 이제 장례식장 가면은 생인만 보지, 내관상은 원래 원 규

치기 나긴게단[278] 절 안능 거시여.

　－ 생인허고만 저러제.

　－ 여자 상사 이쓸 때는.

그럼 인제 천나:른 그러케 해서 지나가요? 천날바메 머 특뻐리 하능 거 업써요?

　－ 암! 천날 바메는 특뻐리 허느니리 웁쩨.

그러면…

　－ 장만들 허고 인자 거시거고.

대개 메치리나 상을 치러요?

　－ 대략 사미리제.

그럼 인저 도라가신 날.

　－ 이틀 쩌녁 짜지, 이틀 쩌녁 자제.

아, 천나른 인제 염 허고, 대렴까지 허고, 그리고 인제 상주가

　－ 그 이튼날

손니물 반는단 마리야?

　－ 그 이튼나른 인자.

그 이튼나른 어트게 해요?

　－ 그 이튼나른 인자, 그저네는 그 손님, 마라자면 동네 싸람드리 싹 오제.

음음.

　－ 천나른 별씨게[279] 아노지마는 그 이튼날 막 싹 와.

　－ 오게 되면 인자, 그저네는 그냥 도개비, 도갠느리락[280] 핻써, 도개늘.

　－ 그 도개느리라능 건 기양 저 늘 만드는 디 가서 사다 핸는디.

음.

　－ 지그면, 아니 지금 어 지그면 그냥 사다 다 허지마는, 인는 사라문 다 관모글 다 히뉴.

칙이 망인에게는 절 않는 것이여.

- 생인하고만 절하지.

- 여자 상사 있을 때는.

그럼 이제 첫날은 그렇게 해서 지나가요? 첫날밤에 뭐 특별히 하는 것 없어요?

- 암! 첫날밤에는 특별히 하는 일이 없지.

그러면…

- 장만들 하고 이제 거시기 하고.

대개 며칠이나 상을 치러요?

- 대략 삼일이지.

그럼 이제 돌아가신 날.

- 이틀 저녁 자지, 이틀 저녁 자지.

아, 첫날은 이제 염하고, 대렴까지 하고, 그리고 이제 상주가

- 그 이튿날

손님을 받는단 말이야?

- 그 이튿날은 이제.

그 이튿날은 어떻게 해요?

- 그 이튿날은 이제, 그 전에는 그 손님, 말하자면 동네 사람들이 싹 오지.

음음.

- 첫날은 별로 안 오지만은 그 이튿날은 막 싹 와.

- 오게 되면 이제 그 전에는 그냥 도갑이, 도가 널이라고 했어, 도가 널.

- 그 도가 널이라는 것은 그냥 저 널 만드는 데 가서 사다 했는데.

음.

- 지금은, 아니 지금 어 지금은 그냥 사다 다 하지마는, 있는 사람은 다 관목을 다 해 놔.

음.

— 관 짤 꺼슬, 지비서 그거를 만드러.

— 그렇게 복짭힌쩨.

음.

— 동네 사람드리 와서 목쑤 데리다가 다 느를 짤써.

한 쪼게서?

— 한 쪼게서.

— 그리고 이제 인는 지븐 사일 출쌍도 허고 오일 출쌍도 허고 그린제.

— 그렁걸 다 짜가지구 인자...

그러면 그 느리, 그 느리 도개느리예요?

— 아니.

도개느른 뭐여?

— 그냥 사다.

사다 쓰능거?

— 사다 쓰능 거시 도개느리라고 그러지.

— 지그문 인저 석꽌가따 하고 그렁게, 지그문 안 되능 거시 읍서.

그 도갠느른 그러면 이거슨.

— 싸고.

아:!

— 읍는 사라미 그냥 사다 하능 거시고.

그러면 그 날 입꽈늘 모더거꼬만.

— 아 그 날 모더제.

그러면...

— 입꽈늘 그 날 모더능 거시여.

아까 지금 대렴: 할 때가 인제 입꽈니 끈나면 대려미라고,

— 으 그러지.

음.

- 관 짤 것을. 집에서 그것을 만들어.

- 그러니까 복잡했지.

음.

- 동네 사람들이 와서 목수 데려다가 다 널을 짰어.

한 쪽에서?

- 한 쪽에서.

- 그리고 이제 있는 집은 사일 출상도 하고, 오일 출상도 하고 그랬지.

- 그런 걸 다 짜가지고 이제...

그러면 그 널이, 그 널이 도가 널이에요?

- 아니.

도가 널은 뭐야?

- 그냥 사다.

사다 쓰는 거?

- 사다 쓰는 것이 도가 널이라고 그러지.

- 지금은 이제 석관 가져다 하고 그러니까, 지금은 안 되는 것이 없어.

그 도가 널은 그러면 이것은.

- 싸고.

아!

- 없는 사람이 그냥 사다 하는 것이고.

그러면 그 날 입관을 못하겠구먼.

- 아, 그 날 못해.

그러면...

- 입관을 그 날 못하는 것이여.

아까 지금 대렴 할 때가 이제 입관이 끝나면 대렴이라고,

- 응 그렇지.

말씀하션짜나요?

그럼 일딴 소렴만 해노코

― 암.

과늘 저쪼게서 인제 짜거나

― 그러제.

= 그러지요.

그러케 허건네?

그러면 대략 대렴 허는 시기는 어느 때쯤 돼요?

― 마라자먼 그 이튿나리나 되제.

그 이튿날 밤? 바메 허능가요? 나제 허는가요?

― 나제 시간:은 상관 읍쩨.

상관 업써요?

― 응.

그 형편 따라서 그냥.

그럼 그 느리 도갠늘도 이꼬 또 다른 늘도 읻써?

― 다른 느리랑건 지비서 짠.

그건 이르믄 뭐여? 그건 뭐라고 불러요? 지베서 짠 너를?

― 그냥 느리제.

― 사다 상 거슨 도갠느리라 그러거든.

왜 도갠느리라 그래요?

― 그저, 도갠느른 그양 쪼각쪼각 맞춰서 그냥, 마라자먼 드린 저 거시기서, 저 파는 디가 이써.

― 지금 목쑤드리 만드러 파능 거시 이꼬.

― 이 지비서 느리라능 거슨 자기가 가서 그 판자 내려다가 두턱께281), 예.

― 두 파니 이꼬 언파느로, 언파느로, 니쪼가리 허는디. 도갠느른 쪼각

말씀하셨잖아요?

그럼 일단 소렴만 해놓고

— 암.

관을 저 쪽에서 이제 짜거나

— 그렇지.

= 그렇지요.

그렇게 하겠네요?

그러면 대략 대렴 하는 시기는 어느 때쯤 돼요?

— 말하자면 그 이튿날이나 되지.

그 이튿날 밤? 밤에 하는가요? 낮에 하는가요?

— 낮에 시간은 상관없지.

상관없어요?

— 응.

그 형편 따라서 그냥.

그럼 그 널이 도가 널도 있고 또 다른 널도 있어?

— 다른 널이라는 것은 집에서 짠.

그건 이름은 뭐여? 그건 뭐라고 불러요? 집에서 짠 널을?

— 그냥 널이지.

— 사다 산 것은 도가 널이라 그러거든.

왜 도가 널이라 그래요?

— 그저, 도가 널은 그냥 조각조각 맞춰서 그냥, 말하자면 들인 저 거시기서, 저 파는 데가 있어.

— 지금 목수들이 만들어 파는 것이 있고.

— 이 집에서 널이라는 것은 자기가 가서 그 판자 내려다가 두껍게, 예.

— 두 판이 있고, 원판으로, 원판으로, 네 조각으로 하는데. 도가 널은 조각

쪼각 부치는 게 이써.

- 궁게 안 조타고.

- 근디 지그문 상과니 업쩨잉.

- 그리고 또 그저니는 다 헤노크던, 느를 죽끼저네.

아, 자기가!

- 다 죽끼저네 다 히논능 거시여.

- 또 느른 암 만들찐정 그, 판자를 다 지비서 소를 키언따가 내레다, 다 지비다 놔 두제.

미리 줌비를 하셔?

- 미리 줌비를 히놔.

- 그러면 상 당해따 허먼 바로 실코 와서 인자 제재소에 가서 미러가지고, 아주 여그 와서 인자 만들지.

거기다가 몯 까틍 건 안 치죠?

- 암, 모슨 안 치지.

모슨 안 치지요?

- 우구282), 안 다 만는디,

음.

- 우구다가 인자

아:!

- 천판만 난 모슬 치지.

그 판자도 이르미 각깍 인능가요?

미테다가

- 지금 지판, 미트로 가능 건 지판.

지파니고 위에는 천파니고, 요 여페는?

- 그건 엽쪼기라고 굴제.

여푼 따른 말 업꼬요? 지판하고 첨판만 인능 거네요 이르미?

조각 붙이는 것이 있어.

 - 그러니까 안 좋다고.

 - 그런데 지금은 상관이 없지.

 - 그리고 또 그전에는 다 해놓거든, 널을 죽기 전에.

아, 자기가?

 - 다 죽기 전에 다 해놓는 것이여.

 - 또 널은 안 만들지언정 그, 판자를 다 집에서 솔을 키웠다가 내려다,
다 집에다 놔두지.

미리 준비를 하셔?

 - 미리 준비를 해 놓아.

 - 그러면 상 당했다 하면 바로 싣고 와서 이제 제재소에 가서 밀어가
지고, 아주 여기 와서 이제 만들지.

거기다가 못 같은 것은 안 치죠?

 - 암. 못은 안 치지.

못은 안 치지요?

 - 위, 안 다 만드는데,

음.

 - 위에다가 이제

아!

 - 천판만 나중에 못을 치지.

그 판자도 이름이 각각 있는가요?

밑에다가

 - 지금 지판, 밑으로 가는 건 지판.

지판이고 위에는 천판이고, 요 옆에는?

 - 그건 옆쪽이라고 그러지.

옆은 다른 말 없고요? 지판하고 천판만 있는 거네요 이름이?

그러케 해노코 나면 그 다으메는 어트게 하능 가요?

— 그리가지곤자 입꽌허먼 그 이튼나레 그냥 인자 동네서 아라 그 인자 생애를[283] 놀리제[284].

— 인자 긍게 지그문 바로 인자 그 또 장례 인자 그, 하다늘 만들제.

— 그 생애를, 막 꼳, 꼬슬[285] 만드러가지고.

— 그저네는 또 저 동네에서 마리여, 절문 사라미 만날 꼬슬 만들어찌. 얘.

— 그 중가네는[286] 그양 만드라 논노멀 사오제.

꼳 만들기도 쉽찌 안컨네?

— 암, 그렁게 인자 동네 싸라미 절 라:가지고[287] 그양 꼳 만드니라고 욕 뽀제[288], 긍게 그양 종일 복싹꺼리지[289]. 지그문 초상 나따거먼 조용허제.

그러네요. 그러네요.

— 막 꼳 만들고, 늘 늘 짜야제.

한 쪼게선 꼳 만들고, 한 쪼게선 음식 장만하고, 사람들 대접하고.

동네 싸람드리 다 가치 이르케 합씸해서.

— 그럼, 다, 다 와야지. 싹 오제.

그 안파크로 다 와서

— 암! 안파케 다.

— 그레가지곤자 생에를 갇따가 빈 생에를 놀리지. 저녕내.

빈 생, 빈 생에를 올린다는 마른 어트게 허시능 거여?

— 놀랴.

놀려. 어트게 놀려요?

— 인자 소리 주어감서. 생에 나갈 때 허드끼.

얘.

— 인자 쭈르르 인자 생에틀에 다 안꼬 인자, 그 생에 놀리는 사람, 인자 소리 주는 사람 일꼬.

그렇게 해 놓고 나면 그 다음에는 어떻게 하는 가요?

― 그래가지고 이제 입관하면 그 이튿날에 그냥 이제 동네서 알아 그 이제 상여를 놀리지.

― 이제 그러니까 지금은 바로 이제 그 또 장례 이제 그, 화단을 만들지.

― 그 상여를, 막 꽃, 꽃을 만들어 가지고.

― 그 전에는 또 저 동네에서 말이야, 젊은 사람이 늘 꽃을 만들었지.

예.

― 그 중간에는 그냥 만들어 놓은 놈을 사오지.

꽃 만들기도 쉽지 않겠네?

― 암, 그러니까 이제 동네 사람이 전부 나와가지고 그냥 꽃 만드느라고 욕보지. 그러니까 그냥 종일 복작거리지. 지금은 초상났다고 하면 조용하지.

그러네요. 그러네요.

― 막 꽃 만들고, 널 널 짜야지.

한 쪽에서는 꽃 만들고, 한 쪽에서는 음식 장만하고, 사람들 대접하고.

동네 사람들이 다 같이 이렇게 합심해서.

― 그럼, 다, 다 와야지. 싹 오지.

그 안팎으로 다 와서

― 암! 안팎에 다.

― 그래가지고 이제 상여를 갖다가 빈 상여를 놀리지. 저녁내.

빈 상여, 빈 상여를 놀린다는 말은 어떻게 하시는 거여?

― 놀려.

놀려? 어떻게 놀려요?

― 이제 소리 주어 가면서, 상여 나갈 때 하듯이.

예.

― 이제 쭈르르 이제 상여틀에 다 앉고 이제, 그 상여 놀리는 사람, 이제 소리 주는 사람 있고.

- 아 그저네는 그 소리 주는 사람 팔려 댕기고, 부재찌분[290] 사와써.
다 사다.

참!

- 사다가도 어디어디 소리꾸니 이따고 허며는 다 오라고 해, 시허물 봐.

아하!

아 그레요?

- 암! 아무거시나 아니라 시험 바가지고 제일 자러는 사람, 그 사라멀
다으메 출쌍 헐 때, 생에 나갈 때 그 사라물 써.

그 사라물 뭐라고 불러요? 뽑핀 사라물?.

- 소리꾸니라고 그레, 소리꾼.

아, 이거 보통니리 아니구나.

- 각처에서 나오지.

- 부잿찝 초상 나따:....

아 그레요?

- 허먼 인그네서 다 불러서.

- 인제 그 사라문 인자 그날 마치먼 인자 돈도 마니 주고.

초상 나따능 거슬 이제 널리 그 월근가네 알릴라먼 어트게 알려야 돼요?

- 부서를[291] 쓰제, 부서.

부서는 누가 다, 누가 가따 주능 거여?

- 그 난 그저넨 우체로 아니써.

그러먼 어트게 해써요?

- 다 동네 사람 사람 시켜서, 다 시면이먼 시면, 고창이먼 고창, 각깍
배다를 히가지고.

하이고!

- 그럼 먼 디는 자고 오는 수도 이꼬 그러제.

- 참 그거시 안 조치.

- 아 그전에는 그 소리 주는 사람 팔려 다니고, 부잣집은 사 왔어. 다 사다.

참!

- 사다가도 어디어디 소리꾼이 있다고 하면은 다 오라고 해, 시험을 봐.

아하!

아 그래요?

- 암! 아무 것이나가 아니라 시험을 봐가지고 제일 잘하는 사람, 그 사람을 다음에 출상할 때, 상여 나갈 때 그 사람을 써.

그 사람을 뭐라고 불러요? 뽑힌 사람을?

- 소리꾼이라고 그래, 소리꾼.

아, 이거 보통일이 아니구나.

- 각 처에서 나오지.

- 부잣집 초상났다...

아 그래요?

- 하면 인근에서 다 불러서.

- 이제 그 사람은 이제 그날 마치면 이제 돈도 많이 주고.

초상났다는 것을 이제 널리 그 원근 간에 알리려면 어떻게 알려야 돼요?

- 부서를 쓰지, 부서.

부서는 누가 다, 누가 가져다주는 거여?

- 그 나는 그전에 우체로 안 했어.

그러면 어떻게 했어요.

- 다 동네 사람 사람 시켜서, 다 심원이면 심원, 고창이면 고창, 각각 배달을 해가지고.

하이고!

- 그러면 먼 데는 자고 오는 수도 있고 그러지.

- 참 그것이 안 좋지.

부서 돌리기도 쉽찌가 아나겠꾸나!

‒ 어디가 거러다니고, 어디가먼 자진차[292] 타고 댕이고[293], 어디는 싸이카 타고 댕겨? 순전 거러다널쩨.

아니 그러면 가따가 오시는, 오실라면 상이 다 끈날 쑤도 이껀네요?

‒ 부서 돌리, 가따가, 주그먼.

‒ 아 그러니까 어, 그르케 먼 디까지는

가지는 앙코?

‒ 안 가는디, 이기서 한 하로낄[294] 가틍 거슨 새보게[295] 가가지고.

야!

그 인제 그 빈 상에, 빈 생에를 그 놀릴 때는 그날 저녁때 출쌍허기 전나레?

‒ 전날.

밤에?

‒ 밤에.

아:!

그때 인제 놀닐 때 부니기는 어떵가요?

‒ 부니기?

애애.

‒ 아 부니기가 죤체.

‒ 그양 인자 호상이꼬 인자, 불쌍허게 주근 절물 사라미나 죽꼬 그러먼 별낃또 아닌디, 그거또 아닌디 인자, 아 나이 머거서 마니 죽꼬, 그른 사라믄 인자 생에 놀리고.

아!

상주가 막 슬퍼하거나 그러진 안능가요?

‒ 그럼 슬퍼라 안치.

그냥 보통 인는 이리니까요.

부서 돌리기도 쉽지가 않았겠구나!

─ 어디가 걸어다니고, 어디가면 자전거 타고 다니고, 어디는 오토바이 타고 다녀? 순전히 걸어다녔지.

아 그러면 갔다가 오시는, 오시려면 상이 다 끝날 수도 있겠네요?

─ 부서 돌려, 갔다가, 죽으면.

─ 아 그러니까 어, 그렇게 먼데까지는

가지는 않고?

─ 안 가는데, 여기서 한 하룻길 같은 것은 새벽에 가지고.

야!

그 이제 그 빈 상여, 빈 상여를 그 놀릴 때는 그날 저녁때 출상하기 전날에?

─ 전날.

밤에?

─ 밤에.

아!

그때 이제 놀릴 때 분위기는 어떤가요?

─ 분위기?

예예.

─ 아 분위기가 좋지.

─ 그냥 이제 호상 있고, 이제 불쌍하게 죽은 젊은 사람이나 죽고 그러면 별것도 아닌데, 그것도 아닌데 이제, 아 나이 먹어서 많이 죽고, 그런 사람은 이제 상여 놀리고.

아!

상주가 막 슬퍼하거나 그러지는 않는가요?

─ 그럼 슬퍼라 않지.

그냥 보통 있는 일이니까요.

부뉘기가 쫌

— 슬푼 사람도 인쩨.

아!

— 쉽께 마래 절문 사라미 주건따든지.

얘얘.

— 상처, 상처를 해따든지.

예.

— 상배를[296) 당해따든지, 상배 상배를 헤따그러면, 생애는 놀랴도[297)
쫌 슬푼 가미 만체들.

그럼 딱 연세 드셔가지고 가는 분드른 그르케

— 암!

괜찬탄 말쓰미죠?

— 부니기가 조코.

그거를 그거시 밤새도록 하지는 아늘꺼 아녀?

— 암 그러제.

언제까지나 혀?

— 열뚜시::

열두시 한시까지나.

— 그리 지그문 그거또 읍써져 버리고.

그러고 나면 인제 그 다으메는 다음날 아치메 바로 출쌍허능가요?

— 암! 출쌍하지.

출쌍하기 저네는 뭘 해야 되능가요?

— 출쌍이 머들 허는버븐[298) 업쩨이.

업써?

— 응.

바로 그냥...

분위기가 조금

－ 슬픈 사람도 있지.

아!

－ 쉽게 말해 젊은 사람이 죽었다든지.

예예.

－ 상처, 상처를 했다든지.

예.

－ 상배를 당했다든지, 상배 상배했다 그러면, 상여를 놀려도 좀 슬픈 감이 많지들.

그럼 딱 연세 드셔가지고 가는 분들은 그렇게

－ 암!

괜찮다는 말씀이죠?

－ 분위기가 좋고.

그것을 그것이 밤새도록 하지는 않을 것 아녀?

－ 암 그렇지.

언제까지나 해?

－ 열두 시

열두 시, 한 시까지나.

－ 그런데 지금은 그것도 없어져 버리고.

그러고 나면 이제 그 다음에는 다음날 아침에 바로 출상하는가요?

－ 암! 출상하지.

출상하기 전에는 뭘 해야 되는가요?

－ 출상이 뭣을 하는 법은 없지.

없어?

－ 응.

바로 그냥...

— 으니루299) 인자, 생에 맬 싸라믄 생에 메고, 또 그외 인자, 그거뽀고 유대구니라고300) 허거든 유대군.

— 또 인자 멘명 또 사네 가서 산닐 헐 싸람들.

유대구니라는 마른 생에 메는 사람들?

— 예.

이거또 자겨기 이써요? 아무나 메도 괜차나요?

— 응, 아무 가나...

아무나 가도 괜찬코.

그 유대군, 유대군. 혹씨 상여 나가기 저네 아페다가 이르케 글씨 쓰능 걷뜰 이써자나요?

— 만사301).

그 만사가...

— 조기라구제.

예.

— 조기. 그걸 만사라고 혀.

그 만사는 하나만 항가요? 아니면 여러 개를 하능가요?

— 월래 규정이, 인자 만사가 이꼬, 저 뭐시냐.

— 그 만사는 여러 장이제. 한장뿐만 아니라.

예.

— 이제 칭구지가니나, 먼디서 인자 요새 화원

예예예.

— 그거 보내드끼.

아! 그거다고 또까꾸나.

— 그거더고 간쩨.

그러면 인제 칭구드리 써 가지고 걸기도 하고?

— 그럼 여러 장이 이쓸 쑤 이껜네요?

─ *** 이제, 상여 멜 사람은 상여 메고, 또 그 외 이제 그것 보고 유대꾼이라고 하거든 유대꾼.

─ 또 이제 몇 명 또 산에 가서 산일 할 사람들.

유대꾼이라는 말은 상여 메는 사람들?

─ 예.

이것도 자격이 있어요? 아무나 메도 괜찮아요?

─ 응, 아무 가나...

아무나 가도 괜찮고.

그 유대꾼, 유대꾼. 혹시 상여 나가기 전에 앞에다가 이렇게 글씨 쓰는 것들 있었잖아요?

─ 만사.

그 만사가...

─ 조기라고 하지.

예.

─ 조기. 그걸 만사라고 해.

그 만사는 하나만 하는가요? 아니면 여러 개를 하는가요?

─ 원래 규정이, 이제 만사가 있고, 저 무엇이냐.

─ 그 만사는 여러 장이지. 한 장뿐만 아니라.

예.

─ 이제 친구지간이나, 먼 데서 이제 요새 화환

예예예.

─ 그거 보내듯이.

아! 그것하고 똑같구나.

─ 그것하고 같지.

그러면 이제 친구들이 써 가지고 걸기도 하고?

─ 그럼 여러 장이 있을 수 있겠네요?

- 아, 여러 장 일쩨.

어.

- 그렇게 참 거시기한, 간지가302) 다라가지고 그양 수심명이 들고 가는 수가 일쩨.

아, 그 만사를?

- 써 가지고 인자 대에다 꼬자가지고 인자 들구가.

- 그걸 보며는 아 저 참 호상이다, 이르케.

아!

그 사라미 위세도 인자 알겐네.

- 글로써 인자 나타나지.

아! 그 만사를 보고?

그럼, 만사가 맨 아페 가능 거여? 나갈 때?

- 암, 그러제, 만사.

만사가 맨 아페?

- 대신 그거 인자 그를 지어서 인자, 써서 인자...

아:!

- 각깍.

아, 그래요? 그 만사에다가 자기가 쓰고 시푼 마를

- 암!

쓰능 거예요?

주로 어떤 내용드를 써요? 만사에다가?

- 어, 대부분 호천망그기라든지303) 뭔 인자, 여러말 조은 마를 쓰지.

그 호천망그기라고 쓰고 자기 칭구 이르믈 쓰능가요? 자기 이름도 쓰능가요?

- 자기 이름만 쓰제. 자기 이름만 써.

그 만사, 만사를 만든 사람 이름?

－ 아, 여러 장 있지.

어.

－ 그러니까 참 거시기한, 간짓대에 달아가지고 그냥 수십 명이 들고 가는 수가 있지.

아, 그 만사를?

－ 써 가지고 이제 대에다 꽂아가지고 이제 들고 가.

－ 그것 보면 아 저 참 호상이다, 이렇게.

아!

그 사람의 위세도 이제 알겠네.

－ 글로써 이제 나타나지

아! 그 만사를 보고?

그럼, 만사가 맨 앞에 가는 거여? 나갈 때?

－ 암, 그러지, 만사.

만사가 맨 앞에?

－ 대신 그것 이제 글을 지어서 이제, 써서 이제...

아!

－ 각각.

아, 그래요? 그 만사에다가 자기가 쓰고 싶은 말을

－ 암!

쓰는 거예요?

주로 어떤 내용들을 써요? 만사에다가?

－ 어, 대부분 호천망극이라든지 뭐 이제, 여러 말 좋은 말을 쓰지.

그 호천망극이라고 쓰고 자기 친구 이름을 쓰는가요? 자기 이름도 쓰는 가요?

－ 자기 이름만 쓰지. 자기 이름만 써.

그 만사, 만사를 만든 사람 이름?

그러고 인제 그 만사가 나가고 그 다으메 바로 상여가 뒤따라가능 거여?

－ 그러제.

상에가, 상에는 인제 소리꾼이 위에 서고 유대구니 뒤에서 메고 가고.

－ 그 다음 뒤에 인자 상주더리 따르고.

그 다으메 상주들 따르구요?

－ 그 다으메 인자 조객떠리 뒤따라오고.

그르케 해서 장지까지 가능거여? 그르케 해서?

대개 장지가 동네에서 쬠 멀쑤도 읻짜나요?

－ 그러제.

어, 그럼 거기까지 가치 가능 거여?

－ 암, 가치 가지.

－ 지그문 차로 가지만.

아! 그러네. 아이 이건 상당이 큰, 큰니리구나.

그럼 거의 동네 전체가 다 가치 움지기겐네? 동네 싸람들?

－ 아, 거개 인자, 거개 가치 움지기제.

사라메 따라 좀 다를 쑤는 이껜네요.

－ 또 그리고 가다가 인자 거릳쩨라걸[304] 또 지내지.

－ 거리에서 인자 또 제사를 또 지내. 노제라고[305] 히가지고.

얘:.

－ 노제라고, 거릳쩨를 지내, 거그서 인자 또 제사를 또 지내, 가다가.
쉬어가는 퍼니제.

음.

노제는 지낼 때는 어트게 지내능 거여요? 상에다가, 거리다가 상을.

－ 어, 상 노코, 거그도 똑가치, 인자 간단히만 허제.

얘.

상주한테 지내능 겅가요? 상, 아니 저기 멩인한테 지내능 겅가요?

그리고 이제 그 만사가 나가고 그 다음에 바로 상여가 뒤따라가는 거여?

— 그러지.

상여가, 상여는 이제 소리꾼이 위에 서고, 유대꾼이 뒤에서 메고 가고.

— 그 다음 뒤에 이제 상주들이 따르고.

그 다음에 상주들 따르고요?

— 그 다음에 이제 조객들이 뒤따라오고.

그렇게 해서 장지까지 가는 거여? 그렇게 해서?

대개 장지가 동네에서 좀 멀 수도 있잖아요?

— 그러지.

어, 그럼 거기까지 같이 가는 거여?

— 암, 같이 가지.

— 지금은 차로 가지만.

아! 그러네. 아이, 이건 상당히 큰, 큰일이구나.

그럼 거의 동네 전체가 다 같이 움직이겠네? 동네 사람들?

— 아, 거의 이제, 거의 같이 움직이지.

사람에 따라 좀 다를 수는 있겠네요.

— 또 그리고 가다가 이제 거리제라는 걸 또 지내지.

— 거리에서 이제 또 제사를 또 지내. 노제하고 해가지고.

예.

— 노제하고, 거리제를 지내. 거기에서 이제 또 제사를 또 지내, 가다가. 쉬어가는 편이지.

음.

노제는 지낼 때는 어떻게 지내는 거예요? 상에다가, 거리에다가 상을.

— 어, 상 놓고, 거기도 똑같이, 이제 간단히만 하지.

예.

상주한테 지내는 건가요? 상, 아니 저기 망인한테 지내는 건가요?

- 어, 멩인한테[306] 지내제. 절 허고.

- 그거슨 인자 또 미차 손님들 늦게 온 사람 인자 가따 손니멀 보고.

그 다으메는 인제 장지에 도착하면 그 다으메는 어트게 하능 거여?

- 도착 허면 인자, 발써 산닐[307] 히농거 이쓸꺼 아녀? 인저 하과늘 허제.

음.

- 하관 시가니 이끄덩, 대략 열뚜 시, 하관 시간.

하과는 또 어떤 절차로 하능 거예요?

- 하과니라는 거슨 인자...

바로 그냥?

- 절차가 읍씨 그냥 가늘 느코 봉허제.

혹씨 그 상여쏘리 가틍 거 지금 하실 만한 부니 여기 계셔? 소리꾸니, 여기 하실 뿌니.

- 에, 우리 금방은 읻쩨.

지금도 계세요?

- 응.

아, 그래요?

- 바로 이 위, 바로 이 엽찝 싸는 부니 허제.

아, 그래요?

- 그사라민저 이 근:동이서 팔려 다녀.

지금도?

- 어 오라고는 사람 이씽게.

그분 노금 좀 해야되겐네. 상여, 상여쏘리. 언제 함 번 그 소리 쫌 노금 좀 해쓰면 조켄네.

그 분 성하미 어트게 되세요?

- 정남근.

‒ 어, 망인한테 지내지. 절하고.

‒ 그것은 이제 또 미처 손님들 늦게 온 사람 이제 갔다 손님을 보고.

그 다음에는 이제 장지에 도착하면 그 다음에는 어떻게 하는 거여?

‒ 도착하면 이제, 벌써 산일 해 놓은 거 있을 거 아녀? 이제 하관을
하지.

음.

‒ 하관 시간이 있거든, 대략 열두 시, 하관 시간.

하관은 또 어떤 절차로 하는 거예요?

‒ 하관이라는 것은 이제...

바로 그냥?

‒ 절차가 없이 그냥 관을 넣고 봉하지.

혹시 그 상여소리 같은 거 지금 하실 만한 분이 여기 계셔? 소리꾼이, 여기
하실 분이?

‒ 예, 우리 근방은 있지.

지금도 계세요?

‒ 음.

아, 그래요?

‒ 바로 이 위, 바로 이 옆집 사는 분이 하지.

아, 그래요?

‒ 그 사람이 이제 이 근동에서 팔려 다녀.

지금도?

‒ 어, 오라고 하는 사람 있으니까.

그 분 녹음 좀 해야되겠네. 상여, 상여소리. 언제 한 번 그 소리 좀 녹음 좀
했으면 좋겠네.

그 분 성함이 어떻게 되세요?

‒ 정남근.

바로 요 위찝 싸셔?

― 예.

연세가?

― 지금 이른하나.

음, 절무시구나 아직. 야.

그 장례 치를 때 음시근 또 어떤 거뜨를 줌비하세요?

― 장례 치를 때, 평생이야[308] 그 때는 상 당에 삼실과.

음.

― 그때가 언제 장마널 기회가 적끄덩. 그래 간단해.

예.

― 그저 어물 가틍 거슬 시쟁이서[309] 사다 허먼.

오히려 그 환갑쌍에 비해서는 더 간단난.

― 아, 간단히야지. 언제 장만 헐 새가 업싱게.

이제 그러케 하고 나면, 그 봉분 만들고 나면 이제 끈나는가요?

― 어 그거시 인저 또 평토제라능[310] 거시 지내지, 평토제.

평토제라능 거슨 어떤?

― 평토제라능 거슨 거운 인자 땅허고 가치 완전 봉무늘 진, 는 거시
아니라. 히 노먼 또 인저 생일, 생이늘 보내양게[311] 지브로 보내양게, 혼
백 상자가 들려서 보내양게 거따 인자 평토제라고, 어느 정도 인자 평지
허고, 평토제라고먼 평지허고 비방하게[312] 인자 이를 해씰 때, 거따 인자
또 제사를 또 지내.

아:!

― 지내고, 그 혼백쌍, 혼배글 아페 들고 가는 사람 아페 따라서 온 길
로 아주 지부로 와서 인자 영위를 만들지 아녀?

아!

― 그러면 인자 나머지 싸람드리, 동네싸람드리 참 인자 완저니 봉부늘

바로 요 윗집 사셔?

― 예.

연세가?

― 지금 일흔하나.

음, 젊으시구나 아직. 야.

그 장례 치를 때 음식은 또 어떤 것들을 준비하세요?

― 장례 치를 때, 평상에야 그 때는 상을 당해서 삼실과.

음.

― 그때는 언제 장만할 기회가 적거든. 그래 간단해.

예.

― 그저 어물 같은 것을 시장에서 사다 하면.

오히려 그 환갑상에 비해서는 더 간단한.

― 아, 간단해야지. 언제 장만할 새가 없으니까.

이제 그렇게 하고 나면, 그 봉분 만들고 나면 이제 끝나는가요?

― 어 그것이 이제 또 평토제라는 것을 지내지, 평토제.

평토제라는 것은 어떤?

― 평토제라는 것은 거의 이제 땅하고 같이 완전 봉분을 짓는 것이 아니라. 해 놓으면 또 이제 상여, 상여를 보내야 하니까, 집으로 보내야 하니까, 혼백 상자를 들려서 보내야 하니까 거기에다 이제 평토제라고, 어느 정도 이제 평지하고, 평토제라고 하면 평지하고 비슷하게 이제 일을 했을 때, 거기에다 또 제사를 또 지내.

아!

― 지내고, 그 혼백상, 혼백을 앞에 들고 가는 사람 앞에 따라서 온 길로 아주 집으로 와서 이제 영위를 만들지 아녀?

아!

― 그러면 이제 나머지 사람들이, 동네사람들이 참 이제 완전히 봉분을

다 만들제.

아 그럼 산닐 허는 부드른 거기서 산니를 하시고, 가치 평토제 지내고.

— 생인드를 보내왔쓸때,

오고,

— 생인들.

생인들만 오능 거예요? 지부로?

— 암. 생인들만 오지.

그럼 조문객뜨른 거기서 흐터져?

얘.

— 암, 진즈기313) 흐터지제, 거그서 흐터지지.

— 그 가서 사네 가치 이뜬 사람드른 허고.

그럼 인제, 그 다으멘. 그럼 인제 상례는 다 끈난거죠?

— 인제 그 인자 영위를, 영위를 인자 지브로 모시고.

영위를 모실 때는 어트게 모셔야 돼요? 옌나레는?

— 어 영위를, 거또 인자 거진 지번 지벌 또 다시 진는 지빋써, 인는 지븐.

허! 지불 다시 져요?

— 그냥 지불 쪼만허게 이제 지프라그로, 지부로 히서 나무로 씨워가지고 토막 씨워가지고 별또로 치루는 집또 읻꼬, 또 허청 이씨면 허청이다도 허고

— 그럼 대개 큰방 무나페다 만드러서 인자 그 카텐으로314), 카튼 치고 거따 인자 암반상315) 하나 노코 거따 인자 홈뱅만316) 지방만 부쳐노먼 인자.

그럼 인제 이, 이건 그 이러케 만드러 논 그 자리를 뭐라고 부르셛써요?

— 빈소라고제 지그문. 근디 영우여 영우317), 영위. 영위. 지금 빈소라고 아내? 빈소?

예예예.

— 영우여 영우, 영우라고제 영위.

— 모실 위짜 영얼 모신다 그 마리제.

다 만들지.

아 그럼 산일 하는 분들은 거기서 산일을 하시고, 같이 평토제 지내고.

− 생인들을 보내왔을 때,

오고,

− 생인들.

생인들만 오는 거예요? 집으로?

− 암. 생인들만 오지.

그럼 조문객들은 거기서 흩어져?

예.

− 암, 진작 흩어지지, 거기서 흩어지지.

− 그 가서 산에 같이 있던 사람들은 하고.

그럼 이제, 그 다음에는. 그러면 이제 상례는 다 끝난 것이지요?

− 이제 그 이제 영위를, 영위를 이제 집으로 모시고.

영위를 모실 때는 어떻게 모셔야 돼요? 옛날에는?

− 어 영위를, 그것도 이제 어떤 집은 집을 다시 짓는 집이 있어, 있는 집은.

허! 집을 다시 지어요?

− 그냥 집을 조그만하게 이제 짚으로, 짚으로 해서 나무로 세워가지고 초막 씌워서 별도로 치르는 집도 있고, 또 허청 있으면 허청에다도 하고.

− 그럼 대개 큰방 문 앞에다 만들어서 이제 그 커튼으로, 커튼 치고 거기에다 이제 암반상 하나 놓고 거기에다 이제 혼백만 지방만 붙여 놓으면 이제.

그럼 인제 이, 이건 그 이렇게 만들어 놓은 그 자리를 뭐라고 부르셨어요?

− 빈소라고 하지 지금은. 그런데 영위여 영위, 영위. 영위. 지금 빈소라고 안 해? 빈소?

예예예.

− 영위여 영위. 영위라고 하지 영위.

− 모실 위 자 영을 모신다 그 말이지.

그럼 인제 거 빈소나 영위에다가는 어트게 해요? 날마다날마다 뭘 하시능가?

― 암 그러체. 그저네는...

얘.

― 상:서글318) 올려쩨잉.

음.

― 아침 저녀그로, 나제는 사네 읻씅개, 아침 저녀그로 밥쌍을 언제나, 아침 저녀그로 올렫써.

그럼 그 바분 진짜 다 차려서 올려논능거여?

― 암, 상이다 히서.

그 다으메. 그러면 이제 그냥 아치메 노코 일 나가따가 저녁 때 거둬서?

― 아니.

그럼 어떠케헤?

― 바로 건쩨, 놔따가 바로.

― 바로 놔따가 바로 거더서 인자 식싸를 허제.

그 인자 그 거더서, 거든 그 음시근 우리가 머거도 되능 거여?

― 암. 머그먼 먹쩨 다.

그럼 인자 잠깐 식싸, 우리가 밤먹끼 저네 인저 먼저 드시게 하고.

― 먼님319) 히서 드리고 인자 줌비해서 우리가 먹꼬.

이거슬 면녀니나 허시능 거여? 멷 깨월, 멷 쭝? 얼마나 하시는가요?

― 그걸 일 년 간 허는거여, 일 년 간. 초상때까지320).

이야!

― 인저 소상때까지321).

그러면 그 일 년 후에 인제 다시 하능 거슬 소상이라고 해요?

― 소상.

그 소상 때 다시 조문객뜨리 오능가요?

그럼 이제 그 빈소나 영위에다가는 어떻게 해요? 날마다 날마다 뭘 하시는가?

  − 암 그렇지. 그 전에는...

예.

  − 상식을 올렸지.

음.

  − 아침 저녁으로, 낮에는 산에 있으니까, 아침 저녁으로 밥상을 언제나, 아침 저녁으로 올렸어.

그럼 그 밥은 진짜 다 차려서 올려놓는 것이여?

  − 암, 상에다 해서.

그 다음에. 그러면 이제 그냥 아침에 놓고 일 나갔다가 저녁 때 거둬서?

  − 아니.

그럼 어떻게 해?

  − 바로 걷지, 놓았다가 바로.

  − 바로 놓았다가 바로 걷어서 이제 식사를 하지.

그 이제 그 걷어서, 걷은 그 음식은 우리가 먹어도 되는 거여?

  − 암, 먹으면 먹지 다.

그럼 이제 잠깐 식사, 우리가 밥 먹기 전에 이제 먼저 드시게 하고.

  − 먼저 해서 드리고 이제 준비해서 우리가 먹고.

이것을 몇 년이나 하시는 거여? 몇 개월? 몇 주? 얼마나 하시는가요?

  − 그것을 일 년 간 하는 것이여, 일 년 간. 초상 때까지,

이야!

  − 이제 소상 때까지.

그러면 그 일 년 후에 이제 다시 하는 것을 소상이라고 해요?

  − 소상.

그 소상 때 다시 조문객들이 오는가요?

- 암, 소상때 점부 모이지.

- 삼년상을 다 다니제이.

- 초상 날 때허고, 소상 때허고,

그다메, 그다메?

- 또 탈쌍.

초상, 소상, 탈쌍, 그러케 허는가요?

- 초상은 주거씰 때 초상이고, 그 이드매 제사가 소상이고, 인자 탈쌍322), 보글 번는다 그 마리여,

예.

- 또 그 이드매 탈쌍, 탈보걸 때, 월래 조무늘 세 번 헌다능 거싱게.

아이고 복짜버네.

- 근디 지그면 참 조체이?

- 그 자리서 그냥 그후로 인자 기년 탈보글 허고. 기녀니라거면 일 년 간

얘얘얘.

- 탈보거는.

- 뭔 뭔, 대일 탈보기 이쓰면 칠칠 탈보길쎄, 칠칠세부텀은 또 삼, 삼일 탈보기 되야되면 그날 사네서 마라자면, 장례 지내고는 거그서 탈보개버리고.

허허허.

예뻐비 마니 달라전네.

- 그러치.

- 그러고 나면 인제 탈쌍 하고나면 그때부터는 인제 제사를 지내시고요?

- 응, 제사 지내.

- 암, 소상 때 전부 모이지.

- 삼년상을 다 다니지.

- 초상 날 때하고, 소상 때하고,

그 다음에, 그 다음에?

- 또 탈상.

초상, 소상, 탈상 그렇게 하는가요?

- 초상은 죽었을 때 초상이고, 그 이듬해 제사가 소상이고, 이제 탈상, 복을 벗는다 그 말이야.

예.

- 또 그 이듬해 탈상, 탈복할 때, 원래 조문을 세 번 한다는 것이니까.

아이고, 복잡하네.

- 그런데 지금은 참 좋지?

- 그 자리에서 그냥 그 후로 이제 기년 탈복을 하고. 기년이라고 하면 일 년 간

예예예.

- 탈복하는.

- 뭔 뭔, 대일 탈복이 있으면 칠칠 탈복일세, 칠칠세부터는 또 삼, 삼일 탈복이 되어야 되면 그날 그냥 산에서, 말하자면, 장례 지내고는 거기서 탈복해 버리고.

허허허.

예법이 많이 달라졌네.

- 그렇지.

- 그러고 나면 이제 탈상 하고 나면 그때부터는 이제 제사를 지내시고요?

- 응, 제사 지내.

2.7 제사에 대한 이야기

그때부터 제사람말 하능가요?

― 암.

처으메 지내는 지내는 제사는 뭐라고 하세요?

― 음 기제사 기제사 인자, 첟 방안찌사라고 그러제, 첟 기제 첟 기제사.

음.

이거슬 방안쩨사라고 하셔?

― 응, 방안쩨사.

그리고 나면 그 다으메 기제사 다으메 또 어떤 제사가 이써요?

― 그 다으메?

음.

― 어 그야 인자 기제사를 계속 지내제잉.

기제사는 인제 해마다 지내고?

― 어 해년323) 지내.

― 인자 묘에 가서는, 그 저네 그런데 한 융년 후에, 마라자면 육때 되야면 세앙을324) 모시자녀.

육때부터?

― 어, 육때부터.

내 우그로 육때까지?

― 어, 육때. 진저325) 마라자면 육때조부터 지낸다 그마리여.

음.

육때조부터는 인제 묘에

― 묘에 가서 지내.

가서. 그거슬 뭐라고 그랜써요?

그때부터 제사라는 말 하는가요?

— 암.

처음에 지내는 지내는 제사는 뭐라고 하세요?

— 음 기제사 기제사 이제, 첫 방안 제사라고 그러지, 첫 기제사 첫 기제사.

음.

이것을 방안 제사라고 하셔?

— 응. 방안 제사.

그러고 나면 그 다음에 기제사 다음에 또 어떤 제사가 있어요?

— 그 다음에?

음.

— 어, 그야 이제 기제사를 계속 지내지.

기제사는 이제 해마다 지내고?

— 응 매년 지내.

— 이제 묘에 가서는, 그 전에 그런데 육년 후에, 말하자면 육 대 되면 시향을 모시잖아.

육 대부터?

— 어, 육 대부터.

내 위로 육 대까지.

— 어, 육 대. 증조 말하자면 육대조부터 지낸다 그 말이여.

음.

육대조부터는 이제 묘에

— 묘에 가서 지내.

가서. 그것을 뭐라고 그랬어요?

묘에 가서.

- 시제326).

육때조 아래로는?

- 아래로는 평생 지베 방아네서 지내는디, 지그먼 말여, 여래 복짜버
다고 기양 묘:제를 지내버리더만.

- 자기 부모도 묘제 지내버리데.

- 지바니 방아네서 지사를 안 지내고.

방안 제사는 업꼬.

- 응 업꼬 기양,

묘제로만?

- 묘에 가서 그양 지내버리는 사람 더러 이떠라 그마리여.

예.

묘제라고 하능 거슨 이거슨 그럼 추석때? 설랄?

- 아니여.

그날?

- 날 바더서, 그 제산날 날 바더서 허고, 묘제 지내고, 또 날도 받꼬,
안 되야도. 그 자손들 펼리헌 날부터 헤가꼬.

지부로 다 암 모이고 그냥 거기 가서 모신다 이마리죠?

옌나레는 그렁 거 업썯쬬?

- 업써쩨.

틀림업씨 기제사를 지내고?

- 아, 기제사 지내지.

그리고 인제 설랄 아치메도.

- 암 설랄 아치멘 인자 지베서 제사를 지내제지.

- 근 합똥이제, 설라른, 명저레는 합똥이제.

예, 그 설라레 지내는 제사는 뭐라고 하셔써요?

묘에 가서.

- 시제.

육대조 아래로는?

- 아래로는 평소에 집에 방안에서 지내는데, 지금은 말이야, 여러 복잡하다고 그냥 묘제를 지내버리더구먼.

- 자기 부모도 묘제 지내버리데.

- 집안에 방안에서 제사를 안 지내고.

방안 제사는 없고.

- 응 없고 그냥,

묘제로만?

- 묘에 가서 그냥 지내버리는 사람 더러 있더라 그 말이야.

예.

묘제라고 하는 것은 이것은 그럼 추석 때? 설날?

- 아니야.

그날?

- 날 받아서, 그 제삿날 날 받아서 하고, 묘제 지내고, 또 날도 받고, 안 되어도. 그 자손들 편리한 날부터 해가지고.

집으로 다 안 모이고 그냥 거기 가서 모신다 이 말이지요?

옛날에는 그런 것 없었지요?

- 없었지.

틀림없이 기제사를 지내고?

- 아, 기제사 지내지.

그리고 이제 설날 아침에도.

- 암, 설날 아침에는 이제 집에서 제사를 지내지.

- 그건 합동이지, 설날은, 명절에는 합동이지.

예, 그 설날에 지내는 제사는 뭐라고 하셨어요?

— 그 인자 설랄, 지내능 건 제사제, 추서게도.

다른 이름 업써꾸요?

— 암, 추서게도 지내고.

추서게도 마찬가지고?

— 그저네 합똥으로 지내능 거시여.

예.

— 인자 수짜대로 인자 메만327) 수짜대로 지어노코, 메만 올리지.

— 차례 지낸다고 그러지, 차례 지낸다고.

기제, 아, 차례? 차례라고 하능 거슬 추성명저레도 차례 지낸다고해도 괜찬는가요?

— 암. 설 명저를 차례 지낸다고 해.

그럼 인저 기세자328), 기제사를 지낼 때는 그 도라가신 날로 치능가요? 아니면 그 다음날로 치능가요?

— 그 안 날로 쳐.

그 안 날로 쳐?

— 산, 산 날로.

그러니까 예를 들면 오느리, 오느리 이십사이린데 오늘 도라가셔써.

— 응 어젠날로.

어젠날짜로 지내신다 이 마리죠?

기제사 지내실 때는 어떤 절차로 지내세요? 어떤 순서로?

— 순서라면, 평생 제사 지내는 순서는 다 또까틍게.

음.

— 에 새양 모시는 지사나329).

— 이걸 채려노코, 삼실과 채려노코.

그걸

— 지방 써 부치고.

－ 그 이제 설날, 지내는 건 제사지, 추석에도.

다른 이름 없었구요?

 － 응, 추석에도 지내고.

추석에도 마찬가지고?

 － 그전에 합동으로 지내는 것이여.

예.

 － 이제 숫자대로 이제, 메만 숫자대로 지어놓고, 메만 올리지.

 － 차례 지낸다고 그러지, 차례 지낸다고.

기제, 아, 차례? 차례라고 하는 것을 추석 명절에도 차례 지낸다고 해도 괜찮은가요?

 － 암, 설 명절을 차례 지낸다고 해.

그럼 이제, 기제사, 기제사를 지낼 때는 그 돌아가신 날로 치는가요? 아니면 그 다음날로 치는가요?

 － 그 안 날로 쳐.

그 안 날로 쳐?

 － 산, 산 날로.

그러니까 예를 들면 오늘이, 오늘이 이십사 일인데 오늘 돌아가셨어.

 － 응 어제 날로.

어제 날짜로 지내신다 이 말이죠?

기제사 지내실 때는 어떤 절차로 지내세요? 어떤 순서로?

 － 순서라면, 항상 제사 지내는 순서는 다 똑같으니까.

음.

 － 예, 시향 모시는 제사나.

 － 이걸 차려놓고, 삼실과 차려놓고.

그걸

 － 지방 써 붙이고.

음. 지방 써 부치고.

− 축찌방, 마라자면 충늭꼬, 자손덜 절 허고.

− 월래 또 제사는 또 언제 지내냐먼 새보게 다구룸 새에330) 지내거든.

예::. 그러니까 가령 이십싸일랄 도라가셨써. 그러면 이드매 기제사 지낼 때는 이십사밀랄 새보게 지내능 거여? 아니 이십싸일랄 새복?

− 응?

언제 지내능 거여?

− 지금 마리여.

예 이십싸일 랄 도라가셨써. 그러면?

− 그러먼,

그 안날 지낸다고 그렌땀마리여.

− 그 안날 새보기지.

그 안날 새보게?

− 음.

그 결구근 이십싸일랄 그날 아치미구나.

− 그러치.

그러니까 이심사밀랄 지낸다고 허드래도 그 안날 새보기며는 이십싸일랄 새보기, 새복 아니에요?

− 이, 이심사밀랄 주거씽게.

아니 아니, 이십싸일랄 도라가셔써.

− 응.

이십싸일랄 도라가셔쓰면

− 이십싸밀랄 새보게.

그 안날.

이십싸밀랄 새복?

− 음.

음. 지방 써 붙이고.

— 축 지방, 말하자면 축 읽고, 자손들 절하고.

— 원래 또 제사는 또 언제 지내냐면 새벽에 닭이 울기 전에 지내거든.

예, 그러니까 가령 이십사일 날 돌아가셨어. 그러면 이듬해 기제사 지낼 때는 이십삼일 날 새벽에 지내는 거여? 아니 이십사일 날 새벽?

— 응?

언제 지내는 거여?

— 지금 말이야.

예, 이십사일 날 돌아가셨어. 그러면?

— 그러면,

그 안날 지낸다고 그랬단 말이야.

— 그 안날 새벽이지.

그 안날 새벽에?

— 응.

그 결국은 이십사일 날 그날 아침이구나.

— 그렇지.

그러니까 이십삼일 날 지낸다고 하드래도 그 안날 새벽이면은 이십사일 날 새벽이, 새벽 아니에요?

— 이, 이십삼일 날 죽었으니까.

아니 아니, 이십사일 날 돌아가셨어.

— 응.

이십사일 날 돌아가셨으면

— 이십삼일 날 새벽에.

그 안날.

이십삼일 날 새벽?

— 음.

그럼 이십 이일랄 밤 새우고 그 다음날 지낸다구요?

— 그러제.

— 긍게 평생에 새보기랑게 이십사밀라링게.

도라가시기는 이십싸일랄 도라가션는데, 제사는 그 전날 지내네?

— 그 전날 져야돼331).

아. 왜 그래요? 도라간, 도라가신날 안 지내고?

— 산 날로 지내야혀.

산 날로 지내능 거야?

도라가신 나리 아니고?

아, 그러쿠나!

— 도란날 주구면, 오늘 주거쓰면 오늘 즈녀기332) 지사거든?

음, 그러쵸. 오늘 새벽에나.

— 어, 오늘 새벼기면 오늘 쩌녀긴디,

얘.

— 쉽께 마러면 어제, 어제 저녀그 지내야 헌다 그마리여.

— 아이 어제 즈녀그 지내능게, 그게 평생 오늘 새보기나 마찬가지제.

어!

— 그게 바메 지내능 거시제, 새보게 지내능 거슨 아니거든.

아!

— 오늘 주거따 그마리여.

예예.

— 그러면 오늘 쩌녀그 지내능 거시 아니라 어제 쩌녀게 지낸다 그마리여.

예예예 알겓써요.

— 그 평생333) 새보게.

새보게 맏터야 허능거다 이 마리죠?

— 응, 새보게 되능 거시여.

그럼 이십이일 날 밤 새우고 그 다음날 지낸다고요?

— 그러지.

— 그러니까 평소에 새벽이라는 것이 이십삼일 날이니까.

돌아가시기는 이십사일 날 돌아가셨는데, 제사는 그 전날 지내네?

— 그 전날 지내야 돼.

아, 왜 그래요? 돌아, 돌아가신 날 안 지내고?

— 산 날로 지내야 해.

산 날로 지내는 거야?

돌아가신 날이 아니고?

아, 그렇구나!

— 돌 안날 죽으면, 오늘 죽었으면 오늘 저녁이 제사거든?

음 그렇죠. 오늘 새벽에나.

— 응, 오늘 새벽이면 오늘 저녁인데,

예.

— 쉽게 말하면 어제, 어제 저녁에 지내야 한다 그 말이여.

— 아니 어제 저녁에 지내는 것이, 그게 평소에 오늘 새벽이나 마찬가지지.

어!

— 그게 밤에 지내는 것이지, 새벽에 지내는 것은 아니거든.

아!

— 오늘 죽었다 그 말이여.

예예.

— 그러면 오늘 저녁에 지내는 것이 아니라 어제 저녁에 지낸다 그 말이여.

예예예 알겠어요.

— 그러니까 항상 새벽에.

새벽에 맡아야 하는 것이다 이 말이죠?

— 응, 새벽이 되는 것이여.

도라가신 날 새보기 된다 이마리죠?

− 으 날 새보기 되능 거시지.

음, 그러면 그 그 기제사 지내는 시가니 멷 씨야? 멷씨에 대충 지내요?

− 어 대충 지내능 거슨 열뚜시 너머서,

음ː.

− 한 다굴림 새 지낸다능 거시여.

닥 울기 저네?

− 아 닥 울기 저네.

아ː!

− 그럼 쉽게 마러자면 자 축 인 계명축시라고 안해?

얘얘얘.

− 그 새 인시 경이나 지내야지.

자 자 축 인, 그럼 한 세너 시, 세 시나 네 시 되건네?

− 아, 그러지.

− 근디 그때까지 이쓸구334) 읍꺼덩.

그러니까 그냥 열뚜 시 너무면 바로 지내는구나.

아! 그래서 그래꾸나.

이러케 헐때 인제 제, 제물 채려, 채려노코 지방 부치고, 그 다으메 인제 어트게 해요? 바로?

첟뻔째.

− 그러니까, 그 채려노키는 초저녀기 채려노쩨잉?

얘얘.

− 한 열씨경이나...

얘얘.

− 채려노치 안해?

예.

돌아가신 날 새벽이 된다는 이 말이죠?

 - 응 날 새벽이 되는 것이지.

음, 그러면 그 그 기제사 지내는 시간이 몇 시야? 몇 시에 대충 지내요?

 - 어 대충 지내는 것은 열두 시 넘어서,

음.

 - 한 닭이 울기 전에 지낸다는 것이여?

닭 울기 전에?

 - 아 닭 울기 전에.

아!

 - 그럼 쉽게 말하자면 자 축 인 계명축시라고 안 해?

예예예.

 - 그 사이 인시 경이나 지내야지.

자 자 축 인, 그럼 한 서너 시 세 시나, 네 시 되겠네?

 - 아, 그러지.

 - 그런데 그때까지 있을 수 없거든.

그러니까 그냥 열두 시 넘으면 바로 지내는구나.

아! 그래서 그랬구나.

이렇게 할 때 이제 제, 제물을 차려, 차려놓고 지방 붙이고, 그 다음에 이제 어떻게 해요? 바로?

첫번째.

 - 그러니까 그 차려놓기는 초저녁에 차려놓지?

예예.

 - 한 열 시경이나...

예예.

 - 차려놓지 않아?

예.

― 인자 저러고 인자 그, 매 올리고 헐 때는 인자 열뚜 시 너머서 어두 시 세 시경이 인자, 인자 허고.

― 다굴기 저네, 다굴먼 귀시니나 모든다능 거시 인제.

그러치 그러치.

― 마리, 울기 저네 제사를 끈나쳐야지. 가시라고[335].

지방 부쳐노코 그 다으메 첟뻔째 저를 하는가요?

― 응?

제사 기제사 지내는 순서가?

― 순서가?

얘.

― 채려놀 때 지방 첟찌메[336] 부쳐놔양게.

부쳐노코?

― 부쳐노코 거따이제 채리제.

예.

지방 부쳐노코 인제 음식 채려써?

― 채레 놔뭐.

그 다으메 어트게 해요?

― 그다메?

그 다으메?

― 그 다으메는 인자 자손드리 안저서 이얘기허고 인자.

아이 그 이제 순서대로 헌다며는 처으메 저를 함 번만 허고 끈나능게 아니자나요?

― 암! 그러제.

그러니까 지방 부치고 제물 채린 다으메, 그다메 어트게 해요?

― 음?

그 다으메 바로?

‐ 이제 절하고 이제 그, 메 올리고 할 때는 이제 열두 시 넘어서 어, 두 시 세 시경에 이제, 이제 하고.

‐ 닭 울기 전에. 닭 울면 귀신이나 못 온다는 것이 이제.

그렇지 그렇지.

‐ 말이, 울기 전에 제사는 끝마쳐야지, 가시라고.

지방 붙여놓고 그다음에 첫번째 절을 하는가요?

‐ 응?

제사, 기제사 지내는 순서가?

‐ 순서가?

예.

‐ 차려놓을 때 지방, 처음에 붙여놓아야 하니까.

붙여놓고?

‐ 붙여놓고 거기에다 차리지.

예.

지방 붙여놓고 이제 음식 차렸어?

‐ 차려 놔둬.

그 다음에 어떻게 해요?

‐ 그 다음에?

그 다음에?

‐ 그 다음에는 이제 자손들이 앉아서 이야기하고 이제.

아니 그 이제 순서대로 한다면 처음에 절을 한 번만 하고 끝나는 게 아니잖아요?

‐ 암! 그렇지.

그러니까 지방 붙이고 제물 차린 다음에, 그 다음에 어떻게 해요?

‐ 음?

그 다음에 바로?

- 어 그 다으메는 채려만 놔.

채려만 놔?

- 어.

- 그때

그러다가?

- 인자 저럴때는 인자 멘, 멘찐지[337].

바로 진지를, 멘찐지를 올려요?

- 나중에 헐씬 이따가,

- 제사 지낼 때 멘찐지를 올리능 거시여.

- 제사 지내는, 채리기만 허지 제사 지내능건 아니그덩.

그렇게.

- 첟지녀게 안 지넹개.

어.

긍개 제사를 지낼 때,

- 응 지낼때.

맨 처으메 무어슬 해요?

- 처음에 인자, 어 제사 지낼 때?

음.

- 지낼 때는 인자 메를 올려노코.

처음부터 메를 올리능 거여?

절 하기, 절도 아너고 메부터 올려요?

- 절 허고 나중에 메를 올리제.

긍개 처으메,

- 저리랑 거슨 말여잉?

애.

- 인자 자소니 다 저를 허고, 메 올리고 인자, 크나덜 인자 제주가 주

- 어 그 다음에는 차려만 놔.

차려만 놔?

- 응.

- 그때

그러다가?

- 이제 절 할 때는 이제 멧, 멧진지.

바로 진지를, 멧진지를 올려요?

- 나중에 훨씬 있다가,

- 제사 지낼 때 멧진지를 올리는 것이여.

- 제사 지내는, 차리기만 하지 제사 지내는 것은 아니거든.

그러니까.

- 처음 저녁에 안 지내니까.

어.

그러니까 제사를 지낼 때,

- 응 지낼 때.

맨 처음에 무엇을 해요?

- 처음에 이제, 어 제사 지낼 때?

응.

- 지낼 때는 이제 메를 올려놓고.

처음부터 메를 올리는 거여?

절하기, 절도 안 하고 메부터 올려요?

- 절하고 나중에 메를 올리지.

그러니까 처음에,

- 절이란 것은 말이야 이?

예.

- 이제 자손이 다 절을 하고, 메 올리고 이제, 큰아들 이제 제주가 주

간뎅께, 언제나 제주가 크나드링게,

애.

　― 인자 제주가 제사를 모시제잉?

어, 그러닝게 이제 맨 처으메는 저를 허고, 제주가 먼저 저를 하는가요?

　― 아니, 다: 인자.

다 한꺼버네?

　― 다 항께338) 하고 인자 제주가 허고.

　― 제중이 크나드리 허고, 다으메 인자 두채아들또 허고, 수를 여러 올
릴랑게339) 잉, 차례차례 인자.

그때는 이미 메가 올라가 인는 상탱가?

　― 암, 메가 다 올라가야돼.

음.

　― 근디 그거시 가가례라고 조금 풍속또가 달분 수도 이써.

음.

이제: 제주라고 하는 사라미 인제 안자서 동생드리 인자 수를 따르면 이르케 가
치 올리고 절 허게 하고, 그리고 인제 다 절 끈나고 나면, 다 술짠 올리고 나면,

　― 아 인자.

다 그 다음 어트게?

　― 거더다가 다 웅가물 허제 웅감.

　― 마러자면 자손드리 다 그뜰 머거.

그걸 운가미라고 그래요?

　― 아, 웅가문 아니제.

음.

　― 그냥 머거 인자.

　― 웅가문340) 귀시니 웅가물 하능 거시제 인자.

아, 웅가문 인제 귀시니 하능 거고.

관이 되니까, 언제나 제주가 큰아들이니까,

　예.

　- 이제 제주가 제사를 모시지이?

　어. 그러니까 이제 맨 처음에는 절을 하고, 제주가 먼저 절을 하는가요?

　- 아니 다 인자.

　다 한꺼번에?

　- 다 함께 하고 이제 제주가 하고.

　- 제주인 큰아들이 하고, 다음에 이제 둘째아들도 하고, 술을 여러 올리려니까 차례차례 이제.

　그때는 이미 메가 올라가 있는 상태인가?

　- 암, 메가 다 올라가야 돼.

　음.

　- 그런데 그것이 가가례라고 조금 풍속도가 다른 수도 있어.

　음.

　이제 제주라고 하는 사람이 이제 앉아서 동생들이 이제 술을 따르면 이렇게 같이 올리고 절 하게 하고, 그리고 이제 다 절 끝나고 나면, 다 술잔 올리고 나면,

　- 아 이제.

　다 그 다음 어떻게?

　- 걷어다가 다 운감을 하지 운감을.

　- 말하자면 자손들이 다 그것들 먹어.

　그걸 운감이라고 그래요?

　- 아, 운감은 아니지.

　음.

　- 그냥 먹어 이제.

　- 운감은 귀신이 운감을 하는 것이지 이제.

　아, 운감은 이제 귀신이 하는 거고.

그 제사지내고 난 음시글 멍능 거슨 뭐라고 그래요?

― 음복.

음.

― 음복떨 히야제. 술도 먹꼬. 음보글 다 하제.

음복 허고 나면 이제 끈나능 거네?

― 음, 철쌍을 히서 딱.

그때 제사 지낼 때 충문 가튼 거또 일거요?

― 암 익쩨.

추근 언제 일거요?

― 축?

어.

― 인자 추근, 인자 저 제주가 저럴 때.

음.

그 처으메 제주가 저럴 때?

― 암, 제주 저럴 때 추글 익쩨.

제사, 제사 음시근 누가 준비를 해야 되능가요?

― 인자 채리능 거시제?

예.

― 줌비야 식꾸가 다 준비허제잉.

채리능 거슨 누가 허능 거예요?

― 그건 인자 장남, 장소니 채려야제 이? 근데 그건 상과니 업쓸 꺼 간네요. 채릴 쩍.

― 장부가 채려야제, 큰메누리가.

예.

혹씨 하지 마라야 할 꺼뜨리 인나요? 절때로 하면 안되능 거라든가.

― 아, 그건 좀 깨끄치 모던 사람.

그 제사 지내고 난 음식을 먹는 것은 뭐라고 그래요?

― 음복,

음.

― 음복들 해야지. 술도 먹고. 음복을 다 하지.

음복 하고 나면 이제 끝나는 거네?

― 음, 철상을 해서 딱.

그때 제사 지낼 때 축문 같은 것도 읽어요?

― 암, 읽지.

축은 언제 읽어요?

― 축?

어.

― 이제 축은, 이제 저 제주가 절할 때.

음.

그 처음에 제주가 절할 때?

― 암, 제주 절할 때 축을 읽지.

제사, 제사 음식은 누가 준비를 해야 되는가요?

― 이제 차리는 것이지?

예.

― 준비야 식구가 다 준비하지.

차리는 것은 누가 하는 거예요?

― 그건 이제 장남, 장손이 차려야지 이? 그런데 그건 상관이 없을 것 같네요, 차릴 적.

― 장부가 차려야지, 큰며느리가.

예.

혹시 하지 말아야 할 것들이 있나요? 절대로 하면 안 되는 거라든가.

― 아, 그건 좀 깨끗하지 못한 사람.

음.

- 쉽게 마라자먼 어디 구즌디 가따 온 사람, 어디 상가에나잉, 넘 주거쓸띠 가따 온 사람.

음.

- 또 어:리내 난 사람, 그 다레 어리내 나떤 이, 그 사라믄 이 음시게 다 소늘 안 대야 되제.

- 그리고 어느 상가에나 가따와따든지이, 초상에 가따온 사라믄 그 참 서글 안 해야 되고.

옌나러고 지금하고 제사 지내는 방법또 좀 달, 달버젼나요?

- 방버비 달라진 거시 아니라 아너지이? 방버분 그대로, 그대로지마는.

사람드리 아너니까.

- 아너니까.

허허허.

- 그 저니는 삼년 상을 지내떵 거시 기년 탈보걸힌고. 기년 탈보건 사라미 인저 삼년, 그날 당일 탈복 허고

- 또 어 어머님 아버지 별또로 마려잉...

얘.

- 지낸, 날짜 바더 허능 게 기냥 합똥으로 지내버리고. 부무, 어 마라자먼 부모 합똥으로.

- 또 부모뿐만 아니라 그냥 그 지바네 제사를 그양 다 그양 한날 쯔녀게 지내버린다든지.

그러게따.

- 그래 버리지. 방버비 다른 거슨 아니제.

허허허

- 시소기 따라서 그러제.

예. 그러겐네요.

음.

　─ 쉽게 말하자면 어디 궂은 데 갔다 온 사람, 어디 상가에나 남 죽은
데 갔다 온 사람.

음.

　─ 또 어린애 난 사람, 그 달에 어린애 났던 이, 그 사람은 이 음식에다
손을 안 대야 되지.

　─ 그리고 어느 상가에나 갔다 왔다든지, 초상에 갔다 온 사람은 그 참
석을 안 해야 되고.

옛날하고 지금하고 제사 지내는 방법도 좀 달, 달라졌나요?

　─ 방법이 달라진 것이 아니라 안하지 이? 방법은 그대로, 그대로이지마는.

사람들이 안하니까.

　─ 안하니까.

허허허.

　─ 그 전에는 삼년상을 지냈던 거시 기년 탈복을 했고. 기년 탈복한 사
람이 이제 삼년, 그날 당일 탈복 하고.

　─ 또 어 어머님 아버지 별도로 말이야...

예.

　─ 지낸, 날짜 받아 하는 게 그냥 합동으로 지내버리고. 부모, 어 말하
자면 부모 합동으로.

　─ 또 부모뿐만 아니라 그냥 그 집안에 제사를 그냥 다 그냥 한날 저녁
에 지내버린다든지.

그러겠다.

　─ 그래 버리지. 방법이 다른 것은 아니지.

허허허

　─ 시속에 따라서 그러지.

예, 그러겠네요.

1) '여쭤보께요'는 '여쭈어보+ㄹ게요'로 분석된다. 어미 '-ㄹ게요'는 전북 방언에서 주로 'ㄹ' 탈락된다.

2) '거시근'은 '거시기하는'의 융합형이다. 이 책에서는 융합형과 축약형을 구분해서 사용한다. 융합형은 형태소들이 결합하면서 원래의 형태소를 추정하기 어려운 경우에 사용하고, 축약형은 음운론적인 수준에서 음절이 축약된 경우에 사용한다. '거시기'는 전북 방언권에서 이야기 중에 어떤 사람이나 사물이 생각나지 않을 때나 또는 말하려는 내용이 생각나지 않을 경우와 같이 아주 다양한 상황에서 다양한 의미로 사용되고 있다.

3) '아넌디'는 '알+는데'로 분석된다. '-는'은 이 지역어에서 주로 '-넌'으로 실현되고, '-데'는 주로 '-디'로 실현된다. 연결어미 '-는데'는 이 지역어에서는 '-넌디'로 실현된다.

4) '胎+자리'로 분석된다. 식물학 용어로 '태자리'는 '밑씨가 씨방 안에 붙어 있는 암술의 일부분'으로 정의되어 있다. 그러나 여기서는 '태어난 자리'라는 의미로 사용되고 있다.

5) '윙겐쩨'는 음운론적으로는 '옮기+었+지→옴기었지→윙겼쩌→윙겐찌'와 같이 자음군 단순화, 비음동화, 움라우트, 그리고 축약이 일어났다. 어말어미 '-지'는 전북 방언에서 주로 '-제'로 실현된다.

6) 방언자료에서는 '집이 있었는데→지빈썬는디'와 같은 음절 축약이 활발하게 일어난다.

7) '파.오걸'은 '파옥(破屋)+을'로 분석된다. 목적격 조사 '-을/를'은 전북 방언에서 주로 '-얼/럴'로 실현된다.

8) 비교를 나타내는 부사격 조사 '-보다'는 전북 방언에서 주로 '-보담~-보당'으로 실현된다.

9) 전북 방언에서는 '시켜-→시케-'와 같은 '여→에'로의 단모음화가 활발하게 일어난다.

10) '사랃씽개'는 '살았으니까'로 분석된다. '-으니까'는 전북 방언에서 '-응개'로 실현된다. 음운론적으로 '사랃쑹개→사랃씽개'의 변화는 치찰음 아래에서 '으→이'로의 고모음화가 일어난 결과이다.

11) '사능거지'는 '사는+것이지'로 분석된다. '사는+거지→사능거지'에서 '것이지'는 '거지'로 축약이 일어나고, 'ㄱ' 앞에서 'ㄴ→ㅇ'으로의 연구개음화가 일어났다. 이 연구개음화는 전북 방언에서 거의 예외 없이 실현되는 음성규칙이다.

12) '웅개재'는 지명이다.

13) '저짝'의 '짝'은 중앙어 '쪽'에 해당하는 전북 방언형이다.

14) '지비서'는 '집+에서→지베서→지비서'와 같은 도출과정을 통해 실현된 것이다. 이 전북 방언에서는 '에→이'로의 고모음화가 활발하게 일어난다.

15) '히버릳쩨'는 중앙어 '하여버렸지'로 분석된다. 전북 방언에서 '하다'는 대부분 '허

다'로 실현되고, 어말어미 '-지'는 '-제'로 실현된다. 따라서 '허여+버리+었+제→
헤+버리+었+제→헤버렸+제→헤버렌쩨→히버릴쩨'와 같이 축약, 단모음화, 중화,
경음화가 일어났다. 그리고 '에→이'로의 고모음화가 일어났다.

16) '일턴'은 '일찍 하지는'의 융합형으로 '일튼 안체' '일찍 하지는 않지'처럼 실현되기
도 한다.

17) '여덟씨'의 '여덟시'의 전북 방언형이다. '여덟'은 '여덜, 여달, 야달' 등으로 실현되
는데, 가장 많이 사용되는 형태는 '야달'이다.

18) '처음에'가 '처:메'로 축약이 될 때는 주로 보상성 장모음화가 일어난다.

19) '자주'의 전북 방언형은 '차꼬, 차꾸'로 실현된다.

20) '지달라서'는 '기다려서'의 전북 방언형이다. 주로 '기달르다, 지달르다, 기둘리다, 지
둘리다'와 같이 실현되고 있는데, 그 중에서 가장 생산적인 발화형이 '지달르다'이다.

21) '이야기'는 전북 방언에서 주로 '이애기, 얘기' 형으로 실현된다. 그런데 이 화자는 '이
야가→이애기/이에기→이이기'로 단모음화와 고모음화가 실현된 형으로 발화하고 있다.

22) '몇 마리→멫마리→멘마리→멤마리'와 같이 중화, 비음화, 순음동화가 일어난다. 같
은 문장에서 '멘마리'와 '멤마리'가 교체하고 있다.

23) '거:개(擧皆)'는 '거의 모두'의 의미로 사용되는 한자어이다.

24) '아부니미'의 '아부님'은 '아버님'의 전북 방언형이다. 주로 '아분님'으로 실현된다.
이 문장에서도 '아부님~아분님' 두 어형이 동시에 사용되고 있다.

25) '주색재끼럴'은 한자어 '주색잡기(酒色雜技)'이다. 일반적으로 한자어에서는 움라우
트가 비생산적이었음을 감안한다면 '주색재끼'로의 움라우트 실현은 이 지역어에서
역사적으로 움라우트가 생산적이었음을 시사하고 있다.

26) '벤또'는 일본어 '辨當[bento]'의 차용어다. 이는 '도시락'으로 순화했다.

27) '꿩치기'는 삼국시대 '격구'와 비슷한 놀이로 고창군 해리면 광승리에서 해오던 민
속놀이다. '꿩방, 공치기, 장치기' 등으로도 불렸다. 매년 정월 대보름에 윗마을과
아랫마을이 편을 갈라 당산나무가 있는 마당에서 행했는데, 공치기를 겨뤄 마을의
풍년과 논에 물을 대는 순서를 결정하였다. 즉 공치기에서 이긴 마을이 풍년을 기
원하며 논에 먼저 물대기를 할 수 있었다고 한다. 고창군 아산면, 무장면, 성송면
등에서도 나무꾼들이 모여 편을 갈라 꿩치기를 하였다고 전한다. 내기는 주로 진
팀이 이긴 팀의 나무를 해주는 것인데, 겨울의 무료함과 노동의 고단함을 잠시나마
잊고 삶을 즐겼던 주민들의 애환을 엿볼 수 있다.(고창군지, 2009)

28) '헤다미'는 한자어 '허담(虛談)+이'에서 움라우트가 일어났다.

29) '도컨'은 중앙어 '독한'에 해당한다. '하다'가 전북 방언권에서 주로 '허다'로 실현되
기 때문에 '독+헌→도컨'으로 유기음화가 일어났다.

30) '양바니언뜽개비지'는 중앙어 '양반+이+었+던+가보+지'로 분석된다. 여기서 '가
보'는 전북 방언권의 남쪽에 해당하는 남원, 순창, 고창 등에서는 '갑'으로 축약되어
실현된다. 이를 형식명사 '갑'으로 보는 경우도 있다. 즉 '-갑+이지→개비지'처럼
'갑'이 움라우트가 되어 실현된다. 주로 '××허능 개비여' 형태로 실현된다.

31) '일본'은 전북 방언에서 주로 '일번, 일번놈'과 같이 비원순모음화가 일어나고 있다.

32) '회사금'의 전북 방언형은 '시사금'이다. '회/히'가 '시'로 실현되는 것은 '시방~히 방'의 교체와 같이 전북 방언권의 중남부에서 생산적으로 일어나고 있다.

33) '시번차'는 '세번→시번', '셋채→싯채'와 같이 전북 방언에서 '세'가 '시'로 실현되 고, 순서를 나타내는 접미사 '-채'는 주로 '-차'로 실현된다.

34) '상당히'에 해당하는 전북 방언형은 '솔찬히'이다. 이 어휘는 '그 지분 재사니 솔차네' '그 집은 재산이 상당해'와 같이 형용사 '솔찬하다'로도 사용되고 있다. 따라서 '솔찬+ 히'로 분석이 가능하다. 그런데 '솔찬히→솔채니'처럼 개재자음이 'ㄹ'임에도 움라우트 가 일어나고 있다.

35) '습:빠징개'는 '습빠지다'와 같이 하나의 단어로 설정할 수 있을지 의문이다. 그러나 문 맥상으로는 '숫자가 줄어드니까' 정도에 해당한다.

36) '앙코'는 '않+고→안코→앙코'로 유기음화, 연구개음화가 일어났다.

37) 한자어 '자수성가(自手成家)'의 이 지역어 발음이다. 이러한 현상은 판소리에서도 많 이 나타난다. 한자음을 몰라서가 아니고, 이 지역어의 발음 때문이다. 대표적인 와 음(訛音)이 '屍體'를 '신체'로 발음하는 것과 같은 현상이다.

38) '머심'은 '머슴'의 전북 방언형이다. '머슴→머심'은 치찰음 아래 전부고모음화가 일 어난 것이다.

39) '조롭때부터'의 '조롭'은 중앙어 '졸업(卒業)'의 이 지역어형이다. 전북 방언권에서 주로 '조럽'으로 실현되지만, 이 지역어에서 '조롭'으로도 실현되고 있다.

40) '미그비가지고'는 중앙어 '미급(未及)+하여+가지고'로 분석된다. 전북 방언에서 '하 다'는 '허다'로 실현되기 때문에 '미급+헤+가지고→미그베가지고→비그비가지고' 처럼 유기음화가 일어나야 할 곳에서 'ㅎ'이 탈락하는 경우가 있다. 그리고 'ㅔ→ㅣ' 로의 고모음화가 일어났다.

41) '유아간'은 '이유야 어떠하든지 간에'가 융합된 것이다.

42) '보가글'의 경우도 '복학(復學)+을→보가글'처럼 한자어에서 유기음화를 외면하고 'ㅎ'이 탈락되었다.

43) '빨찌산'은 러시아어에서 유격대를 일컫는 партизан을 음차한 것이다.

44) '다기'는 '나기'의 잘못된 발화형이다.

45) '다잉이'는 '다행이'의 이 지역어형이다. '다행이'가 '다헹이→다엥이→다잉이'처럼 '애' 와 '에'가 교체되고, 모음 사이에서 'ㅎ'이 탈락과 '에→이'로의 고모음화가 일어났다. 이 지역어에서 고모음화의 생산성을 확인할 수 있다.

46) 여기서 '목표'는 '목면'을 잘못 사용하고 있다.

47) '목표럴'은 '모면'의 잘못된 발화형이다. 전북 방언의 '목면'은 '모면(謀免)'의 와음이 다. 전북 방언에서 목적격조사는 '-얼/럴'로 실현되기 때문에, '목면+얼→목메널→목 미널'로 단모음화와 고모음화가 일어났다.

48) '뽑뻬'는 중앙어에서는 '뽑혀→뽀펴'로 실현된다. 전북 방언권에서는 '뽑페'가 일반적 인데 이 지역어에서는 '뽑뻬'로도 실현되고 있다.

49) '금:무럴'은 '근무→금무'로 순음화가 일어났다.

50) '열랑망'은 '연락망→연랑망→열랑망'으로 연구개음화와 유음화가 일어났다.

51) '모에노코'는 '모아놓고'의 전북 방언형이다. 이 '모에노코'는 '모이노코'로도 실현된다.

52) '스넌디'는 중앙어 '서+는데'의 전북 방언형이다. 어미 '-는데'는 전북 방언에서 '-는 디'로 실현되고, '서다→스다'로 치찰음 아래에서의 전부 고모음화가 일어났다.

53) '부랑니럴'은 '부락+일→부랑닐'로 음운론적으로 'ㄴ'이 개재되어 연구개음화가 일어 난다.

54) '후라시'는 flash의 음역이다. 현재 표준어는 '플래시'이고 '손전등'으로 순화되었다.

55) '분주소(分駐所)'는 북한 사회 안전 기관의 하부 말단 단위의 하나로 6.25때 우리나 라 각 지역에 설치되었었다.

56) '모냉이라고'의 '모냉'은 '모양'의 전북 방언형이다. 한자어 모양(模樣)의 와음이다. '모냥+이라고→모냉이라고'는 움라우트가 일어난 것으로 해석된다.

57) '새내끼'는 '새끼'의 전북 방언형이다. '새내끼, 새내키, 사내끼, 산내끼' 등으로 실현 된다. 이 지역어에서는 '새내끼'가 생산적으로 사용되고 있다.

58) '쥐길쩌'는 '죽이다→쥐기다'로 움라우트가 일어났다.

59) '머라공고니'는 '뭐라고 하는가 하니'의 융합형이다.

60) '어그리로'는 '어거지로~억지로'의 이 지역어이다.

61) '발써'는 '벌써'의 이 지역어형이다. 전북 방언형은 '볼째'가 생산적이다.

62) '드루완넌디'는 '들어왔는데'의 전북 방언형이다. '들어오다'는 전북 방언권에서 '두루 오다'로 실현된다.

63) '심도'는 '심'은 '힘'의 전북 방언형이다.

64) '갈라굴꺼시여'는 '가려고 할 것이야'의 융합형이다.

65) '씨잘떼기음는'은 '쓸데없는'의 이 지역어형이다. 전북 방언형으로는 '씨잘떼기업씨' 처럼 사용된다.

66) '부추장써'는 '유치장'의 잘못된 발화형이다. '분주소'에 있는 '유치장'의 빠른 발화로 인해 '부추장'이 나온 것으로 생각된다.

67) '뒤여로'의 '뒤여'는 '뒤'의 전북 방언형이다. 중앙어 '뒤'가 방향을 나타낼 때 전북 방 언에서 '뒤여'로 사용된다. 그래서 '뒤여로'는 중앙어 '뒤로', '뒤여럴 마거'는 '뒤를 막 아'에 해당한다.

68) '우라부지나'는 '우리 아버지나'의 융합형이다.

69) '숨버니'는 '순번→숨번'으로 순음화가 일어났다. 이 지역어에서 순음화나 연구개음 화는 아주 생산적으로 실현된다.

70) '있을 것→일씰껃'으로 치찰음 아래 전부고모음화가 일어났다.

71) '여야튼'은 '하여튼'의 전북 방언형이다. 중앙어 '하여튼'은 전북 방언권에서 '여하튼' 으로 도치되고, 주로 '여하튼~여야튼'과 같이 실현되고 있다.

72) '문:쭝'은 '물중'의 잘못된 발화형이다.

73) '처:리'는 '저곳으로' 또는 '저쪽으로'를 나타내는 부사 '저리'의 강조형으로 전북 방언

에서는 주로 '처:리, 쩌:리'로 실현된다.

74) '귀퉁머리'는 '귀퉁이'를 낮추어 부르는 말이다. '귀퉁빼기'와 비슷한 의미로 사용된다.

75) '쌔리드만'는 '때리다'의 전북 방언형이다. 강조의 의미가 있다.

76) '떠만'은 '갇떠만'의 잘못된 발화형이다. 빠른 발화에서 생략된 것이다.

77) '치안이 들어온 때'는 북한의 지배에 들어간 때를 일컫는다.

78) '빨찌산'은 러시아어 партизан의 음역어로 '유격대'를 일컫는다.

79) '피란'은 난리를 피하여 옮겨 간다는 뜻의 한자어 '피란(避亂)'으로 생각할 수도 있다. 그러나 일반적으로 재난을 피하여 멀리 옮겨 간다는 뜻의 한자어 '피난(避難)'과 구분해서 사용하지 않고 있다. 일반적인 전북 방언권 화자들은 '피란'도 '사변 때 피난 갔다.'라고 '피난'과 구분하지 못하고 혼용해서 사용한다.

80) '나무깍찌로넌'의 '나무깍찌'는 전북 방언권의 다른 지역어에서 실현되는 '나무 까끔'에 해당한다. '까끔'은 '깍금'인제 표준국어대사전에서는 '말림갓'의 방언형으로 기술되어 있다. 그러나 전북 방언권에서 '까끔'은 '산'을 일컫기 때문에 '나무하러 다니는 산' 정도의 의미로 해석된다.

81) '다라가곤'의 '다라가다'는 '달려가다'의 전북 방언형이다.

82) '취주헤받씬들'의 '취주'는 '취조'의 전북 방언형이고, '헤받씬들'은 중앙어 '해보았던 들'에 해당한다.

83) '다녇짜네'는 중앙어 '다니+었+잖아'에 대응한다. '다니+었→다녔→다녇'은 활음화와 단모음화가 일어났다. 중앙어 '-잖아'의 전북 남부 지역어는 '-자네'이다. 따라서 '다녇+자네→다녇자네→다녇짜네'로 중화와 경음화가 일어났다.

84) 목적격 조사 '-을/를'은 전북 방언에서 주로 '-얼/럴'로 실현된다.

85) 부사형 어미 '-어'는 전북 방언에서 주로 '-으'로 실현된다. 이러한 현상은 전북 방언에서 '어~으'의 교체가 생산적으로 실현되고 있음을 시사한다.

86) '음력'의 전북 방언형이다. '음력→움력→움녁→운녁'과 같은 도출과정을 상정할 수 있다. '음→움'으로 원순모음화와 'ㄹ→ㄴ'으로의 비음화, 그리고 위치동화가 일어났다. 주로 일상 발화에서 사용된다.

87) '완산동'의 이중모음이 단모음 'ㅏ'로 실현되고 있다. 이처럼 이중모음이 단모음화되는 현상은 일상 발화에서 생산적이다.

88) '남원'의 이중모음도 단모음 'ㅓ'로 실현된다.

89) 중앙어 '-부터'는 전북 방언에서 '-보통~-보톰~-부탐'과 같이 다양한 교체형을 갖고 있다.

90) '거운'은 '거의'의 전북 방언형이다.

91) '드르가양개'는 중앙어 '들어가야 하니까'에 해당한다. 전북 방언에서 어미 '-니까'는 '-ㅇ개~-ㅇ깨'로의 실현이 일반적이다.

92) '항커리씩'은 '한 켤레씩'의 전북 방언형이다. '켤레'는 전북 방언에서 '커리'로 주로 실현되지만, '컬레'로 실현되는 경우도 있다. 접미사 '-씩'도 전북 방언에서는 주로 '-썩'으로 실현되는데 여기서는 '씩'으로 실현되고 있다. '한 커리→항커리'는 연구개음화가 일어났다.

93) '온다궁개'는 '온다고 하니까'의 융합형이다. 모음조화가 반영될 때는 '온다공개'로 실현된다. 중앙어 '-으니까'는 전북 방언에서 주로 '-웅개'로 실현된다. '온다고 하니까'는 융합이 안 일어나면 '온다고 헝개'로 실현되고, 융합이 일어나면 '온다공개'로 실현된다.

94) 조사 '-부터'는 전북 방언에서 주로 '-보톰~-부텀'으로 실현되는데 '-보톤~-부턴'으로도 실현된다.

95) '걸꼬'는 '걷고'의 전북 방언형이다. '걷고→걷꼬→걱꼬'와 같이 경음화와 연구개음화가 일어나는 것이 일반적이다. 그런데 이 지역에서는 ㄷ-불규칙이 일어난 형태의 '걸꼬'로 실현되고 있다.

96) '슫딸그:음날'은 중앙어 '섣달그믐날'에 해당한다. '섣달'은 '섣딸~슫딸'과 같이 '어~으' 교체가 일어난다. '그:음날'은 '그믐날'의 잘못된 발화형이다.

97) '어리미 드러부럳써'에서 '어리미'는 '얼음+이→어리미'로 움라우트가 일어났다. '드러부럳써'는 중앙어 '들어버렸어'에 해당한다. '얼르미 들다'는 주로 '어르미 배키다. 어르미 배기다'로 사용된다. 발에 동상이 걸린 것을 일컫는다.

98) '타햐마니'는 중앙어 '해야만이'에 해당한다. 즉 '부락 일을 하다'에 해당하는 말로 '부락 일을 타다'를 사용하고 있다. '타햐마니'는 주로 '타야마니'로 실현된다.

99) '하레'는 '하루'의 전북 방언형이다.

100) 중앙어 '몇을'에 해당한다. 전북 방언에서 목적격 조사는 주로 '-얼/럴'로 실현되기 때문에 '몇+얼'로 분석된다. 전북 방언에서 체언 말음이 'ㅊ, ㅌ'인 경우는 주로 '며시, 며설'과 같이 마찰음 'ㅅ'으로 실현된다. 그런데 이 지역어에서는 '멷+얼→멷얼→며덜'로 'ㅅ'이 'ㄷ'으로 중화가 일어났다. 음운론적으로 이 환경에서는 중화가 일어날 수 없다. 그런데 이런 현상이 일어나는 이유는 일차적으로 조사의 유형에 따라 단어경계가 개재된다고 하거나 아니면 체언의 독립성을 강하게 의식하고 있다고 해야만 한다. 이 지역어 자료에서는 주격조사가 연결될 경우에는 이런 현상이 일어나지 않는다. 따라서 조사의 유형에 따라 개재되는 음운론적 경계가 다르다고 해야 한다.

101) '드르간써'는 '들어갔어'의 전북 방언형이다. 전북 방언에서 '드러간써~드르간써'와 같이 '어~으'의 교체가 생산적으로 일어나고 있다.

102) '되간는디'의 '되'는 '도로, 다시'의 뜻을 더하는 접두사이다.

103) '해꼬지할'의 '해꼬지'는 '해코지'의 전북 방언형이다.

104) 목적을 나타내는 어미 '-러'는 전북 방언에서는 주로 '-로'로 실현된다.

105) 인물고사(人物考査)는 사람의 특성이나 됨됨이를 주로 보는 면접의 하나이다.

106) '머덜'은 중앙어 '뭣+을'에 해당한다. '뭣'은 전북 방언에서 주로 '머시, 머들~머덜, 머데'처럼 주격조사 앞에서는 'ㅅ'으로 실현되지만, 목적격조사나 처격조사 뒤에서는 'ㄷ'으로 실현된다. 따라서 조사의 유형에 따라 단어경계가 개재되는 것으로 해석할 수 있다.

107) '거개(擧皆)'는 명사로 '거의 모두'의 뜻으로 사용되고 있지만, 부사에서는 '대체로

모두'라는 뜻으로 사용되고 있어 표준어에서는 '거의'로 순화했다.

108) 어미 '-ㄹ수록'은 전북 방언에서 주로 '-ㄹ쑤락'으로 실현된다.

109) 처격조사 '-에'는 전북 방언에서 고모음 '-이'로 실현되는 경우가 많다.

110) 중앙어 '농사짓+고'는 '농사진꼬'로 경음화가 일어나는 것이 일반적이지만, 전북 방언에서는 '농사짓+고→농사진코~농사지코'로 격음화가 일어나는 것이 일반적이다.

111) '낫+고'는 '짓+고'와 동일한 음운론적 환경을 갖고 있지만, '낫+고→낟꼬~나꼬'로 경음화가 일어난다.

112) '여망(餘望)'은 '아직 남은 희망' 또는 '앞으로의 희망이 있음'을 나타낸다.

113) 사람 이름이다.

114) '여우니라고'의 '여우다'는 '결혼시키다'의 전북 방언형이다.

115) '욕:빧:쩨:에'의 '욕보다'는 '수고하다, 고생하다'의 전북 방언형이다. 부정적인 의미가 없이 사용된다.

116) '안:성가'의 '-가'는 장소 뒤에 붙는 조사 '-가'이다. 이 '-가'는 처소격조사 '-에'에 '-가'가 붙은 형태인 '-에가'에서 '-에'가 생략된 것이다. '전주에 기와집이 많아.'는 '전주에/에가/가 기와집이 많아.'로 쓰여도 의미상의 차이가 거의 없다.

117) '그런타넝게'는 중앙어 '그렇지 아니하니까'로 분석이 가능하다. '그렇지 못하니까' 정도의 의미로 사용되고 있다.

118) '원주가서'의 '-가서'는 '원주에 가서'와 같이 형태로 동사 '가다'로 해석할 수도 있지만, 전북 방언에서는 '원주에가/원주에/원주가'처럼 처소격조사로도 해석이 가능하다. 전북 방언 화자의 일차적인 직관으로는 '안성가 읻따가'의 경우처럼 '원주에/원주에가/원주가'로 받아들여지지만, 여기서는 동사 '가다'로 해석했다.

119) '부산까'의 '까'도 처소격조사 '-에가/가'이지만 형태 중심으로 주석을 하려는 입장에 있기 때문에 '부산에 가서'로 주석한다.

120) '싣째'는 '셋째'의 전북 방언형이다. 전북 방언에서 '에→이'로의 고모음화는 생산적이다.

121) '크나는'은 중앙어 '크+어+나+는'으로 분석된다. 따라서 '커나는'이 일반적인데 여기서는 '크나는'으로 실현되고 있다.

122) '커낭개'는 중앙어 '크+어+나가+니까'에 해당한다. '크+어+나가+ㅇ개→커나강개→커낭개'로 융합이 일어났다.

123) '째까'는 '조금'의 전북 방언형이다. 주로 '째깨~쪼깨'로 실현된다.

124) '뭐던때는'는 '무엇하+는+때+는'로 분석된다. '뭣-허+는→멀-허+는→머더는→머던'과 같이 중앙어 '무엇하다~뭣하다'는 음운론적으로 '무엇-허다'로 인식되고 있다. '무엇하다'는 '언짢은 느낌을 알맞게 형용하기 어렵거나 그것을 표현할 말이 생각나지 않을 때 암시적으로 둘러서 쓰는 말'이다 여기서는 '어떤 때' 정도에 해당한다.

125) 중앙어 '누룽지'는 해당하는 전북 방언형은 '깜밥'이다. 그리고 '깜밥'에 물을 부어 끓인 것을 '누른밥'이라 하고, 그 물을 '숭냉~숭늉'이라고 한다.

126) '차지'의 전북 방언형이다.

127) '주강 그르글'은 '죽 한 그릇을'에 해당한다. 전북 방언에서 '그릇'을 '그륵~그럭'으로 실현되기 때문에 '죽 한 그륵+을→주간 그르글→주강그르글'로 단어경계를 넘어 'ㅎ'이 탈락되고, 연구개음화가 일어났다. ㅎ-탈락은 보통 발화에서는 일어나지 않는다.

128) '엄니'는 '어머니'의 전북 방언형이다.

129) '억꼬'는 '업+고→업꼬'로 경음화가 일어나는 것이 일반적이다. 그런데 이 제보자는 '억꼬'로 위치동화가 일어나고 있다.

130) '해가 져서 어두워질 때까지'라는 뜻의 '저물도록'은 전북 방언에서 '점드락'으로 실현된다.

131) '발뜽거리'는 '발등'의 전북 방언형이다.

132) '쌩:이루'의 '-이루'는 조사 '-으로'의 이 지역어형이다.

133) '그누머고'는 '그놈하고'의 전북 방언형이다. 중앙어 불완전명사 '것'에 해당하는 전북 방언형은 주로 '놈'이다. 이 '놈'이 '눔'으로 교체되어 실현된다.

134) '토도록토도록'은 '도도록도도록'보다 조금 강조된 음상을 가지고 있다. 그러나 '가운데가 조금 불룩 나온 모양'을 일컫는 의미보다는 아이가 살이 쪄서 포동포동함을 일컫고 있다.

135) '영양실쫑은 '영양실조'의 잘못된 발화형이다.

136) '주고작꼬'는 '주고싶고'의 전북 방언형이다. 보조용언 '싶다'는 전북 방언에서 '잡다'로 실현된다. 그래서 '주고 잡고→주고 잡꼬→주고작꼬'로 경음화와 위치동화가 일어났다.

137) 여기서 예비군은 방위를 일컫는다. 당시 방위는 예비군복을 입고, 지역에서 근무를 했다.

138) '대닝개'는 '댕기다'와 '다니다'가 혼효(blending)되어 '댕니+ㅇ개'로 실현된 것이다.

139) '애통 터지다'는 '애가 터지다'의 강조형이다.

140) '노적삐누리'는 '노적 낟가리'로 분석할 수 있다. '삐누리'는 '낟가리'의 전북 방언형으로 주로 '벼늘~베늘~베눌' 등으로 실현된다. 이 지역어에서는 '베늘'이 우세한데, 제보자는 '베누리'처럼 '-이'가 붙어있는 형태를 사용하고 있다. 의미상으로 보면 '노적(露積)'도 곡식 따위를 한데에 수북이 쌓아 놓은 것을 일컫고, '낟가리'도 낟알이 붙은 곡식을 그대로 쌓은 더미를 일컫기 때문에 '노적 낟가리'는 곡식이 많이 쌓여 있는 더미를 강조해서 일컫는 말이다.

141) '똥구녁'은 '똥구멍'의 전북 방언형으로 '항문'을 속되게 이르는 말이다. '똥구멍으로 들어간다'는 말은 '밑으로 들어간다'는 의미로 사용된다.

142) '푸러머글'의 '풀어먹다'는 '글을 풀어먹다'는 뜻으로 사용되었다.

143) '성제간'은 '형제간'의 전북 방언형이다. '형→성'으로 ㅎ-구개음화가 일어났다.

144) '사건냐'는 '살건냐'의 잘못된 발화형이다.

145) '빗'은 '빛'의 전북 방언형이다. '비시, 비설, 비세'처럼 체언말음이 항상 'ㅅ'으로 실

현되고 있다.

146) '감당'의 잘못된 발화형이다.

147) '돈쭈마니'는 '돈주머니'의 전북 방언형이다.

148) '모지라다'는 '모자라다'의 전북 방언형이다.

149) '힘끈'은 '힘껏'의 전북 방언형 '힘꿋'이 후행하는 'ㄴ' 앞에서 비음화를 겪은 것이다. '힘꿋-이르케→힘끋-이르케→힘끋-니르케→힘끈니르케'와 같이 단어경계를 개재하고 중화가 일어난 뒤에 일상의 발화에서 후행하는 단어의 첫 음절이 '이'인 경우에 'ㄴ'이 있는 것처럼 발음되기 때문에 비음화가 일어났다.

150) '베랑'은 '벼락'의 전북 방언형이다. '여→에'로 단모음화가 생산적으로 실현되고 있다.

151) '노코'는 '놓고'에서 격음화가 일어난 것이다. 전북 방언에서 '놓다'는 '낳다'와 구별되어 사용된다.

152) '나노코'는 '낳아 놓고'의 축약형이다.

153) '다녔던가 보더구먼'에 해당한다. 중앙어 '다니다'는 전북 방언에서 '댕기다'로 실현되고, '-가 보-'는 '-갑-'으로 실현된다. 그리고 '-던-'은 '-든-'으로 실현된다. 따라서 '댕기+든+갑+드만'→'댕기등갑뜨만'으로 비음화와 경음화가 일어났다.

154) '에르벨타, 에레베타'는 '엘리베이터'의 잘못된 발화형이다.

155) '새복'은 '새벽'의 전북 방언형이다.

156) '모리다'는 '모르다'의 전북 방언형이다.

157) '여우'는 전북 방언 '여우다'에 해당한다. '여우다'는 결혼을 시키는 것을 일컫는다.

158) '막창'은 '마지막, 종말'에 해당하는 전북 방언형이다.

159) 목적격조사 '-을/를'은 전북 방언에서 '-얼/럴'로의 실현이 생산적이다.

160) '머처'는 '먼저'의 전북 방언형이다. 주로 '먼처, 머처, 몬차' 등으로 실현된다.

161) '채금자'는 '책임자'의 전북 방언형이다. 이 예에서 볼 수 있는 바와 같이 전북 방언에서는 '이~으'의 교체가 생산적이다.

162) '그란체'는 '그렇지 않지'의 융합형이다.

163) '만자먼'은 '말하자면'의 축약형이다.

164) '히가지고'의 '히'는 '해→헤→히'로 고모음화가 일어났다. 전북 방언에서 이런 고모음화는 생산적인 현상이었다.

165) '여나푀'는 '연합회→여납회→여나푀'로 ㅎ-탈락, 유기음화가 일어났다. 전북 방언에서 주로 '여나페'로 실현되는데 이 지역에서는 단모음 '외'가 실현되고 있다.

166) '머덜'은 중앙어 '무엇+을'에 해당한다. '무엇'은 '뭣~멋'으로 축약이 이루어지고, 여기에 목적격조사 '-얼/럴'이 연결되면 '멋+얼→머설'로 실현되어야 한다. 그런데 '머덜'로 실현되는 것은 '멋+얼'의 구조가 아니라 단어경계가 삽입된 '멋#얼→먿얼→머덜'과 같은 과정을 겪은 것으로 처리된다.

167) '지기'는 '자기'의 전북 방언형이다. 주로 '즈그~지그~지기'와 같은 교체를 보이는데, '즈그~지그'형이 우세하게 실현된다.

168) '성'은 '형'의 전북 방언형이다.

169) '피안'은 빠른 발화에서 '피먼'의 잘못된 발화형이다.

170) '가깝시'는 '갈까보아서'가 융합된 전북 방언형이다. '가깝시~갈깝시~갈까미'와 같은 교체를 보인다. 따라서 중앙어 '-ㄹ까 보아서'의 전북 방언형은 '-ㄹ깝시~-ㄹ까미'이다.

171) '보내깨미'는 '보낼까보아'가 융합된 전북 방언형이다. '보낼깨미~보내깸시'와 같은 교체를 보인다. 여기서 중앙어 '-ㄹ까 보아'의 전북 방언형은 '-ㄹ깨미~-ㄹ깸시~-깨미~-깸시'이다.

172) '가'는 전북 방언에서 대명사로 사용된다. '그 애'의 융합형으로 '가', '저 애'의 융합형으로 '자'가 생산적으로 사용되고 있다.

173) '시먼'은 '힘은'의 전북 방언형이다. '힘>심'으로의 ㅎ-구개음화가 전북 방언권에서 생산적으로 실현되었었다.

174) '씨잘떼엄넌'은 '쓰잘머리 없는'에 해당하는 전북 방언형이다. '쓸떼기엄는, 쓰잘떼기엄는, 씨잘떼기엄넌, 쓰잘떠엄넌, 씨잘떼엄넌' 등으로 사용된다.

175) '지검씨'는 '저희 어머니'에 해당하는 전북 방언형이다. '저희'는 전북 방언에서 '즈그, 지그'로 실현되고, '어머니'는 '엄씨'로 실현된다. 따라서 '지그 엄씨→지검씨'로 실현된 것이다.

176) '듣떨'은 '듣지를'이 융합된 것이다. 전북 방언에서 목적격조사는 주로 '-얼/럴'로 실현되기 때문에 '듣지+럴→듣떨~드떨'과 같이 실현된다.

177) '몹빠우걷써'의 '바우다'는 '참기 어려운 일을 잘 참고 견딘다'는 뜻의 '배기다'에 해당하는 전북 방언형이다. '바우다~바구다'로 실현된다.

178) '중되기'는 '중독+이→중되기'로 형태소 경계를 개재시키고 움라우트가 일어났다.

179) '수맹이'는 '수명+이→수맹+이→수맹이'와 같이 '여→에'로의 축약이 먼저 일어난 것으로 처리한다.

180) '짤룹틈니다'는 '짤룹씀니다'의 잘못된 발화형이다. '짤룹다'는 '짧다'의 전북 방언형이다.

181) '공상(空想)'

182) '쪼달리다'는 '쪼들리다'의 전북 방언형이다.

183) '집쩍거리다'는 '간식으로 콩을 지범거리다'와 같은 의미로 사용되고 있다.

184) '씨건는데'는 '쓰다→씨다'로 전북 방언권에서 활발하게 실현되는 치찰음 아래에서 고모음화를 겪었다. 선어말어미 '-겠-'은 주로 '-겄-'으로 실현된다. 따라서 '씨+겄+는데→씨겄는데→씨건는데'와 같이 중화와 비음화가 일어났다. 의미는 '좋겠는데'에 해당한다.

185) '정심뼁자쪼라가'의 '-쪼라가'는 '-처럼'의 잘못된 발화형이라고 할 수 있다.

186) '단:'은 '다른'의 축약형이다. 장모음으로 실현된다.

187) '내비리고'의 '내비리다'는 '내버리다'의 전북 방언형이다. 주로 '내뻬리다~내삐리다'로 경음으로 실현이 생산적인데, 이 지역어에서는 '내비리다'로 실현되고 있다.

188) '더어시걷따'는 '더하시겠다'의 전북 방언형이다. 전북 방언에서 '하다'는 주로 '허다'로 실현되고, 빠른 발화에서는 'ㅎ'이 생략되는 경우가 많다.

189) '느코'는 '넣고'의 전북 방언형이다.

190) '댕기다'는 '다니다'의 전북 방언형이다.

191) '댕:임서'는 '댕기면서→댕김서→댕:임서'로 융합이 일어난 뒤에 'ㄱ'이 탈락되면서 장음이 되었다.

192) 'ㄲ넌는다'는 '끊었는데'의 이 지역어형이다. '-는데'는 전북 방언에서 '-는다'로 실현된다. 따라서 '끊었는다→끄넌는다→ㄲ넌는다~ㄲ넌는다'처럼 'ㄴ'이 연철된 뒤에 중화와 비음화가 일어났다고 할 수 있다. 그런데 선어말어미 '-었-'이 '-있-'으로 교체된다. 이 지역어에서 특히 '어'는 '으'나 '이'로의 교체가 아주 활발하게 일어나고 있다.

193) '수수럴'은 중앙어 '수술할'에 해당한다. 전북 방언에서 '-하다'는 주로 '-허다'로 실현되기 때문에 '수술+헐'이고, 여기서 'ㅎ'이 탈락하여 '수수럴'로 실현된다. 이런 현상은 전북 방언에서 생산적인 현상이다.

194) '가조:로'는 '가족으로'의 빠른 발화로 'ㄱ'이 탈락되어 실현되고 있다. 잘못된 발화형이다.

195) '육깨월배끼는'의 '-배끼는'은 중앙어 '-밖에는'의 전북 방언형이다.

196) '무:시라고'는 '무엇이라고'의 전북 방언형이다. 주로 '머시라고'로 실현된다.

197) '히얀다'는 '하여야 한다'의 융합형으로 전북 방언에서 활발하게 실현된다.

198) '저우'는 전북 방언권에서 통시적으로 '겨우>제우'와 같이 움라우트가 일어난 뒤에, '제우~저우'와 같은 교체를 보이고 있다.

199) '게혹'은 '계획'의 전북 방언형이다. '게호그'는 '게호글'의 잘못된 발화형이다.

200) '퇴원허라군디'는 '퇴원하라고 하는데'의 융합형이다. 전북 방언에서 '-라고 하는데'는 '-라군디'로 융합이 일어난다.

201) '바든쩨'는 '받았지'의 전북 방언형이다. 주로 '바던쩨'로 실현된다. 즉 과거시제 선어말어미 '-었/았-'이 양성모음에 후행하는 경우에도 '-었-'으로 실현이 일반적이다. 따라서 '받+었+제→바던제→바던쩨'로 중화와 경음화가 일어났고, '바던쩨~바든쩨'로 '어~으'의 교체가 일어난 것이다.

202) '갠찬게따니'는 '괜찮겠다고 하니' 정도에 해당하는 말을 빨리, 우물거리면서 발음한 잘못된 발화형이다.

203) '헹페네'는 '형편에→헹페네'로 '여→에'로의 축약이 일어났다.

204) '안왇쓰띠여'는 '안 왔겠습디까요'에 해당하는 전북 방언형이다. 즉 '-습디여'는 '-습디까' 또는 '-습디까요'에 해당한다.

205) '지펭이'는 '지팡이'의 전북 방언형으로 '지팽이~지펭이'로 실현된다.

206) '가드니'는 '가든지'의 전북 방언형이다.

207) '질'은 '길'의 전북 방언형이다. '길>질'로 구개음화가 일어났다.

208) '아조'는 '아주'의 전북 방언형이다.

209) '겨으린디'는 '겨울인데'의 전북 방언형이다. '겨을'은 '겨울'의 전북 방언형이고, 연결어미 '-ㄴ디'는 '-ㄴ데'의 전북 방언형이다.

210) '짝뗴기'는 '작대기'의 전북 방언형이다. 주로 '짝뗴기'로 실현되는데 '에~애'가 교체되어 실현된다.

211) '일깐디'의 '-깐디'는 연결어미 '-관데'의 전북 방언형이다.

212) '한자깝'은 '환갑'의 잘못된 발화형이다.

213) '잉'은 전북 방언권에서 의문문에 사용되는 간투사이다. '잉~이'의 형태로 쓰여, 청자의 동의를 구하거나 화자의 의지를 표현하기 위해서 사용된다.

214) '이가'는 '일가'의 잘못된 발화형이다.

215) '홍어 회평'은 '홍어채'를 일컫는다. 즉 홍어를 무친 것으로 전북 지역어에서 '홍어무칭게'라고도 한다.

216) '히야돼'는 중앙어 '해야 돼'의 전북 방언형이다. '해야~헤야'의 교체형 중에서 주로 '헤야'로 실현되고, '헤야→히야'로 고모음화가 일어났다.

217) '되야~뒤야'는 '돼'의 전북 방언형이다.

218) 이 지역어에서 '없다'는 '웂따~웂따~업따'로 실현된다.

219) '무칭게'는 '무친 것'으로 분석되기도 하지만, 전북 방언에서 '홍어채'를 '홍어무칭게~홍어무칭개'라고도 한다.

220) '사스미'는 일본어 'sasimi(刺身)'의 전북 방언형이다. '생선회'로 순화되었다.

221) '아들떠리~아들뜨리'은 복수접미사 '-들'이 전북 방언권에서 '-덜'로도 실현되고 있음을 나타낸다.

222) '제우다'는 '나누어 분담한다'는 뜻의 전북 방언형이다. '준비하다'로도 해석이 가능하다.

223) '추립'은 '추렴'의 이 지역어형으로 '추룸'으로도 실현된다.

224) '추럼'의 빠른 발화로 인한 잘못된 발화형이다.

225) '동으깝'은 '동이 값'의 이 지역어형이다. '동이'는 전북 방언에서 주로 '동우'로 실현되는데, 이 지역어에서는 '우~으'의 교체가 생산적으로 일어나고 있다.

226) '바드다'는 '술 바드다'로 술도가에서 술을 사오는 것을 의미한다.

227) '지비서'는 '집에서'의 전북 방언형이다. 처소격 '-에'는 전북 방언에서 주로 '-이'로 실현된다. 이 지역어 제보자 1도 '예식짱이, 식땅이' 처럼 모두 '-이'로 발음하고 있다.

228) '다힜쩨'는 '다했지'의 전북 방언형이다. 서술, 의문, 명령, 제안 따위에 두루 쓰이는 종결어미 '-지'는 전북 방언에서 '-제'로 쓰인다. 따라서 중앙어 '다했지'는 전북 방언에서 '다했제~다힜제'로 실현된다. 이 지역어의 70대 제보자들은 /애/와 /에/를 구분하지 못하면서 주로 /에/로 실현되기 때문에 '다힜제→다힜쩨→다힜쩨'로 중화에 이어 경음화와 고모음화가 일어났다.

229) '헤트라놓다'는 형태적으로 중앙어 '헤뜨려 놓다'로 분석된다. 그런데 의미는 '돼지를 잡아서 고기를 펼쳐 놓다' 정도의 의미로 사용되고 있다.

230) '겁나다'는 전북 방언에서 '매우 많다'는 의미로 사용되고 있다.

231) '유기치다'는 '회치다'의 이 지역어형이다. 돼지고기를 육회로 먹기 위해 준비하는 것을 '유기친다'고 한다.

232) '쌩고기럴덜'은 '생고기들을'처럼 실현되어야 한다. 그런데 복수접미사 '-들'과 목적 격조사 '-를'이 도치되어 실현되기도 한다. 그리고 '-들'과 '-를'의 '으'는 전북 방언에서 주로 '어'로 실현되는 것이 일반적이다.

233) 여기서 '거시기한 집'은 부자로 잘 사는 집을 대신해서 사용하고 있다.

234) '삼실과(三實果)'는 '밤, 대추, 감'을 일컫는다.

235) '여뜨가거나'는 '어뜨가거나~어뜨카거나'로 실현된다. 중앙어 '어떻게 하거나'의 융합형이다.

236) '전'은 '건'의 잘못된 발화형이다. '건'은 '그것은'의 축약형이다.

237) '대체할→대치할→대칠'로 고모음화와 축약이 일어났다.

238) '부치기'는 '부침개'의 이 지역어형이다. 주로 전북 방언에서는 '부칭개'로 실현된다.

239) '택'은 좋은 일이 있을 때 남을 대접하는 음식을 일컫는 '턱'의 전북 방언형이다.

240) '칭게'는 '치는 것이'의 융합형이다.

241) 전북 방언에서 주로 '적꼬지'로 실현된다. '적꼬지'는 중앙어 '적꼬치'와 달리 생선 이나 고기를 대꼬챙이에 꿰어 부친 적 자체를 일컫는다.

242) '너물깜'은 '나물을 만들 감'을 일컫는다. 남한에서 아주 일반적으로 사용되고 있는 데, 표준국어대사전에는 '나물거리'의 북한어로 되어 있다. '나물'은 전북 방언에서 주로 '너물'로 실현된다. '너물'은 나물감 자체를 의미하기도 하고, 나물감을 무쳐놓 은 반찬을 의미하기도 한다.

243) '질러'는 '길러>질러'로 통시적인 구개음화가 일어났다.

244) '소모댕게'는 중앙어 '소모되니까'에 해당한다. '-이니까'의 전북 방언에서 주로 '-잉 개~-잉게'로 실현된다. 따라서 '소모뒹게→소모댕게'로의 변화는 전북 방언에서 '되'가 '대~데'로 단모음화가 일어나고 있다.

245) '아네기'는 중앙어 '안 하기'에 해당한다. '안 허기→아너기→아네기'와 같이 움라우 트가 일어났다.

246) '갈리다'는 '헤어지다'의 전북 방언형이다. '학교가 2시에 갈렏따. 오늘은 빨리 갈레 쥘따.'와 같이 사용되고 있다.

247) '우순'은 '우스운'이 축약형이다. 주로 '우스꽝스러운'의 의미로 사용된다.

248) '쌔버리다'는 전북 방언의 구어에서 '매우 흔하다, 아주 많다'라는 의미로 생산적으 로 사용된다.

249) '술찌메들'은 '술김→술짐→술찜'으로 구개음화와 경음화가 일어났다. 그러나 같은 문장에서 '술낌~술찜'이 교체하고 있다. 구개음화는 전북 방언권에서 통시적으로 활발하게 일어났던 현상이지만, 현재는 노년층에서 구개음화형이 주로 실현되고 젊은 층에서 구개음화를 외면하고 있다.

250) '엥간치'는 '어연간하지'의 준말인 '엥간치 혜둬.'와 같이 '엔간치'의 뜻으로도 사용

되지만 '보통이 넘는 정도'의 의미인 '웬만큼, 웬만치'의 뜻으로 사용되기도 한다. 여기서는 후자로 사용되고 있다.

251) '항꼬'는 '항께'의 잘못된 발화거나, 개인어이다.

252) '마주막'은 '마지막'의 전북 방언형이다.

253) '제사'는 '제사→지사'로 전북 방언에서 고음화가 일어난다.

254) '즉께'는 전북 방언에서 비교적 생산적인 '어~으'의 교체에 따라 '적께~즉께'처럼 실현되고 있다.

255) '거그'는 '거기'의 전북 방언형이다.

256) '달부지요'의 '달부다'는 전북 방언권의 서부지역인 옥구, 부안, 고창 등에서 '다르다'와 거의 비슷하게 사용되고 있다. 고창의 경우 '틀리다'와 '달부다'가 혼태된 '틀부다'가 사용되었음이 보고된 바 있다.(이승재 1983)

257) '거개(擧皆)'는 '거의 모두'의 의미로 전북 방언권에서 활발하게 사용되고 있다.

258) '거지반(居之半)'은 '거의 절반, 거의 절반 가까이'의 의미로 전북 방언권에서 활발하게 사용되고 있다.

259) 죽음을 알리는 '부서(訃書)'는 주로 부고(訃告)로 사용된다. 비슷한 뜻으로 부보(訃報), 부신(訃信), 상보(喪報), 통부(通訃) 등이 있다.

260) '오도리옹가'는 '옷 올리는 것인가→온 올리능경가→오도리능경가'와 같이 융합이 일어났다. 그리고 '오도리능경가'가 빠른 발화에서 잘못 실현된 것이다.

261) '땡기다'는 '던지다'의 전북 방언형으로 '뗑기다~땡기다'로 실현된다.

262) '사잣밥'은 초상난 집에서 죽은 사람의 넋을 부를 때, 그를 부르러 오는 저승사자에게 대접하는 밥이다. 세 그릇의 밥을 채반에 담아 담 옆이나 지붕 모퉁이에 놓았다가 발인할 때 치운다.

263) '잊어먹다'는 '잊어버리다' 대신에 구어에서 더 활발하게 사용되고 있다.

264) '꼴막채'는 '골목의 막바지 구석진 곳'을 의미하는 이 지역어형이다.

265) '커리'는 '켤레'의 전북 방언형이다.

266) '은븐'은 '으레, 응당, 무슨' 정도의 의미로 사용되는 이 지역어형이다.

267) '껄막, 끌막'은 '골목'의 전북 방언형이다. '꼴막채'와 같은 의미로 사용된다.

268) 전북 방언권에서는 '시체(屍體)' 대신 와음(訛音)인 '신체'로 사용된다.

269) '오드락'의 '-드락'은 중앙어의 연결어미 '-도록'에 해당하지만, 여기서는 '-할 때까지'의 의미로 사용되고 있다.

270) '당목'은 '서양목, 양목'이라고도 한다. 광목보다 발이 곱게 짠 피륙이다.

271) '염(殮)'은 '염습(殮襲), 습렴'으로도 사용된다. '죽은 사람의 몸을 씻긴 뒤에 옷을 입히고 염포로 묶는 일'을 일컫는다.

272) '완진자'는 '완전히 인자'가 융합된 것이다.

273) '움모기다~움모그다'는 '윗목에다'의 전북 방언형이다. '-에다'는 주로 '-이다'로 실현되지만 '-으다'로 교체되기도 한다.

274) '절충이'는 '정중히'의 이 지역어형이다.

275) '내간상(內艱喪)'은 '어머니의 상사. 또는 아버지가 없을 때의 할머니의 상사'를 일 컫는다.

276) '외간상(外艱喪)'은 '아버지의 상사. 또는 아버지가 없을 때의 할아버지의 상사'를 일컫는다.

277) '멩인'은 '망인(亡人)'의 전북 방언형이다. 주로 '망안→맹인'으로 움라우트 실현형이 일반적인데 이 지역어에서는 '멩인~맹인'으로 교체되어 실현되고 있다.

278) '낭인'은 '망인'의 와음이다.

279) '별씨게'는 형태상으로 중앙어 '별스럽게, 별스레'에 대응하지만, '별로'의 의미로 사용되고 있다.

280) '도갠느리락'은 '도개+늘+이락'으로 분석된다. '도개늘'은 '도가'에서 만들어 파는 '널'을 일컫는다. '도개'는 '상여와 그에 딸린 제구(祭具)들을 파는 집'인 '상둣도가(喪都家), 도가'의 전북 방언형이다. '늘'은 '널'의 전북 방언형으로 '으~어'의 교체가 일어났다. '-이락'은 '-이라고'의 융합형이다.

281) '두턱께'의 '두텁다'는 '두껍다'의 전북 방언형이다. '두텁게→두턱께'로 위치동화가 일어났다.

282) '우구'는 '위'의 전북 방언형이다.

283) '생애'는 '상여'의 전북 방언형이다. '생애, 생이'로 실현된다.

284) '생애를 놀리제'는 '상여를 놀리는 것'은 호상일 때, 상여가 나가기 전날 상여꾼들이 손발을 맞추기 위해 상여 나가는 연습을 하는 것을 일컫는다.

285) '꼬슬'은 '꽃+을→꼬슬, 밭이→바시'와 같이 체언말에서 'ㅊ, ㅌ'이 'ㅅ'으로 마찰음화되는 현상을 반영한 것이다. 이 현상은 전북 방언권에서 생산적인 현상이다.

286) 여기서 '중간'은 제보자들의 삶의 여정에서 '중간'을 의미한다. 주로 7~80년대를 일컫는다.

287) '절 라:가지고'는 '전부 나와 가지고'의 빠른 발화로 제보자 개인발화의 특징이다.

288) '욕보다'는 '수고하다, 고생하다'의 의미를 가진 전북 방언형이다.

289) '복싹꺼리다'는 '복작거리다'의 전북 방언형이다. '복짝꺼리다'로도 사용된다.

290) '부재'는 '부자'이 전북 방언형이다.

291) '부고(訃告)' 대신 이 지역에서는 '부서(訃書)'를 많이 사용하고 있다.

292) '자진차'는 '자전거'의 전북 방언형이다. 주로 '자진차~자진차'로 실현된다.

293) '댕이고'는 '다니다'의 전북 방언형이다. 주로 '댕기다'로 실현되는데 '댕이다'로 'ㄱ'이 약화되어 실현되기도 한다.

294) '하로낄'의 '하로'는 '하루'의 전북 방언형이다.

295) '새복'은 '새벽'의 전북 방언형이다. '새벩'의 'ㆍ'는 '폴(팔), 폴뚝(팔둑), 포리(파리), 퐅(팥), 볼바라(밟아라)'와 같이 전북 방언권에서는 주로 'ㅗ'로 실현되었다.

296) '상배(喪配)'는 '상처(喪妻)'를 높여 이르는 말이다.

297) '놀랴'는 '놀려'의 'ㄹㄹ' 연결체가 구개음화되어 실현되는 발음을 표기한 것이다. '말리다'도 '몰랴~몰럅'처럼 구개음화가 실현되어 발음된다.

298) '출쌍이 버들 허느버븐'은 제보자의 빠른 발화로 인한 잘못된 발화형이다.

299) '으니루'는 뜻을 알 수 없다.

300) '유대군'은 '상여꾼'의 전북 방언형이다. '유대꾼(留待-)'은 역사적으로 포도청에 속하여, 상여를 메던 인부를 일컫는 말인데, 전북 방언권에서는 이 용어를 더 많이 사용하고 있다.

301) '만사(輓詞/挽詞)'는 '죽은 이를 슬퍼하여 지은 글'로 '만장(輓章), 상여글'이라고도 한다. 그리고 이 글을 비단이나 종이에 적어 기(旗)처럼 만든 것으로 주검을 산소로 옮길 때에 상여 앞뒤에 들고 가는데, 그 기를 '조기(弔旗)'라고도 한다.

302) '간지가'는 '간짓대에다가'의 융합형이다. '간짓대'는 '긴 대나무 장대'를 일컫는 전북 방언형이다.

303) 호천망극'昊天罔極'은 '어버이의 은혜가 넓고 큰 하늘과 같이 다함이 없다'는 말로 주로 부모상 때 쓰는 말이다.

304) '거리제'는 '음력 정월에 길거리에 있는 장승에게 지내는 제사' 또는 '상여가 나갈 때에, 거리에서 친척이나 친지가 지내는 제사'를 일컫는다.

305) '노제(路祭)'는 원래 '발인할 때 문 앞에서 지내는 제사'인 '견전제(遣奠祭)'를 일컫는 말인데 이 지역에서는 '거리제'와 같은 의미로 사용되고 있다. 이것은 제보자나 일반인들이 상례에 대한 정확한 지식이 부족하기 때문에 야기된 것이라고 할 수 있다.

306) '망인(亡人)'의 전북 방언형이다. 주로 '맹인~멩인'으로 실현된다.

307) '산일'은 새로 분묘를 쓰기 위해 준비하는 일과 이장(移葬)이나 사초(莎草)처럼 산소(山所)와 관계된 일 모두를 일컫는 말로 사용된다.

308) '평생'은 '평상(平常)'의 이 지역 와음이다.

309) 이 지역어에서 처소격조사 '-에서'는 주로 '-이서'로 시현되기 때문에 '시장+이서→시쟁이서'로 움라우트가 일어났다.

310) '평토제(平土祭)'는 묘를 쓰면서 평토한 후에 지내는 제사로 '봉분제'라고도 한다.

311) '보내양게'는 중앙어 '보내야 하니까'에 해당한다. '하니까'는 전북 방언에서 '항개~항게'로 실현된다. 따라서 '보내야 항게'가 융합된 것이다.

312) '비방하다(比方--)'는 '서로 비슷하다'는 뜻이다.

313) '진즈기'는 '진작+에'로 '진작'은 전북 방언에서 '진즉'으로 실현되고, 처소격조사 '-에'는 '-이'로 실현된다.

314) '카텐, 카튼'은 '커튼'의 지역어형이다.

315) '암반'이 '떡이나 칼국수 같은 것들을 썰기 위해 사용하는 넓은 직사각형 나무판'을 일컫는다. 따라서 '암반상'은 '넓은 직사각형 나무판으로 된 상'이다.

316) '홈뱅만'은 '혼백만→홈백만→홈뱅만'으로 순음화와 연구개음화가 일어났다.

317) '영우'는 '영위'의 전북 방언형이다. '영우~영오~영호'로 실현된다.

318) '상석'은 '상식(上食)'의 와음이다. 전북 방언권에서 '음식'도 주로 '음석'으로 실현된다.

319) '먼님'은 '먼저'의 전북 방언형이다. 주로 '머녀, 머니, 머님, 먼님' 등으로 실현된다.

320) '소상'의 잘못된 발화형이다.

321) '소상(小喪)'은 사람이 죽은 뒤 1년 만에 지내는 기제사를 일컫는다.

322) '탈상(脫喪)'은 부모님의 삼년상을 마치는 것으로 '해상(解喪), 결복(闋服), 결제(闋制), 종상(終喪), 종제(終制)'이라고도 한다.

323) '해년'은 '매년'의 의미로 사용되는 전북 방언형이다.

324) '세앙'은 '시향'의 전북 방언형이다.

325) '증조'의 잘못된 발화형이다.

326) '시제(時祭)'는 '시향(時享)'과 같이 5대조 이상을 산에서 묘사(墓祀), 묘제(墓祭)로 지내는 것을 일컫는다. 전북 방언권에서는 '시양, 세양, 세상' 등으로 실현된다.

327) '메'는 제사 때 신위(神位) 앞에 올려놓는 밥으로 메는 짓는다고 한다.

328) '기제사'의 잘못된 발화형이다.

329) '지사'는 '제사'의 전북 방언형이다. '제사→지사'와 같은 고모음화는 '제비→지비, 별→벨→빌' 등에서도 실현된다.

330) '다구름 새'는 '닭이 우는 때'라는 의미로 사용되고 있다. '다굴림 새'로 실현되기도 한다.

331) '져야돼'는 '지내야 돼'의 우물거리는 발화로 잘못된 발화형이다.

332) '즈녁'은 '저녁'의 전북 방언형이다. '즈녁~쯔녁'으로 경음으로 실현되는 경우도 많다.

333) '평생'은 '평소'의 의미로 쓰이는 것이 일반적이지만, '항상'이라는 의미로 쓰이는 경우도 있다. 본문에서는 후자의 의미가 더 타당하다.

334) '이쓸구'는 '이쓸쑤'의 잘못된 발화형이다.

335) '가시다'는 '끝내다'의 전북 방언형이다.

336) '첟지메'는 '처음에'의 전북 방언형이다. '첟치메~첫찌메' 등으로 실현된다.

337) '멧젼지'는 전북 방언권에서 생산적으로 사용하고 있는 '멧밥'의 높임말이다.

338) '함께'의 잘못된 발화형이다.

339) '올릴랑게'는 '올리려고하니까'의 융합형이다. 전북 방언에서 '올리+려고+하니까'의 어미 '-려고'는 모음조화에 의해 '-라고'로 실현되고, '-하니까'는 '-항개'로 실현된다. 즉 '올리+라고+항개'가 융합된 것이다.

340) '운감(殞感)'은 제사 때에 차려 놓은 음식을 귀신이 맛보는 것을 일컫는다.

03 생업 활동

가을걷이와 겨우살이 372

3.1 가을걷이와 겨우살이

아무튼 옌나레 그, 이버네 인제 그, 탈곡 할 때요, 옌나레 탈곡 할 때하고 탈고카는 방법또 옌날하고 지그머고 마니 달버젼쬬?

— 음, 마니 달버젼쩨.

어, 어르신 맨: 처으메 아주 아주 어려쓸 때, 어르시니 아주 어려쓸 때 그 탈고카던 방법 혹씨 기엉나세요?

— 우리가, 내가 어려쓸 때 기엉나능 거슨 판자홀테라긴써[1]. 홀테.

예 홀태.

— 인제 여기 달린?

음음음.

— 가락 홀테가 말고, 그건 뽀다가, 판자홀테라고 읻써 가지고.

예.

어, 어르신 어려쓸 때 판자홀테를 쓰섣딴 마리에요?

— 암:! 인자 혼자 서서 자버댕겨서 홀릉거, 그거 이써꼬.

— 그 다으메는 기계홀테가 이써꼬.

음.

— 인자 두리 인자 발로 눌러서 인자 이르케 돌리는 기계가 이썯꼬.

얘.

— 그리고... 또... 저... 거기 또 뭐시냐,

— 그 후로는.

— 그 기계가 멍 거냐?,

— 나라글 비여 가지고 막 기양 홀터 내능 건, 그건 뭔 기계냐.

— 중가니 한 주먹썩 느서 그냥.

이르케 막 도라가능걷?

아무튼 옛날에 그, 이번에 이제 그, 탈곡 할 때요, 옛날에 탈곡 할 때하고 탈곡하는 방법도 옛날하고 지금하고 많이 달라졌죠?

  ─ 음, 많이 달라졌지.

어, 어르신 맨 처음에 아주 아주 어렸을 때, 어르신이 아주 어렸을 때 그 탈곡하던 방법 혹시 기억나세요?

  ─ 우리가, 내가 어렸을 때 기억나는 것은 판자 홀태라고 했어. 홀태.

예 홀태.

  ─ 이제 여기 달린?

음음음.

  ─ 가락 홀태 말고, 그것보고, 판자 홀태라고 있어 가지고.

예.

어, 어르신 어렸을 때 판자 홀태를 쓰셨단 말이에요?

  ─ 암! 이제 혼자 서서 잡아당겨서 훑는 것, 그거 있었고.

  ─ 그 다음에는 기계 홀태가 있었고.

음.

  ─ 이제 둘이 이제 발로 눌러서 이제 이렇게 돌리는 기계는 있었고.

예.

  ─ 그리고... 또... 저... 거기 또 뭐이냐,

  ─ 그 후로는.

  ─ 그 기계가 뭔 거냐?

  ─ 나락을 베어 가지고 막 그냥 훑어 내는 것, 그건 뭔 기계냐.

  ─ 중간에 한 주먹씩 넣어서 그냥.

이렇게 막 돌아가는 것?

- 도라가능 거, 그건뽀고 뭐시라긴냐?

호롱기?

그거슬 호롱기라고 그래썬나?

- 호롱기. 잉 탈곡끼.

탈곡끼?

- 엉, 탈곡끼, 탈곡끼가 이써꼬.

- 인제는 마라자먼 인저 이앙기, 이앙기가 아니라 저 뭐시제?

- 탈곡끼가 읻써꼬.

그 옌나레는 인제 가락 홀테가, 가락 홀테라능 거슨.

- 그건 보리나는, 이르케 생겨가지고 쭉쭉 홀터내리능 거.

그거슨 머 얼마 안 될, 모덜, 얼마 모덜 꺼 가튼데.

- 아! 모다지, 모댇썰쩨, 그거슨 참.

예.

그러먼 이제 그 가락 홀테 쓰실 때는 아주아주 어려쓸 때.

- 난 보들 모든

보든 모더썯쓸 수도 읻꼬?

그럼 대개 인제 판자 홀테로?

- 판자 홀테.

판자 홀테 쓰실 때는 인제 그 자리에서 나라글 비여 가지고 인제 홀테로 그 어트게 허신다고, 훌튼다고 그러시능가요? 뭐라고, 뭐라고 허시능가요?

= 홀른다고[2] 그려, 홀른다고, 홀른다고.

그거슨 인제 홀, 홀라서, 홀터서?

- 음.

그 훌튼 다으메 어트게 해요? 그거슬 그 자리에서 인제 그 홀트면 인제 그 지푸래기는 지푸래기로 나오고 나라근 또 나락, 인자 나오고 그럴 꺼 아녀?

- 갈퀴로 인자 그 처징 건 입싹까지[3] 다 글거내고.

- 돌아가는 거, 그것보고 무엇이라고 했냐?

호롱기?

그것을 호롱기라고 그랬었나?

- 호롱기, 응, 탈곡기.

탈곡기?

- 엉, 탈곡기, 탈곡기가 있었고.

- 이제는 말하자면 이제 이앙기, 이앙기가 아니라 저 무엇이지?

- 탈곡기가 있었고.

그 옛날에는 이제 가락 홀태가, 가락 홀태라는 것은.

- 그건 보리 나는, 이렇게 생겨가지고 쭉쭉 훑어내는 거.

그것은 뭐 얼마 안 될, 못할, 얼마 못할 것 같은데.

- 아! 못하지, 못했었지, 그것은 참.

예.

그러면 이제 그 가락 홀태 쓰실 때는 아주 아주 어렸을 때.

- 난 보지를 못한

보지는 못하셨을 수도 있고?

그럼 대개 이제 판자 홀태로?

- 판자 홀태.

판자 홀태 쓰실 때는 이제 그 자리에서 나락을 베어가지고 이제 홀태로 그 어떻게 하신다고, 훑는다고 그러시는가요? 뭐라고, 뭐라고 하시는가요?

= 훑는다고 그래, 훑는다고, 훑는다고 그래.

그것은 이제 홀, 훑어서, 훑어서?

- 음.

그 훑은 다음에 어떻게 해요? 그것을, 그 자리에서 이제 그 훑으면 이제 그 지푸라기는 지푸라기로 나오고 나락은 또 나락, 이제 나오고 그럴 것 아녜요?

- 갈퀴로 이제 그 처진 거 잎사귀까지 다 긁어내고.

갈퀴로 무어슬 글거내요?

- 뭐 그러면 그 인자 나락 일:만4) 떠러지능 거시 아니라 검부리 모다5)
떠러질 꺼 아녀?

아! 예예.

- 모개도6) 떠러지고?

예.

- 그건 글거서 딱 치우고.

음.

- 나라근 모태가지고 인자 풍구지를7) 허제 잉?

다시 또 그 검브락 까틍거 풍구지를 하는 이유는 뭐여요?

- 그 처징 거 쭈갱이8) 가틍거 내비릴라고9) 그러제, 나가게.

- 그리곤자 가마니어다 인자 담쩨.

풍구질 끈난 다으메 바로 가마니다 담는다고요?

그럼 가마니다 다머가지고 어트게 하세요, 이거슨?

가마니다 다머가지고 어트게?

- 가마니다 다머서 인자 창고 인자 고까니다.

곡까네다 너논능 거여요?

아직 안 말러쬬?

- 암 말러써요. 그땐 나중에 또 말리고.

그러면 인제 지푸라근 어트게 해?

- 지푸라근10)? 어 누리지 인자.

- 반페눌로11) 누리제12), 무꺼서.

이거시 인제 보통 그 나락:을 탈곡, 나라글 인제 수확:허능 거죠?

그러면 보리는 어트게 해요?

- 보리?

얘.

갈퀴로 무엇을 긁어내요?

— 뭐 그러면 이제 나락 알만 떨어지는 것이 아니라 검불이 모두 떨어질 것 아냐?

아! 예예.

— 벼이삭도 떨어지고?

예.

— 그건 긁어서 딱 치우고.

음.

— 나락은 모아가지고 이제 풍구질을 하지?

다시 또 그 검불 같은 거 풍구질을 하는 이유는 뭐예요?

— 그 처진 거 쭉정이 같은 거 내버리려고 그러지, 나가게.

— 그리고 이제 가마니에다 이제 담지.

풍구질 끝난 다음에 바로 가마니에다 담는다고요?

그럼 가마니에다 담아가지고 어떻게 하세요, 이것은?

가마니에다 담아가지고 어떻게?

— 가마니에다 담아서 이제 창고 이제 곳간에다.

곳간에다 넣어 놓는 거예요?

아직 안 말랐죠?

— 안 말랐어요. 그때는 나중에 또 말리고.

그러면 이제 지푸라기는 어떻게 해요?

— 지푸라기는? 어, 누리지 이제,

— 반 낟가리로 누리지, 묶어서.

이것이 이제 보통 그 나락을 탈곡, 나락을 이제 수확하는 거죠?

그러면 보리는 어떻게 해요?

— 보리?

예.

- 어, 보리는...

얘.

- 어 인자 비여서, 여다 어디는 메칠 간 말리먼 인자 무끄제이?

보리를 비어서 그냥 열매채 그냥 말려요?

- 대까정. 아 인저 비여노먼 그냥 쌩, 나락또 물런, 나락또 비여서 묵
끄제잉 그때는.

음.

- 아 비여서 말레야제[13]. 말려가지고 묵끄제.

- 그냥 바로 무끄간디[14].

그때 말릴 때는 어트게 말려요?

그냥 그자리다가.

- 그 자리다 놔둬.

- 그자리다 놔두먼 말를거 아녀?

넘드리 가져가거나 그러진 아녀?

- 아 가져가든 앙코[15].

- 아 더러 무꺼가는 수도 일썬쩨.

허허허.

그럼 일딴 보리를 비어서 말리면 메치리나 말려요, 보통?

- 날씨 이저먼 아마 삼사일 말려야.

아이고 그러쿠나!

- 삼사일 말려야 돼.

- 나락또 그러코.

- 나락또 비서 삼사일 말려야 돼.

말린 다으메 어트게 헤요?

- 말린 다으미는 무꺼.

음.

- 어, 보리는...

예.

- 어 이제 베어서, 여기에다 어디에 며칠 간 말리면 이제 묶지?

보리를 베서 그냥 열매채 그냥 말려요?

- 대까지. 아 이제 베어 놓으면 그냥 생, 나락도 물론, 나락도 베어서 묶지 그때는.

음.

- 아 베어서 말려야지. 말려가지고 묶지.

- 그냥 바로 묶관데.

그때 말릴 때는 어떻게 말려요?

그냥 그 자리에다가.

- 그 자리에다 놔둬.

- 그 자리에다 놔두면 마를 것 아녀?

남들이 가져가거나 그러지는 않아?

- 아 가져가지는 않고.

- 아 더러 묶어가는 수도 있었지.

허허허.

그럼 일단 보리를 베어서 말리면 며칠이나 말려요, 보통?

- 날씨 요즘은 아마 삼사일 말려야.

아이고, 그렇구나!

- 삼사일 말려야 돼.

- 나락도 그렇고.

- 나락도 베서 삼사일 말려야 돼.

말린 다음에 어떻게 해요?

- 말린 다음에는 묶어.

음.

- 무꺼서 인저 숨주게 가리쳐[16] 놔따가.

예?

- 숨 주겨야, 차분해야제 인자 눌러논 노면 인자 한 열따바리던지 며따발썩 딱딱 눌러 노면 차분헐 꺼여, 인자 그노멀 져다가 눌러 지비다.

- 인저 마당이 눌러따가 보리, 나락뚜 그러케 허지마는, 눌러따가 인자 보리는 또 한, 한 뜨건 때 아녀?

예.

- 오뉴워링게.

예.

- 인자 너러.

- 인자 그느물[17] 또 다 마당으다[18] 까라 너러가지고 인자 도리깨로 뚜드러.

이건 인제 도리깨질 허는구나.

- 아, 도리깨질 허제.

그럼 도리깨로, 도리깨로 뚜들면 그러먼 이제 어트게 되능거여?

- 뚜드러서 인자 버리[19], 마라자면 보리때는 다 글거 다 내서 누리구.

베눌 눌리, 누리드시?

- 암. 인자 그건 때양게.

음.

- 열료로 쓱게.

그리고?

- 그냥 보리는 어 보리대로 인자.

가마니다 너요?

- 암! 그건 인자 그거또 드려야지.

- 그건 아주 또 그건 보리때는 또 드릴라면 아주 기여기여[20] 그거시, 처징 거시 마능 거시라.

— 묶어서 이제 숨죽게 가리쳐 놓았다가.

예?

— 숨 죽여야, 차분해야지 이제 눌러놓은 놈은 이제 한 열 다발이든지 몇 다발씩 딱딱 눌러 놓으면 차분할 것 아냐, 이제 그것을 쪄다가 눌러집에다.

— 이제 마당에다 눌렀다가 보리, 나락도 그렇게 하지마는, 눌렀다가 이제 보리는 한, 한 뜨거운 때 아녀?

예.

— 오뉴월이니까.

예.

— 이제 널어.

— 이제 그것을 또 마당에다 깔아 널어서 이제 도리깨로 두드려.

이건 이제 도리깨질 하는구나.

— 아, 도리깨질 하지.

그럼 도리깨로, 도리깨로 두드리면 그러면 이제 어떻게 되는 거야?

— 두드려서 이제 보리, 말하자면 보릿대는 다 긁어 다 내서 누리고.

벼누리 눌리, 누리듯이?

— 암, 이제 그것은 때야 하니까.

음.

— 연료로 쓰니까.

그리고?

— 그냥 보리는 어 보리대로 이제.

가마니에다 넣어요?

— 암! 그거는 이제 그것도 드려야지.

— 그건 아주 또 그건 보릿대는 또 드리려면 아주 거역이야 그것이, 처진 것이 많은 것이라.

- 꺼까래기[21] 망코.

그럼 이거슨 어트게 드려야 됭거여 보리는?

- 그건 또 그때는 또 바, 바라메 마니 드려쩨.

바라메 날리능 거여?

- 날리능 거여.

- 그때는 보리가 머 나락찔껀 수화기 마:능 거슨 아닝게.

아!

- 바라메 그때는 또 날씨를, 바라메도 불, 바라메 마니 드려쩨.

- 풍구에다 부치기도 허고, 풍구 이쓰면.

- 바라메 디리거나[22] 풍구에 부치거나 바라메 디리구 그린찌.

그러구 나면 인제 가마니다 지버넌능 거야?

- 암!

콩이나 파슨, 팥까튼 거슨 어트게 하셛써요?

- 콩파슨[23],

- 콩팥또 평생[24] 비여서, 가 그 비여서 그건 쫌 말려야여.

음.

- 말려서 거그서 그냥 큰 콩똥으로[25] 기양, 크게 콩똥으로 또 만들지.

콩똥이라능게 뭐여?

- 콩똥. 똥.

- 나라그로 허먼 다바리나 마찬가지여 잉.

- 근디 다바른 안 되고 크게 콩똥을 만드러.

- 콩똥을 무꺼, 무꺼서.

무꺼서요?

- 무꺼서 그거슨, 무꺼서 거 바티다가[26] 시어놔[27].

음.

- 무꺼서 시어노면 인자 바로 인자 어느 정도 하니틀 이씨먼자 말리머

ㅡ 까끄라기가 많고.

그럼 이것은 어떻게 드려야 되는 거야 보리는?

ㅡ 그건 또 그때는 바, 바람에 많이 드렸지.

바람에 날리는 거야?

ㅡ 날리는 거야.

ㅡ 그때는 보리가 뭐 나락같이 수확이 많은 것은 아니니까.

아!.

ㅡ 바람에 그때는 또 날씨를, 바람에도 불, 바람에 드렸지.

ㅡ 풍구에다 부치기도 하고, 풍구 있으면.

ㅡ 바람에 드리거나, 풍구에 부치거나 바람에 드리고 그랬지.

그렇게 하고 나면 이제 가마니에다 집어넣는 거야?

ㅡ 암!

콩이나 팥은, 팥 같은 것은 어떻게 하셨어요?

ㅡ 콩팥은,

ㅡ 콩팥도 항상 베어서, 그 베어서 그건 좀 말려야해.

음.

ㅡ 말려서 거기서 그냥 큰 콩동으로 그냥, 크게 콩동으로 또 만들지.

콩동이라는 게 뭐여?

ㅡ 콩동. 동.

ㅡ 나락으로 하면 다발이나 마찬가지야.

ㅡ 그런데 다발은 안 되고 크게 콩동을 만들어.

ㅡ 콩동을 묶어, 묶어서.

묶어서요?

ㅡ 묶어서 그것은, 묶어서 그 밭에다가 세워 놔.

음.

ㅡ 묶어서 세워놓으면 이제 바로 이제 어느 정도 한 이틀 있으면 이제 마르면

는 그거또 저다가.

　예.

－ 저다인저 까라노코 또 도리깨로 뚜드리야여, 마당이서.

콩팥또 다?

－ 암.

그러케 하고 나서 인제 그거또 다 가마니다 너서 너논는가?

－ 암!

－ 디레가지고, 콩파슨 얼마 안되능 거싱게, 마니 아능개 다 드리지.

음.

－ 바라메 드리고.

그러면 이거슬 방아를, 인제 방애를 쪄야 되능가, 나중에 머글라면?

－ 암! 그러제.

보리나 쌀가튼 경우에는?

그때 방애는 어떤 어떤 방애드리 이썰써요?

－ 그저네는 드들빵애가28) 일써꼬, 드들빵애, 물레방애.

－ 물레방애는, 드들빵애는 한 동네에 두서너 개 일써.

－ 더러 강가니 일썰꼬.

－ 물레방애, 물레방아는 인자 귀해썰꼬.

－ 물레방애, 또 저 연자방아도 일써꼬.

－ 그리고 어 그 나중에 인자 기계빵애가 이써 기계방애.

디딜빵애, 물레방애, 연자방애, 기계방애?

－ 아니 또 그 마:니 드루와서, 제일 나중에 뭔지쓰면 일따면, 도구지
리29) 이써 도구질.

이건제 지베서 허능 거여?

－ 응 지베서 도구통으다 메로30) 찐는 도구지를.

－ 그거시 이써야여 그거시, 참.

그것도 져다가.

　예.

　― 져다가 이제 깔아놓고 또 도리깨로 두드려야 해, 마당에서.

콩팥도 다?

　― 암.

그렇게 하고 나서 이제 그것도 다 가마니에다 넣어서 넣어놓는가?

　― 암!

　― 드러가지고, 콩팥은 얼마 안 되는 것이니까, 많이 안하니까 다 드리지.

음.

　― 바람에 드리이고.

그러면 이것을 방아를, 이제 방아를 쪄야 되는가, 나중에 먹으려면?

　― 암! 그렇지.

보리나 쌀같은 경우에는?

그때 방아는 어떤 어떤 방아들이 있었어요?

　― 그전에는 디딜방아가 있었고, 디딜방아. 물레방아.

　― 물레방아는, 디딜방아는 한 동네에 두서너 개 있어.

　― 더러 간간이 있었고.

　― 물레방아, 물레방아는 이제 귀했었고.

　― 물레방아, 또 저 연자방아도 있었고.

　― 그리고 어 그 나중에 이제 기계방아가 있어 기계방아.

디딜방아, 물레방아, 연자방아, 기계방아?

　― 아니 또 그 많이 들어와서, 제일 나중에 무엇이 있었냐면, 절구질이 있어 절구질.

이건 이제 집에서 하는 거여?

　― 응, 집에서 절구통에다 메로 찧는 절구질을.

　― 그것이 있어야 해 그것이, 참.

보통은 다 그냥 도구질 히서.

― 암! 도구통으다 도구질로 히찌. 도구지를 마니 해쩨.

드딜빵애만 잇써도 그래도 쪼금 펴너걷따. 수워러걷따.

― 아! 드딜빵아 이써도 이자 쪼금 낟찌.

그 드딜빵애 가틍 거슨 모양이 어트게 생겨써요? 어트게 쓰능 거예요? 드
딜빵애는?

― 드들빵애는 모양이...

― 이게 방애 인는디...

― 긍개 학도글[31] 만드러, 학또기 이찌.

― 두리서, 여그리서 여그 서고.

음.

― 이거시 여그서 누리머는[32] 이게 올라가.

음음음.

― 그럼 자연 인자 내:티먼[33] 내려와서 찌어지고.

음.

― 그면 인자 우글 인자 천장으다 인자 끄늘 매야제이?

― 자브양게.

아::! 사라미.

― 잡꼬 함 발로 올려따, 올려따 눌려따 올려따.

음.

― 발로 누리머는 올라가고, 방애꼬[34], 이거시 방애꿍게, 올라가고.

― 다시 이저 아니로 노머는 찌어지고.

음.

힘들진 아나써요?

― 아, 요거또 조끔, 여러니[35] 허먼 시미[36] 들 들제잉.

― 두리나 허먼 헐만허제.

보통은 다 절구질해서.

－ 암! 절구통에다 절구질로 했지. 절구질을 많이 했지.

디딜방아만 있어도 그래도 조금 편하겠다. 수월하겠다.

－ 아! 디딜방아 있어도 이제 조금 낫지.

그 디딜방아 같은 것은 모양이 어떻게 생겼어요? 어떻게 쓰는 거예요? 디딜방아는?

－ 디딜방아는 모양이...

－ 이렇게 방아가 있는데...

－ 그러니까 절구를 만들어, 절구가 있지.

－ 둘이서, 여기로 서 여기 서고.

음.

－ 이것이 여기서 누르면 이게 올라가.

음음음.

－ 그럼 자연히 이제 내려치면 내려와서 찧어지고.

음.

－ 그럼 이제 위를 이제 천장에다 이제 끈을 매야지?

－ 잡아야 하니까.

아! 사람이.

－ 잡고 한 발로 올렸다, 올렸다 눌렀다 올렸다.

음.

－ 발로 누르면 올라가고, 방앗공이, 이것이 방앗공이니까, 올라가고.

－ 다시 이제 안으로 놓으면 찧어지고.

음.

힘들지는 않았어요?

－ 아 요것도 조금, 여럿이 하면 힘이 덜 들지.

－ 둘이나 하면 할 만하지.

밀방애허고 보리방애 찌튼 과정이 또 다른, 달붕가요?

— 밀방애?

아! 얘.

— 밀방애는 안 찐체.

밀방애는 안쪄?

그럼 보리방애만 쪄?

— 보리방애 찔꼬.

— 미리랑 거슨

그건 어트께?

— 가리를[37] 빼능 거시라.

음.

— 미른 가리로 멍능 거시여, 가리.

음.

— 그 때는 매로 가라쩨.

음.

— 도구통, 저 돌매가[38] 이써.

— 그건 거:개 집찜마다 매가 이따기도 과어니 아니제.

예.

그럼 보리는뇨?

— 보리는?

보리는 방애를 쪈써?

— 방애를 찌얻찌.

보리방애는 어트게 찐능거여?

— 이거 여따 찌제 여따.

— 나락

또까태?

밀방아하고 보리방아 찧던 과정이 또 다른, 다른가요?

― 밀방아?

아! 예.

― 밀방아는 안 찧지.

밀방아는 안 찧어?

그럼 보리방아만 찧어?

― 보리방아 찧고.

― 밀이란 것은

그건 어떻게?

― 가루를 빼는 것이라.

음.

― 밀은 가루로 먹는 것이여, 가루.

음.

― 그 때는 매로 갈았지.

음.

― 절구통, 저 돌매가 있어.

― 그것은 거의 집집마다 맷돌이 있다고 해도 과언이 아니지.

예.

그럼 보리는요?

― 보리는?

보리는 방아를 찧었어?

― 방아를 찧었지.

보리방아는 어떻게 찧는 거야?

― 이것 여기다 찧지 여기다.

― 나락

똑같아?

― 나락빵애나 가태.

음.

― 보리도.

― 보리도.

그럼 인제 그거또 그 나라글 벤, 방애를 찧꼬나면 인제 나라기 베껴지자나.

― 아! 껕짜리39) 베께지제.

그 껍딱또 이르미, 종류마다 이르케 이르미 달부죠?

― 암! 멥쩌가 이꼬.

나락 까틍거 맨 처으메 멥쩡가요?

― 처으메 꺼 멥쩌.

그 다으메가요?

― 겨가40) 이찌, 겨.

멥쩌 다으메 겨요?

― 현미쩌라고 잉 쌀껴, 현미쩌.

현미쩌가 이꼬.

― 두 가지뿌닝가요? 맵쩌하고 져하고?

딩, 딩:겨라고능거, 딩겨 가틍거 업써요?

― 딩겨.

― 딩겨하고 현민쩌허고 그거시 일치되지.

― 요새 딩겨라는 마른 안혀.

업꾸요. 멥쩌하고 그냥 겨만 인능 거네요?

아주 아주 그 여러번 베끼면 몽근저 가틍거 안 나와요?

― 그거이 몽근제여.

몽근저가 어떵거여?

― 멥쩌 베껴내고, 멥쩌 베껴내고 차꾸 찌며는 인자.

그럼 멥쩌하고 몽근저하고 이러케 두 가지가 인네요?

— 나락방아나 같아.

음.

— 보리도.

— 보리도.

그럼 이제 그것도 그 나락을 벗, 방아를 찧고 나면 이제 나락이 벗겨지잖아.

— 아! 껍질이 벗겨지지.

그 껍질도 이름이, 종류마다 이렇게 이름이 다르죠?

— 암! 멥겨가 있고.

나락 같은 거 맨 처음에 멥겨?

— 처음에 것은 멥겨.

그 다음에가요?

— 겨가 있지, 겨.

멥겨 다음에 겨요?

— 현미겨라고, 쌀겨, 현미겨.

현미겨가 있고.

— 두 가지뿐인가요? 멥겨하고 겨하고?

등, 등겨라고 하는 거, 등겨 같은 거 없어요?

— 등겨.

— 등겨하고 현미겨하고 그것이 일치되지.

— 요새 등겨라는 말은 안 해.

없고요. 멥겨하고 그냥 겨만 있는 거네요?

아주 아주 그 여러 번 벗기면 등겨 같은 거 안 나와요?

— 그것이 등겨야.

등겨가 어떤 거야?

— 멥겨 벗겨내고, 멥겨 벗겨내고 자꾸 찧으면 이제.

그럼 멥겨하고 등겨하고 이렇게 두 가지가 있네요.

― 암 그러제.

보릳, 보릳, 보리도 이르케 겨가 나오나요?

― 아 보리도 껍따기[41] 베껴지지.

그건 뭐라구려 보리는?

― 보릳쩌, 보릳쩨.

보릳쩌는 어따 써요?

― 평조에[42] 아니 저 쌀쩌는 마창가지제.

― 짐승 메기져 뭐, 어따 쓸떼가 업쩨.

음.

― 쌀껴도 평소에 짐승 머기능 거시제.

짐승이라면 돼지 가튼 거.

― 돼:지, 소, 닥까틍 거.

그 타작 끈나고 나며는 그거뜨를 보과늘 할라면뇨, 보관하는 방법또 여러
가지죠?

나락 까틍 경우는 어디다 어떠케 보관하세요, 대개?

― 나락뜨른 평생에 가매~이다 다머서, 이 고까니다 쟁이지.

음.

― 창고에.

― 창고가 고까니지, 농촌 창고는 고까니지.

마당에다가 이르케.

― 두지[43],

아!

― 두지.

음.

― 허허. 교수님도 봐션능가?

허허 아니요.

－ 암 그렇지.

보릿, 보릿, 보리도 이렇게 겨가 나오나요?

－ 아, 보리도 껍질이 벗겨지지.

그것은 뭐라고 그래, 보리는?

－ 보릿겨, 보릿겨.

보릿겨는 어디에 써요?

－ 평소에 아니 저 쌀겨는 마찬가지지.

－ 짐승 먹이지 뭐, 어디에 쓸 데가 없지.

음.

－ 쌀겨도 평소에 짐승 먹이는 것이지.

짐승이라면 돼지 같은 거?

－ 돼지, 소, 닭 같은 거.

그 타작 끝나고 나면 그것들을 보관을 하려면요, 보관하는 방법도 여러 가지죠?

나락 같은 경우는 어디에 어떻게 보관하세요, 대개?

－ 나락들은 평소에 가마니에다 담아서, 이 곳간에다 쟁이지.

음.

－ 창고에.

－ 창고가 곳간이지, 농촌 창고는 곳간이지.

마당에다가 이렇게.

－ 뒤주,

아!

－ 뒤주.

음.

－ 허허. 교수님도 보셨는가?

허허 아니요.

그냥 보지는 모타고 채그로만 봐써요.

‒ 나락두지, 마라자먼 마라멀 여꺼서 두지를 만들제.

음.

‒ 긍게 언짜 언짜헌냐며는, 바로 언제 가매~이다 다머서 차걸⁴⁴⁾ 쑤가 업씽게, 타작헤서 그냥 처으맨 두지에다 그냥 쟁이제.

‒ 또 두지를 허러서 인자 디려.

예.

‒ 디려가지고는 인자 고까느로 드러가지.

‒ 막 홀타가지고는 언제 다머가지고, 깨끄시 씨서 헤 디레야는디, 그 시가니 업쑹게 그냥 두지를 만드러서 두지에다 쟁이제.

‒ 두지 저녁⁴⁵⁾ 이따가 인자 틈 나는 대로, 타자게 틈나는 대로 인자 풍구에다 부친다든지, 인자 발로 이르기이르기 부친다든지 히서 나라글 다머가지고 인자 그때 고까느로 가지.

나락뚜지를 마람 여꺼가지고 허는 방법또 이꼬, 또 이케 그 판자로 이르케 해서 허는 방법또 인능가요? 집처럼 만드러가지고, 두지를?

‒ 그런 수도 일쩨.

‒ 그 인자 허기메여껀네⁴⁶⁾, 그거또?

‒ 마니 마람 여꺼서 마당에다 두지를 만들제.

얘.

그냥 보지는 못하고 책으로만 봤어요.

－ 나락뒤주, 말하자면 마름을 엮어서 뒤지를 만들지.

음.

－ 그러니까 언제, 언제 하느냐면, 바로 언제 가마니에다 담아서 쌓을 수 없으니까, 타작해서 그냥 처음에 뒤주에다 그냥 쟁이지.

－ 또 뒤주를 헐어서 이제 들여.

예.

－ 드려가지고는 이제 곳간으로 들어가지.

－ 막 훑어서는 언제 담아가지고, 깨끗이 씻어서 드려야 하는데, 그 시간이 없으니까 그냥 뒤주를 만들어서 뒤주에다 쟁이지.

－ 뒤주에 저장해 있다가 이제 틈나는 대로, 타작에 틈나는 대로 이제 풍구에다[47] 부친다든지, 이제 발로 이렇게 이렇게 부친다든지 해서 나락을 담아가지고 이제 그때 곳간으로 가지.

나락뒤주를 마름 엮어 가지고 하는 방법도 있고, 또 이렇게 그 판자로 이렇게 해서 하는 방법도 있는가요? 집처럼 만들어가지고, 뒤주를?

－ 그런 수도 있지.

－ 그건 저 하기 나름이었겠네, 그것도?

－ 많이 마름 엮어서 마당에다 뒤주를 만들지.

예.

1) '홀테라긴써'의 '홀테'는 '홀태~홀테'처럼 '에~애'의 구분이 안돼서 실현된 발화형이고, '-라긴써'는 '-라고 했어→라고힜어→리긴써'와 같이 축약이 일어났다.

2) '훑른다'는 '훑는다→훌는다→훌른다'와 같이 음절말에서 자음 'ㅌ'이 탈락하고, 'ㄹㄴ→ㄹㄹ'로 유음동화가 일어났다.

3) '입쌕'의 '잎사귀'의 전북 방언형이다.

4) '알만'의 잘못된 발화형이다.

5) '모다'는 '모두'의 전북 방언형이다.

6) '모개'는 벼의 이삭을 일컫는 전북 방언형이다. 일반적으로 '벼 모가지, 나락 모가지'와 같이 '모가지'로 쓰이지만, '모개'도 생산적으로 실현되고 있다.

7) '풍구질'은 '풀무질'의 전북 방언형이다. 전북 지역에서는 '풀무'보다는 '풍구~풍고'가 더 생산적으로 사용되고 있다.

8) '쭈갱이'는 '쭉정이'의 전북 방언형이다.

9) '내비리다'는 '내버리다'의 이 지역어형이다. '내버리다'는 전북 방언권에서 주로 양순음 아래에서 원순모음화된 '내부러, 내불먼'처럼 실현되는 것이 일반적이다.

10) '지푸락'은 '지푸라기'의 전북 방언형이다.

11) '반뻬눌'은 '반 뻬눌'로 '뻬눌'은 '낟가리'의 전북 방언형이다. '베눌~베늘'로 실현된다.

12) '누리다'는 훈몽자회에서 '누릴 라(積)'가 사용되고 있어 통시적으로 사용되던 단어이다. 전북 방언에서는 '곡식의 단을 차곡차곡 쌓아 올려 더미를 짓다.'의 뜻의 '가리다'와 함께 생산적으로 사용되고 있다. '가리다'는 주로 '개리다'로 사용된다.

13) '말레야제'는 중앙어 '말려야지'에 해당한다. '말려→말레'와 같이 '여→에'로의 축약은 전북 방언에서 생산적인 현상이다. 어말어미 '-지'의 전북 방언형이 '-제'이다.

14) '무끄간디'는 중앙어 '묶관데'에 해당한다. 동사어간 '묶-'은 전북 방언에서 주로 '무끄-'로 실현이 생산적이다. 연결어미 '-간디'는 '-관데'의 전북 방언형이다.

15) '앙코'는 '않+고→안코→앙코'처럼 유기음화와 연구개음화가 일어났다.

16) '가리쳐'는 '가리를 치어'의 융합형이다. '가리'는 '낟가리'의 의미로 즉 '베눌'과 같은 의미로 사용된다.

17) '그느물'은 '그놈을'의 이 지역어형이다. '그놈을'은 전북 방언권에서 '그노멀'로 실현되는 것이 일반적이다.

18) '-으다'는 중앙어 '-에다'에 해당한다. 전북 방언에서 처격조사 '-에'는 주로 '-이'로 실현되는데, 여기서는 '-으'로 실현되고 있다.

19) '버리'는 '보리'의 이 지역어형이다. 전북 방언권의 서남부 지역에서 주로 실현된다.

20) '기여기여'는 '거역이야'의 이 지역어형이다.

21) '꺼끄래기'는 모음조화에 따라 실현되는 '까끄라기'나 '꺼끄러기'의 전북 방언형인 '꺼끄락~껄끄락'에 주격조사 '-이'가 붙은 다음 움라우트가 일어난 것이다. 즉 '꺼끄락+이→꺼끄래기'으로 움라우트가 일어났다.

22) '디리다'는 곡식에 섞인 검불이나 티끌 따위를 바람에 날리는 '드리다'의 전북 방언형이다.

23) '파슨'은 'ㅌ'으로 끝난 '팥, 솥, 밭과 같은 체언이 곡용을 하면서 '파시, 파슨, 파세; 소시, 소슨, 소세; 바시, 바슨, 바세'처럼 전북 방언권에서 체언말 'ㅌ'이 'ㅅ'으로 마찰음화되는 현상을 반영한 것이다. '숯, 옻'과 같이 'ㅊ'으로 끝난 체언에서도 동일하게 실현된다.

24) '평생'은 '항상'의 의미로 사용되는 전북 방언형으로 주로 '평상'으로 실현된다.

25) '콩똥'의 '동'은 전북 방언에서 '묶음' 또는 '다발'의 의미로 사용되는데, '동'은 '다발'보다는 크기가 크다.

26) '바티다가'는 중앙어 '밭에다가'에 해당한다. 처격조사 '-에'가 '-이'로 실현되기 때문에 '밭+이다가→바티다가'로 실현된 것이다. 전북 방언권에서는 '바세다가~바시다가'로 실현되는 것이 일반적이다.

27) '시어놔'는 중앙어 '세워놓아'에 해당한다. '세우+어→세워'는 전북 방언권에서 '시어'로 실현된다.

28) '드들빵애'는 '디들방아'의 전북 방언형이다. 특히 '방아'는 전북 방언의 합성어에서 '방애'로 실현된다.

29) '도구질'은 '절구질'의 전북 방언형이다. '절구'는 전북 방언권에서 '도구통'으로 실현되기 때문에 '도구통(절구통)에 도구때(절구공이)로 도구질(절구질)'을 한다.

30) '메'는 '도구때'보다는 크기가 크다.

31) '학똑'은 방아확의 전북 방언형인 '확독'의 실제 이 지역어 발화형이다. 그런데 '학똑'은 '도구통'과는 다르게 사용되고 있다. 일반적으로 전북 방언권에서 '도구통(搗臼桶)'은 돌이나 나무로 위가 좁고 깊은 것이다. 용도는 주로 마른 것을 '도구때'를 이용하여 찧는 용도로 사용한다. 중앙어 '절구'와 '절구대'에 해당한다. 반면에 '학똑'은 돌로 된 것으로 위가 넓고 깊이가 얕다. 용도는 보리나 생고추 등을 '폴똑'이라고 하는 조그만 돌로 가는 용도로 사용한다. 중앙어 '돌확'에 해당한다.

32) '누리다'는 '누르다'의 이 지역어형이다.

33) '내:티먼'은 '내리치면'의 빠른 발화형이다. '내리치다'는 '내려뜨리다'의 전북 방언형이다.

34) '방애꼬'는 '방앗공이'의 전북 방언형이다. '방애꼬~방애코'로 경음으로도 격음으로도 실현된다.

35) '여러니'는 '여럿이'의 전북 방언형이다.

36) '시미'는 '힘이'의 전북 방언형이다. 전북 방언에서는 '힘>심, 형님>성님, 흉>숭, 흉년>숭년, 향>상'과 같이 통시적인 ㅎ-구개음화가 생산적으로 실현되었다.

37) '가리'는 '가루'의 전북 방언형이다.

38) '돌매'는 '맷돌'의 전북 방언형이다. '돌매'는 '돌+매'로 분석되는데, 중앙어 '돌'은 전북지역에서 '독'으로 쓰이기 때문에, '돌'로 된 '매'를 의미한다.

39) '껍짜리'는 '껍질이'에 해당한다. '껍따기'로 실현되어야 할 발화 상황에서 잘못된 발화형이다.

40) '겨'는 주로 '맵저, 현믿쩌, 몽근저'와 같이 구개음화가 일어난 형을 주로 사용했지만 제보자도 구개음화가 일어나지 않은 '겨'형을 사용하고 있다. 이것은 중앙어의 영향이라고 보여진다.

41) '껍따기'는 '껍질이'의 전북 방언형이다.

42) '평상에'의 잘못된 발화형이다.

43) '두지'는 '뒤주'의 전북 방언형이다. '두지~뒤지' 등으로 실현된다.

44) '차걸'은 '착(着)하다'의 전북 방언형이다. '쟁이다, 쌓다'의 의미로 사용되고 있다.

45) '저녁'은 '저장' 정도로 발음해야 하는데, 잘못된 발화형이다.

46) '허기메여껀네'는 '하기에 매여있겠네'의 융합형이다.

47) '풍구'는 전북 방언에서 '풍고'로도 실현된다.

04 세시 풍속과 놀이

4.1 세시 풍속

엔나레 그 여러가지 그 마을 사람드리 함께하는 그런 풍습뜨리 읻썯찌요?
왜 아까 말씀드렫떤, 그 정월 보름까지 여러가지 풍습뜨리 읻썯찌요?
여기도 좀 그런 굳깐틍걷.
 — 아::! 여기넌 풍습 그런 풍스비 읍썯쩨.
 — 산초니고, 천째 그 노~악 기멩기가¹⁾ 읍썯끼 때미네, 그런 풍스번 읍꼬
응.
그 기멩기랑건, 하능거슨 머죠 어르신?
 — 농:악.
응.
 — 기멩기라고 그릳쩨, 농:악, 풍:물²⁾.
그럼 기멩기를 친다고 허능가요, 기멩기를 헌다고 허능가요? 뭐라고 말씀하셔?
 — 친다 그러지.
기맹기 친다고?
음 그러면 이 기맹기:: 소게는 징: 머 장고::
 — 아암:! 기멩기.
어떵거뜨리 읻써요?
 — 소:구,
응, 그리고 소구하고...
 — 그저 깬시기³⁾ 깬시기 깬시기.
응,
 — 마자먼,
깬시기하고.
 — 상:쇠지 상:세.

옛날에 그 여러 가지 그 마을 사람들이 함께하는 그런 풍습들이 있었지요?
왜 아까 말씀드렸던, 그 정월 보름까지 여러 가지 풍습들이 있었지요?
여기도 좀 그런 굿 같은 것.

― 아! 여기는 풍습 그런 풍습이 없었지.

― 산촌이고, 첫째 그 농악 기명기가 없었기 때문에, 그런 풍습은 없고.

응.

그 기명기라는 것은, 하는 것은 무엇이지요 어르신?

― 농악.

응.

― 기명기라고 그랬지, 농악, 풍물.

그럼 기명기를 친다고 하는가요, 기명기를 한다고 하는가요? 뭐라고 말씀하셔?

― 친다고 그러지.

기명기 친다고?

응 그러면 이 기명기 속에는 징 뭐 장구

― 아암! 기명기.

어떤 것들이 있어요?

― 소고.

응, 그리고 소고하고…

― 그 저 꽹과리 꽹과리 꽹과리.

응,

― 말하자면,

꽹과리하고.

― 상쇠지 상쇠.

응 응 응.

— 깬시기 깬시기.

응.

— 그거뿌니지.

소구, 깬시기, 징:가튼건 업

— 암! 징 징 읻써야 되고.

징 이써야 되고?

그다메 또, 또 머가읻찌? 소구, 깬시기, 징, 장::구가튼…

— 암! 장:구가 거기 드러가야제.

— 장구 깬시기.

응.

— 징:, 장구, 인자 깬:시기, 장구, 징:, 소:구.

이거슬 다: 합피서

— 암!

기맹기라고?

— 기멩기라그러지.

응 기명기라고, 그러면 이 기멩기는 어터께 줌비를 하시능거에요?

마으레서 도늘 거더가지고

— 아: 기명기넌 거더가지고 사제.

어 그러면 그 마을 전체에서 도늘 거들라먼 그걷또 모이미 읻써야 되건네?

— 그러제.

어떤 모이미에요, 그거는?

— 에! 모이면 인자 그런…

— 애당초에 장어널4) 때넌 인자 그 호:당 날편다든지5) 마리여, 호:당에
서 건능거시고.

응.

응 응 응.

ㅡ 꽹과리 꽹과리.

응.

ㅡ 그것뿐이지.

소고, 꽹과리, 징 같은 것은 없

ㅡ 암! 징 징 있어야 되고.

징 있어야 되고?

그 다음에 또, 또 뭐가 있지? 소고, 꽹과리, 징, 장구 같은...

ㅡ 암! 장구가 거기 들어가야 하지.

ㅡ 장구 꽹과리.

응.

ㅡ 징, 장구, 이제 꽹과리, 장구, 징, 소고.

이것을 다 합해서

ㅡ 암!

기명기라고?

ㅡ 기명기라고 그러지.

응 기명기라고, 그러면 이 기명기는 어떻게 준비를 하시는 거예요?

마을에서 돈을 걷어가지고

ㅡ 아! 기명기는 걷어가지고 사지.

아 그러면 그 마을 전체에서 돈을 걷으려면 그것도 모임이 있어야 되겠네?

ㅡ 그렇지.

어떤 모임이에요, 그것은?

ㅡ 예! 모임은 이제 그런...

ㅡ 애당초에 장만할 때는 이제 그 호당 나눈다든지 말이야, 호당에서 걷는 것이고.

응

- 인자 걸:리비라고⁶⁾ 일짜네 걸:립, 걸:림⁷⁾ 인자 권⁸⁾ 가지고 댕김서, 그 지베 드러가서 마리여, 히사럴 받쩨 이, 가서 놀:고 그거설 그때넌 머시냐며넌 쌀로 그냥 받꼬, 가지고 인자 자보늘 만들제.

아:!

그러먼 그 걸리블...

- 걸:리비다 그레.

걸 걸리블 헌다고헤요 친다고 헤요?

- 걸:립헌다고 그릳쩨.

걸립헌다고?

- 응.

그럼 인자 걸립 헐때는 꼭 정월 초하루부터 정월 보름까지만 허시는 거여? 백쭝때도 허시는 거여?

- 백:쭝땐 앙코.

팔월 보름때도 아너시고?

- 정월 초하래⁹⁾ 하능거시 아니라, 그거선 이 보름때 허지 보루메.

아:!

- 대보름 보루메.

응.

- 열난:날부터 열난:날, 시작 헤가지고 약 한 마::니 헬떤디넌 어: 대보름때 허고.

얘.

- 이월 한시기라고 인제 알지?

얘.

- 이월 한식?

응.

- 이월 초하룬 날곤¹⁰⁾ 한시기라고, 이월 하린나리라고어거던¹¹⁾, 그때

－ 이제 걸립이라고 있잖아 걸립, 걸립 이제 * 가지고 다니면서, 그 집에 들어가서 말이야, 희사를 받지 이, 가서 놀고 그것을 그때는 무엇이냐 하면 쌀로 그냥 받고, 가지고 이제 자본을 만들지.

아!

그러면 그 걸립을...

－ 걸립이다 그래.

걸 걸립을 한다고 해요 친다고 해요?

－ 걸립한다고 그랬지.

걸립한다고?

－ 응.

그럼 이제 걸립할 때는 꼭 정월 초하루부터 정월 보름까지만 하시는 것이요? 백중 때도 하시는 것이요?

－ 백중 때는 않고.

팔월 보름 때도 안하시고?

－ 정월 초하루에 하는 것이 아니라, 그것은 이 보름 때 하지 보름에.

아!

－ 대보름 보름에.

응.

－ 열 나흗날부터 열 나흗날, 시작해가지고 약 한 많이 했던 데는 어 대보름 때 하고.

예.

－ 이월 한식이라고 이제 알지?

예.

－ 이월 한식?

응.

－ 이월 초하룻날 보고는 한식이라고, 이월 하룻날이라고 하거든, 그때

까지 에 그런 노리를 허는 디가 잇써. 근디 대략…

대보름부터…

－ 암.

이월 이월

－ 초하루

초하룬날까지이?

－ 초하룬날.

보름까진 보름정도를

－ 아! 그러제.

하이고 걸:립 함번 허면 진짜 굉장허겐네.

－ 걸:리비랑거선 장꽌12) 인자 허고, 노넌 때지 머, 느근 하제.

응, 그 그러케 오랜똥안 하며는 집찜마다 차자댕기면서

－ 어 차자댕기지.

음:.

그런 거슬 업써진 때가 언제에요, 안허신 때가?

－ 어 여기넌 안헬씨니까13), 그먼 타 타부라게서 인자 그케 허는디.

까지 에 그런 놀이를 하는 데가 있어, 근데 대략...

대보름부터...

– 암.

이월 이월

– 초하루

초하룻날까지?

– 초하룻날.

보름까지는 보름정도를

– 아! 그렇지.

아이고 걸립 한번 하면 진짜 굉장하겠네.

– 걸립이라는 것은 잠깐 이제 하고, 노는 때지 뭐, 느긋하지.

응, 그 그렇게 오랫동안 하며는 집집마다 찾아다니면서

– 응 찾아다니지.

음ː.

그런 것을 없어진 때가 언제에요, 안 하신 때가?

– 어 여기는 안했으니까, 그 먼 타 타 부락에서 이제 그렇게 하는데.

4.2 전통 놀이

- 그러고 또 주럴 댕기제[14] 줄.

아 아!

그건 이르미 그냥 줄댕 줄 뭐라고 불럳써?

- 줄감끼라구러제.

- 그럼 인자 당:사니 잍써 당:사니,

예:.

- 구설 치넌디넌 기명기 읻꼬 굳치는 디는 당:사니 잍써 당:산.

- 거그따 당:산제를 지내.

에.

- 열난날.

- 주럴 디레가지고,[15] 연날 저녀게 인자 굳치고 인자 주럴 가머서[16]

당:사네다가 강꼬, 제:를 지내 제사를 지내.

그렁걸 기억하시능걸 보면 여기도 줄감끼를 헫따는 뜨시네요?

- 여기넌 아넫쩨.

다른 동네에서?

- 저 아페서, 이씅개**. 지금 풍스비 다 그러니까. 그때나 이제나.

응.

그 여기는 왜 여기는 왜 아너싱거요?

화산도 아나셛써?

- 화산또요, 엔:나레넌 헫딴 말 드런는디, 이 머 구시 읍썯써요.

아.

여기가 좀 점자녀신 분드링갑따. 하하하. 재미는 업썯껜네...

- 재미넌 업쩨.

- 그리고 또 줄을 당기지 줄.

아 아!

그것은 이름이 그냥 줄당 줄 뭐라고 불렀어?

- 줄감기라고 그러지.

- 그럼 이제 당산이 있어 당산,

예.

- 굿을 치는 데는 기명기 있고 굿 치는 데는 당산이 있어 당산.

- 거기에다 당산제를 지내.

예.

- 열 나흗날.

- 줄을 드려 가지고, 엿샛날 저녁에 이제 굿치고 이제 줄을 감아서 당산에다가 감고, 제를 지내, 제사를 지내.

그런 것을 기억하시는 것을 보면 여기도 줄감기를 했다는 뜻이네요?

- 여기는 안했지.

다른 동네에서?

- 저 앞에서, 있으니까**. 지금 풍습이 다 그러니까. 그때나 이제나.

응.

그 여기는 왜 여기는 왜 안하신 것이요?

화산도 안하셨어?

- 화산도요, 옛날에는 했다는 말 들었는데, 이 뭐 굿이 없었어요.

아.

여기가 좀 점잖으신 분들인가 보다. 하하하. 재미는 없었겠네…

- 재미는 없지.

- 아! 솔찌기 이 부라건 그러 그러케 재미가 업썼쩨.

- 그리고 기멩기 인는, 이 마으리랑거선 다나비 잘되야.

그:러니까.

- 근디 에기넌 산쭝으도 기멩기가 읍기 때미 다나비 될쑤 일께 아닝 거 거터.

그러니까요, 그러니까요.

응, 그러면 그 주로 그냥 공부하고 농사짇꼬 여기 조용히 생활하셛떤 부니 지요?

- 그리고 여기에넌 인자 어:: 보:룸 열난나레넌 인자, 자정에다 마리여 머시 인냐며넌, 그거뿌거 무시라고까...

- 액땜헌다고 부를 낧써, 불.

응.

- 우리드런 마리여 이, 애:덜 열난날까네서 자기 나이대로, 열싸런 열 꾼데 불 논는단 이런 서리여.

응.

- 자기가 아:홉살 머거씅개 아홉뻔깐디[17] 부럴 노코.

- 근디 그냥 불노로 가며넌 그냥 마구 다논쩨[18] 인자, 월래 근다능거 시여.

응.

- 그리고 또 불:싸우미 인써.

응.

- 저짝[19] 동네허고 이짝 동네허고 마리여.

응.

- 가서 부럴 따와[20].

응.

- 불 따오넌 그런 으:: 인자 격:투가 일썯꼬, 또 쌈도허고 공장헤끄만 머.

- 아! 솔직히 이 부락은 그런 그렇게 재미가 없었지.

- 그리고 기명기 있는, 이 마을이란 것은 단합이 잘 되여.

그러니까.

- 그런데 여기는 산중인데도 기명기가 없기 때문에 단합이 될 수 있는 것이 아닌 것 같아.

그러니까요, 그러니까요.

응, 그러면 그 주로 그냥 공부하고 농사짓고 여기 조용히 생활하셨던 분이지요?

- 그리고 여기에는 이제 어 보름 열 나흗날에는 이제, 자정이다 말이야 무엇이 있느냐면, 그것보고 무엇이라고 할까...

- 액땜한다고 불을 놓았어, 불.

응.

- 우리들은 말이야 이, 애들 열 나흗날에서 자기 나이대로, 열 살은 열군데 불 놓는다는 이런 설이야.

응.

- 자기가 아홉 살 먹었으니까 아홉 곳에 불을 놓고.

- 그런데 그냥 불 놓으러 가며는 마구 다 놓지 이제, 원래는 그런다는 것이야.

응.

- 그리고 또 불싸움이 있어.

응.

- 저쪽 동네하고 이쪽 동네하고 말이야.

응.

- 가서 불을 따와.

응.

- 불 따오는 그런 으 격투가 있었고, 또 싸움도 하고 굉장했구먼 뭐.

− 치고 박꼬 인자 불 따로 가고.

허허허.

− 그리고 가정에서넌, 보룸날 아치메, 새보게.21)

− 인자 열난나레 다 줌비헤놀따가, 그 밴 대럴 마:니 줌비헤다가 대나무럴 마러자면 마른 데가 아니라, 대바티서22) 대럴 비어다가23) 이만치 싸노코, 응.

− 싸노코 모:든 자 그 여러가지 나무럴 인자 곡씽 나옹걸 마리여 이, 그때넌 인자 마러자면 머시냐...

− 그...

− 꼬:치때 가틍거, 모::든 곡씩, 나온 그 싱뇨품 대', 먹꼬 나문 대, 그거슬 모야노코 새보게 다굴무려베, 인시 지명 인시 아네 그때 부럴 놔.

− 그러면 각 지베서 불롱개24) 그 대나무 트는25) 소리에 툭::탁 툭탁 그리 앵메리라고26) 이.

− 요란:헤껀제, 집찜마다 그 대럴 줌비헤다 노코 부럴 지릉개.

아! 그거 새벼게 인시에 놀써요?

− 암, 그레 새보게 이러날썽능개.

인시며는 지그므로 치면 한 네:시

− 다섣씨 아! 그렏제, 새보게 인난쏭개27)

네시 다섣씨에?

− 그러제.

바메 바메 허능 그:: 달뜰때 허능거시, 초저녀게 허능거시 아니고?

− 아 거기넌, 그거선 또 인자 큰 동네넌...

응.

− 부락뻴로28) 날 그건 여기서넌 그리 아넵쓰니까.

응.

− 큰동넨 지금도 그럴꺼여, 지금도 허는디 일쓸꺼시여.

— 치고 박고 이제 불 따로 가고.

허허허.

— 그리고 가정에서는, 보름날 아침에, 새벽에.

— 이제 열 나흗날에 다 준비해놓았다가, 그 벤 대나무를 많이 준비해다가 대나무를 말하자면 마른 대가 아니라, 대밭에서 대를 베다가 이만큼 싸놓고,

응.

— 싸놓고 모든 자 그 여러 가지 나무를 이제 곡씩 나오는 것을 말이야 이, 그때는 이제 말하자면 무엇이냐...

— 그...

— 고춧대 같은 것, 모든 곡식, 나온 그 식료품 대, 먹고 남은 대, 그것 모아놓고 새벽에 닭 울 무렵에, 인시 지명 인시 안에 그때 불을 놓아.

— 그러면 각 집에서 불을 놓으니까 그 대나무 터지는 소리에 툭탁 툭탁 그래 액막이라고 이.

— 아마 요란했겠지, 집집마다 그 대를 준비해다 놓고 불을 지르니까.

아! 그것 새벽에 인시에 놓았어요?

— 암, 그래 새벽에 일어났었으니까.

인시면 지금으로 치면 한 네시

— 다섯시 아! 그랬지, 새벽에 일어났으니까

네시 다섯시에?

— 그렇지.

밤에 밤에 하는 그 달 뜰 때 하는 것이, 초저녁에 하는 것이 아니고?

— 아 거기는, 그것은 또 이제 큰 동네는...

응.

— 부락별로 날 그것은 여기서는 그렇게 안했으니까.

응.

— 큰 동네는 지금도 그럴 것이야, 지금도 하는 데 있을 것이야.

응.

- 큰:: 집뿌럴 큰:: 아조 그냥 집까틍걸 큰:: 동네넌 헤다가 근 저 논는
디가 아조 별또로 지정되야 읻써.

- 거따가 싸노코, 그 뭉구다29) 부럴 뇌, 부럴 노코넌 거기서 인자 기
멩기 마러자면 에 기멩기럴 치고, 농악 농악 농아걸 치고, 저녕내 보내넌
그런 마으리 읻써.

- 지금도 아마 그런 마으리 읻쓸꺼시여, 지금 대함민구게서 그런데가
이쓸거시어 지금.

그렁거슬 뭐라고 허셜써요?

- 불로리제 불로리.

불로릴 뭐라고 하셀써 엔나레?

- 엔나레 내가 무어시 무슨 불로리라구드라?

망워리다등가 머 이렁걸 그런말을 썼어요, 그런 말을 안쓰셜써?

- 으, 망:워리랑거선 인자 달 보능거시 망워리라30) 그마리여.

얘, 그때 이러케 불 가치 노코 막...

- 암! 그러제 마:런 인자 달뜨능걸 보고 인자 망워리라고 힌는디...

응.

- 그겁뽀고 달:찌비라고 힌쓸꺼시여, 달:찜 여기 하고 인는, 그러케쓸
꺼시여 달...

응.

- 여기서넌 그걸 벨시르게 안헤서 여기넌 안네끼 때무네 그...

그러면 이 글래에서 달찌불 헫떤데는 어디까지 나가야 달찌블 볼쑤읻썬써?

- 여기서넌 아닏쩨31), 여기넌 그런디가 업썬쩨.

아, 그러면 저짝 고창까지 가셔야 그렁걸 볼 쑤 읻썬써요?

- 응,

여기는 그냥

응.

— 큰 짚 불을 큰 아주 그냥 짚 같은 것을 큰 동네는 해다가 그 저 놓는 데가 아주 별도로 지정되어 있어.

— 거기에다가 쌓아 놓고, 그 문 앞에다 불을 놓아, 불을 놓고는 거기에서 이제 기명기 말하자면 예 기명기를 치고, 농악 농악 농악을 치고, 저녁 내내 보내는 그런 마을이 있어.

— 지금도 아마 그런 마을이 있을 것이야, 지금 대한민국에서 그런 데가 있을 것이야 지금.

그런 것을 뭐라고 하셨어요?

— 불놀이지 불놀이.

불놀이를 뭐라고 하셨어, 옛날에?

— 옛날에 내가 무엇이 무슨 불놀이라고 하더라?

망월이라든가 뭐 이런 것을 그런 말을 썼어요, 그런 말을 안 쓰셨어?

— 응, 망월이란 것은 이제 달 보는 것이 망월이라 그 말이야.

예, 그때 이렇게 불 같이 놓고 막...

— 암! 그렇지 말은 이제 달 뜨는 것을 보고 이제 망월이라고 했는데...

응.

— 그것보고 달집이라고 했을 것이야, 달집 여기 하고 있는, 그렇게 했을 것이야 달...

응.

— 여기서는 그것을 별스럽게 안 해서 여기는 안했기 때문에 그...

그러면 이 근래에서 달집을 했던 데는 어디까지 나가야 달집을 볼 수 있었어?

— 여기서는 안했지, 여기는 그런 데가 없었지.

아, 그러면 저쪽 고창까지 가셔야 그런 것을 볼 수 있었어요?

— 응,

여기는 그냥

― 고모부[32]가 읻썬는디 그 큰 내까서 그렁걸 내가 받썯꼬.

고부?

― 으, 고:부가튼데도 읻썯꼬.

예.

그러면 열난 열란날 새보게 그 인시에 이러케 하는 거, 그건 뭐:라고 부르셛써요? 뭐헌다고 하셛써? 이르미 뭐여 그거슨?

― 불자부로 댕인다고[33].

그냥.

― 핻뿌리라구 핻뜽가 힏썬는데.

― 불른다 힌는디.

아무튼 주를 주를 댄 주를 드려가지고 줄댕기기 하능거슨 줄감끼 이러케 이르미 읻짜나요?

― 줄강끼.

줄강끼 이르미 읻꼬.

달보능 거슨 망워리

― 망워리

이러케 이르미 인는데,

― 불 논는 건또

이 이건 새벼게 논 논능 거슨 이르미 머여?

― 그거또 이쓸꺼시라 그마리여.

허허허.

― 그때 하:도 어려서, 한 일쩡신때 헝거시라[34], 하도 어려서 헝거시라 그건 다 그렁건 업써저버린는디.

응, 그레요. 아무튼, 그 다른 그 걸립치고 이렁거시 쪼끔 재미가 읻썯쓸랑가 몰라도, 다른 동네에 비하면 좀 심심한 동네여

― 아::! 심심핻써.

− 고부가 있었는데 그 큰 냇가에서 그런 것을 내가 봤었고.

고부?

− 응, 고부 같은 데도 있었고.

예.

그러면 열 나흗날 새벽에 그 인시에 이렇게 하는 것, 그건 뭐라고 부르셨어요? 뭐 한다고 하셨어? 이름이 뭐여 그것은?

− 불잡으러 다닌다고.

그냥.

− 횃불이라고 했든가 했었는데.

− 불 놓는다 했는데.

아무튼 줄을 줄을 댕 줄을 드리어 가지고 줄당기기 하는 것은 줄감기 이렇게 이름이 있잖아요?

− 줄감기.

줄감기 이름이 있고.

달 보는 것은 망월이

− 망월이

이렇게 이름이 있는데,

− 불 놓는 것도

이 이것은 새벽에 놓는 놓는 것은 이름이 뭐야?

− 그것도 있을 것이라 그 말이여.

허허허.

− 그때 하도 어려서, 한 일정시대 때 한 것이라, 하도 어려서 한 것이라 그건 다 그런 것은 없어져버렸는데.

응, 그래요. 아무튼, 그 다른 그 걸립 치고 이런 것이 조금 재미가 있었을런지 몰라도, 다른 동네에 비하면 좀 심심한 동네야.

− 아! 심심했어.

허허허.

– 아:조 심심헬찌.

허허허.

– 그리고...

응.

– 인자 인자 어릳쓸때 이거먼 발써 어:릳쓸때 헌 이 애긴다.

그러치요.

– 우리 인자 초등학꾜 되기 저네, 그때넌 정월 슬: 보단도 보름쓰미³⁵⁾ 더 컫썬쩨, 더 재미지고.

아: :

– 인자 정워레는 인자 그 연:노리럴 헬꼬, 연: 띠우고, 연 띠우머는 인자 연 뛰다가... 저네 연뛰다가 인자 여:널 보로메는 인자 날려보내고 사라버리고 그린는디.

– 열난날 새보게넌 인나서 더우 판닫쏘리 드러겐나 모르건네.

응?

– 더우 판닥쏘리³⁶⁾.

드러보기는 헨는디 어트케 하능거에요?

– 새:보게 열난날 인잠 보룸날 새보기제 이?

응.

– 새보게 해뜨기 저네 헌다능거시여.

응.

– 누구 이르물 불러, 아무개야! 대다버면 내더우! 더우럴 팔고³⁷⁾.

응.

– 그렏썬꼬, 나도 그릳쓰니까.

– 그리고, 새보게 이러나서 그때넌 오곡빠벌 히주넌 때 아녀, 보룸나리랑거슨?

허허허.

― 아주 심심했지.

허허허.

― 그리고...

응.

― 이제 이제 어렸을 때 이것이면 벌써 어렸을 때 한 이야기인데.

그렇지요.

― 우리 이제 초등학교 되기 전에, 그때는 정월 설보다도 보름 쇠는 것이 더 컸었지, 더 재미지고.

아.

― 이제 정월에는 이제 그 연 놀이를 했고, 연 띄우고, 연 띄우면 이제 연 띄우다가... 전에 연 띄우다가 이제 연을 보름에는 이제 날려 보내고, 살라버리고 그랬는데.

― 열 나흗날 새벽에는 일어나서 더위 판다는 소리 들었겠나 모르겠네.

응?

― 더위 판다는 소리.

들어 보기는 했는데 어떻게 하는 것이에요?

― 새벽에 열 나흗날 이제 보름날 새벽이지 이?

응.

― 새벽에 해 뜨기 전에 한다는 것이야.

응.

― 누구 이름을 불러, 아무개야! 대답하면 내 더위! 더위를 팔고.

응.

― 그랬었고, 나도 그랬으니까.

― 그리고, 새벽에 일어나서 그때는 오곡밥을 해주는 때 아니야, 보름날이란 것은?

얘.

─ 열난날 저녀게 이제 오곡빠벌 혜서 보로 보로멀 새우능거시여.

응.

─ 쉬께 마레 열난날 저녀기제, 보롬빠벌 인자 보롬빠비라구먼 오곡빠
벌 헤서, 대략 오곡빠비라면 대략 꼭 오곡빠벌 히야 하능거신디.

─ 대상니38) 시고레서넌 인자 쑤시밥...

응.

─ 수수.

응.

─ 응, 수수바벌 헤가지고 인자 어 멍넌디.

─ 그때넌 또, 우리가 큰사람 그란넌디39), 어렡쓸때 인자 그 바버는 조
레40) 잍짜나 조리

얘 얘.

─ 매달리고, 그걸 가지고 동네 바버드로 댕겯써.

응 응.

─ 바벌 이 지비 가서 어더다가, 어더다 인자 나도 그리라게서 그른닐
잍썯끄만41). 어더다가 인자 개:잍짜녀, 저기 그때넌 노아미기넌42) 개:가
잍써, 개어고 가:치 어 인자 방아 찌끄덩 긍개 그때넌 저 절구통 그건 도:
구통이라고 그맅써, 도:구통.

응.

─ 도구텽에다 인자 찐는디 방아 인자 고놈 깔고 앙저서 가치 머거 개허고

허허허.

─ 그러며넌 맘:병통치 인자 무병장수 헌다겐는디, 그러게 죽 헤면, 그
래 꼭 그때넌 인자 보롬빠벌 어더다가 새보게 그러게 먹얻쩨, 먹꼬.

─ 또 가정에서넌... 각깍 짐승인는 지번 소 인넌 지번 인자 그 여러가
지로 마리여 이, 밥또 노코 각깍 너물.

예.

– 열 나흗날 저녁에 이제 오곡밥을 해서 보름 보름을 새우는 것이야.

응.

– 쉽게 말해 열 나흗날 저녁이지, 보름밥을 이제 보름밥이라고 하면 오곡밥을 해서, 대략 오곡밥이라면 대략 꼭 오곡밥을 해야 하는 것인데.

– 당연히 시골에서는 이제 수수밥...

응.

– 수수.

응.

– 응, 수수밥을 해가지고 이제 어 먹는데.

– 그때는 또, 우리가 큰 사람 그렇지 않는데, 어렸을 때 이제 그 밥하는 조리 있잖아 조리

예 예.

– 매달아 놓고, 그것을 가지고 동네 밥 얻으러 다녔어.

응 응.

– 밥을 이 집에 가서 얻어다가, 얻어다 이제 나도 그렇게 하라고 해서 그런 일 있었구먼. 얻어다가 이제 개 있잖아, 저기 그때는 놓아먹이는 개가 있어, 개하고 같이 어 이제 방아 찧거든 그러니까 그때는 저 절구통 그것은 절구통이라고 그랬어, 절구통.

응.

– 절구통에다 이제 찧는 데 방아 이제 그놈 깔고 앉아서 같이 먹어 개하고

허허허.

– 그러면 만병통치 이제 무병장수 한다고 했는데, 그렇게 쭉 하면, 그래 꼭 그때는 이제 보름밥을 얻어다가 새벽에 그렇게 먹었지, 먹고.

– 또 가정에서는... 각각 짐승 있는 집은 소 있는 집은 이제 그 여러 가지로 말이야 이, 밥도 놓고 각각 나물.

응.

- 인자 오곡빠벌 헤서 노코, 헤서 가따 주며넌, 인자 소가 무슨 먼지[43] 멍넌거시 인자 그해넌 풍녀니다, 잘되넌 거시라 그마리여.

응:∶.

- 쌀:바벌 머먼[44] 나라기 잘되고.

응.

- 보리바벌 머그먼 또넌 인자 그런 그런 풍서리[45] 일써.

응.

- 그러고 또 그 모등걸 너코 마리여, 바벌 모두 양재기 그레가지고넌 저는 인자 지바페 인자 헐청가튼디 우구다가 또 바구 바구니 바구리에다가[46] 지금 여기 헌 소리 바구리에다가 인 바구리 바구리에다 너서 노:머넌 인자 까막까치드리 와서 먹꼬, 이런 풍스비 일써.

- 보롬빠벌 헤서넌 그 새들 까막까치들 먹께꿈[47] 다 올레놔, 올롸노먼 와서 머거.

사람만 멍능게 아니고?

- 어, 짐승덜[48] 주고, 소나 그럼 소 주고.

- 새덜 까막까치 머그라고 다 거시거고.

그 참 정이 일써요, 그러케. 근데 개랑 가치 멍는 이유는 왜그려:? 허허허. 그러면 개 개 이러케 머글 때 한쪼게서 이러케 떠서 멍능거에요?

- 아니 개덜 주지 이.

아 이러케 주고,

- 주고.

어:∶.

- 주고 머건쩨 이.

참.

응.

－ 이제 오곡밥을 해서 놓고, 해서 가져다 주며는, 이제 소가 무슨 먼저 먹는 것이 이제 그 해는 풍년이다, 잘되는 것이라 그 말이야.

응.

－ 쌀밥을 먹으면 나락이 잘되고.

응.

－ 보리밥을 먹으면 또는 이제 그런 그런 풍설이 있어.

응.

－ 그리고 또 그 모든 것을 넣고 말이야, 밥을 모두 양재기 그래가지고는 저는 이제 집 앞에 이제 헛청 같은 데 위에가가 또 바구 바구니 바구니에다가 지금 여기서 하는 소리 바구니에다가 이 바구니 바구니에다 넣어서 놓으면 이제 까막까치들이 와서 먹고, 이런 풍습이 있어.

－ 보름밥을 해서는 그 새들 까막까치들 먹게끔 다 올려놓아, 올려놓으면 와서 먹어.

사람만 먹는 것이 아니고?

－ 어, 짐승들 주고, 소나 그럼 소 주고.

－ 새들 까막까치 먹으라고 다 거시기하고.

그 참 정이 있어요, 그렇게. 그런데 개랑 같이 먹는 이유는 왜 그래요? 허허허. 그러면 개 개 이렇게 먹을 때 한 쪽에서 이렇게 떠서 먹는 것이에요?

－ 아니 개들 주지 이.

아 이렇게 주고,

－ 주고.

어.

－ 주고 먹었지 이.

참.

1) '기맹기'는 풍물놀이의 모든 기구를 통틀어 사용하는 말이다. 따라서 '풍물'과 비슷한 의미로 사용되고 있다. 이 말은 '기맹기, 기맹기'로 실현되는데, 살림살이에 쓰는 그릇을 통틀어 기명(器皿)임을 고려한다면, 풍물놀이 즉 농악에서 사용하는 모든 악기를 지칭하는 말에서 유래된 것 같다.

2) '풍물'은 농악에 사용되는 악기들을 일컫는 말이다. 따라서 '풍물을 친다.'고 해야 한다. 그런데 전북 방언에서 '풍물'을 '풍물놀이, 농악'과 비슷한 말로 사용하기도 한다.

3) '깬시기'는 '꽹과리'의 전북 방언형이다. '꽹과리'는 전북 방언권에서 '깽매기, 깽메기, 깬시기, 깬새' 등으로 실현된다.

4) '장어널'은 '장만할'의 잘못된 발화형이다. 원래는 '장머널' 정도로 실현되어야 한다.

5) '날편다'는 '나누어 분배하다'에 해당한다. 이런 단어가 있는지, 아니면 '나누다'의 잘못된 발화인지 확인하기 어렵다.

6) '걸립(乞粒)'은 '마을에 공동으로 경비를 쓸 일이 있을 때, 여러 사람들이 풍물을 치고 재주를 부리면서 돈이나 곡식을 구하는 일'을 일컫는 말로, '걸궁굿'이라고도 한다.

7) '걸:림 인자'는 '걸리빈자'로 실현되어야 하는데, '걸리민자'로 실현되고 있다.

8) 의미를 파악할 수 없다.

9) '정월초하래'는 '정월초하루+에'로 분석된다.

10) '날곤'은 '날 보고는'이 빠른 발화형이다.

11) '하린나리라고어거던'에서 '하린날'은 '하룻날'의 전북 방언형이다. '하루'를 '하리'로 발음되기도 한다. '-어거던'은 '-하거든'의 전북 방언형이다.

12) '장깐'은 '잠깐'의 전북 방언형이다.

13) '안했으니까→안헿씨니까'로 치찰음 아래에서 '으→이'로의 전부고모음화가 실현되고 있다.

14) '댕기제'는 '다니지'의 전북 방언형이다. '당기다→댕기다'로 움라우트가 일어났고, 어미 '-지'는 '-제'로 실현된다. '줄을 댕기는 것'은 당산 나무에 줄을 감는 행사를 일컫는다.

15) '디레가지고'는 '드리어 가지고→디리어가지고→디레가지고'와 같은 과정을 통해 얻어질 수 있다. 개재자음이 'ㄹ'임에도 불구하고 '드리→디리'와 같이 '으→이' 움라우트가 일어났다. 이는 전북 방언에서 움라우트가 생산적이었음을 시사한다.

16) '가머서'는 '감+아서'와 같이 모음조화가 지켜져야 할 환경이다. 그런데 실제 발화에서는 '가머서'로 음성모음을 취하고 있다. 현대국어에서 1음절 어간 모음이 '아'나 '오'인 경우 모음조화가 지켜지는 것으로 되어있다. 그러나 전북 방언의 서부 지역에서는 이 경우에도 모음조화를 지키지 않고 음성모음을 취하는 것이 자연스럽다.

17) '아홉뻔깐디'는 '아홉번+깐디'로 분석된다. 그러나 횟수를 세는 단위인 '번'은 구술

발화에서 잘 못 들어온 것이다. '아홉깐디'는 '아홉+간데'로 분석된다. 여기서 '간데'는 중앙어 '가운데'의 전북 방언형이라고 할 수 있다. 그런데 '가운데'가 가지고 있는 뜻으로 사용된 것이 아니다. '한 간데 가서 보면…'처럼 '간데'는 중앙어 '가운데'의 의미와는 다르게 '곳에'의 의미로 사용되고 있다.

18) '다놋쩨'는 '다 놓+지'로 분석된다. 전북 방언에서 어미 '-지'는 '-제'로 실현되고 있음을 지적했다. 따라서 '놓+제→노체'로의 격음화가 일어나는 것이 일반적이다. 그런데 이 지역어에서는 '노쩨'로 경음으로 실현되고 있다.

19) '짝'은 방향을 가리키는 '쪽'의 전북 방언형이다.

20) '불을 따오는 것'은 다른 동네에서 지어놓은 '달집'에 불을 지르는 것을 말한다. 원래 달집에 불은 정월대보름 달이 떠오를 때 붙인다. 그런데 다른 동네의 달집에 몰래 불을 붙이면 우리 동네가 풍년이 든다고 한다. 그래서 젊은 사람들이 먼저 불을 붙이려고 격한 다툼이 있기도 했다.

21) '새보게'의 '새복'은 '새벽'의 전북 방언형이다. '새붉>새복'으로 전북 방언에서 'ㆍ>ㅗ'의 변화를 반영하고 있다.

22) '대바티서'는 '대밭+에서'로 분석된다. 처격조사 '-에/에서'는 전북 방언권에서 '-이/이서'로의 실현이 생산적이다.

23) '비어다가'의 '비어'는 '베어→비어'로 고모음화가 일어났다. 이 고모음화는 체언의 경우에도 '별→벨→빌', '제비→지비'와 같이 실현된다.

24) '불롱개'는 '불을 놓으니까'로 분석된다. 전북 방언에서는 '불얼+놓+응개→불농개→불롱개'로 축약과 'ㄴ→ㄹ'로 유음화가 일어났다.

25) '트다'는 '터지다'의 의미로 사용되고 있다.

26) '앵메리라고'는 정월 대보름에 가정이나 개인에게 닥칠 액을 미리 막는 일을 일컫는 '액막이'의 잘못된 발화형이다. 전북 방언권에서는 '앵매기~앵메기'로 실현된다.

27) '인낟씅개'는 중앙어 '일어났+으니까'에 해당한다. '인나다'는 '일어나다'에 해당하는 전북 방언형으로 아주 생산적으로 실현되고 있다.

28) '부락뻴로'는 '부락별로→부락뻴로→부락뻴로'와 같이 경음화와 'ㅕ→ㅔ'로의 이중모음의 단모음화가 일어났다. 이 두 음운현상은 전북 방언권에서 생산적으로 일어나고 있다.

29) '뭉구다'는 '문 앞에다' 정도로 해석된다.

30) '망워리라'의 '망워리'는 전북 방언권에서 달을 바라본다는 의미도 있지만, 달집을 태우는 행사 즉 망월굿이나 달집태우기를 지칭하기도 한다. 달집을 태우면서 '망워리야!'를 외친다.

31) '아닏쩨'는 중앙어 '안했지'에 해당한다. 전북 방언형을 고려한다면, '안했제→아넫제→아닏쩨→아닏쩨'로 실현되고 있다. 전북 방언권에서 어미 '-지'는 '-제'로 실현되고 있고, 'ㅔ→ㅣ'로의 고모음화도 생산적으로 실현됨을 알 수 있다.

32) '고모부'는 지명 '고부'의 잘못된 발화형이다.

33) '댕인다고'의 '댕이다'는 중앙어 '다니다'의 전북 방언인 '댕기다'에서 'ㄱ'이 탈락되

어 '댕이다'로 실현되고 있다.

34) '헝거시라'의 '허다'는 '하다'의 전북 방언형이다. '헌 것이라→헝거시라'로 연구개 음화가 일어났다.

35) '보름쏨미'에서 '보름쓰다'는 '보름을 쇠다'에 해당한다.

36) '더위 판다는 소리'에 해당한다. '더위'는 전북 방언에서 '더우'로 실현되고, '판다는 소리→판단 소리→판닫쏘리'로의 실현이 일반적인데, 여기서는 '판닥쏘리'로 실현되고 있다.

37) 더위를 판다는 것은 해 뜨기 전에 다른 사람의 이름을 불러서 '내 더위!'라고 외치면, 내 더위가 상대방에게 팔렸다고 한다. 그런데 이런 상황에서 듣는 사람이 '니 더우 내 더우 맏떠우!,라고 외치면 더위 파는 것이 효과가 없어진다. 이런 놀이를 정월대보름 아침에 하는 풍습이 있었다.

38) '당연히'에 해당하는 발음을 '대상니'로 하고 있다. 빠른 발화에서 잘못된 발화로 생각된다.

39) '그란넌디'는 '그렇지 않는데'의 융합형이다. 어미 '-는데'는 전북 방언에서 '-넌디'로 실현된다. '-은/는'과 '-을/를'은 전북 방언에서 '-언/넌'과 '-얼/럴'로 실현되는 것이 일반적임을 지적했다.

40) '조리'가 '조레'로 실현되기도 한다.

41) 화자가 새롭게 알게 된 사실에 주목함을 나타내는 종결 어미 '-구먼'은 전북 방언에서 '-끄만'으로 실현된다.

42) '노아미기넌'은 '놓아먹이+는'으로 분석된다. '미기다'는 '먹이다→메기다→미기다'로 움라우트와 고모음화가 일어났다.

43) '먼지'는 '먼저'의 전북 방언형이다. 주로 '몬자, 모냐'로 실현된다.

44) '머면'은 '머그면'의 빠른 발화에 의한 잘못된 발화형이다.

45) 풍설(風說)은 '바람처럼 떠도는 소문'이란 뜻의 풍문(風聞)과 같이 쓰이기도 한다. 그러나 이 경우는 '속설' 또는 '풍습' 정도의 의미로 사용되고 있다.

46) '바구리에다가'의 '바구리'는 '바구니'의 전북 방언형이다. 같은 문장에서 '바구니 바구리에다가'처럼 같이 사용되지만, 일상의 발화에서는 주로 '바구리'로 사용되고 있다.

47) 연결어미 '-게끔'은 전북 방언에서 '-게꿈'으로 원순모음화가 일어난다. 이는 원순모음화의 동화 방향이 역행임을 시사하고 있다.

48) 복수접미사 '-들'은 전북 방언에서 주로 '-덜'로 실현되고 있다.

■ 참고문헌

김홍수(1985), 「소설의 방언에 대하여」, 『국어문학』 25.
소강춘(1983), 『남원지역어의 음운론적 연구』, 전북대학교 석사논문.
소강춘(1989), 『방언분화의 음운론적 연구』, 한신문화사.
소강춘(1994), 「방언자료의 전산처리에 대하여」, 『정신문화연구』 56, 한국정신문화연구원.
소강춘(2002), 「소설 『태평천하』에 반영된 작가 채만식의 방언의식」, 『국어문학』 37.
이기갑(1986a), 『전라남도의 언어지리』, 탑출판사.
이기갑(2003), 『국어 방언 문법』, 태학사.
이기갑·고광모·기세관·정제문·송하진(1998), 『전남방언사전』, 태학사.
이돈주(1978), 『전남방언』, 형설출판사.
이승재(1980), 「남부 방언의 형식명사 '갑'의 문법-구례 지역어를 중심으로」, 『방언』 4, 한국정신문화연구원.
이승재(1980), 「구례지역어의 음운론」, 『국어연구』 45.
이승재(1983), 「혼효형 형성에 대한 문법론적 고찰 : 전북 서부지역의 '틀부-' 어간을 중심으로」, 어학연구 19-1, 서울대어학연구소.
이태영(1997), 「채만식 소설 『천하태평춘』에 나타난 방언의 특징」, 『국어문학』 32.
이태영(2010), 『문학 속의 전라 방언』, 글누림.
최전승(1986), 『19세기 후기 전라방언의 음운현상과 그 역사성』, 한신문화사.

■ 찾아보기

• • • ㅡ